总主编 ◎ 侣化强 苗文龙

· 宗 教 与 法 律 经 典 文 库 ·

国家理性、政治宣传与三十年战争

*Reason of State, Propaganda,
and the Thirty Years' War*

[美] 诺埃尔·马尔科姆◎著
NOEL MALCOLM

邬 蕾◎译

田飞龙◎校

中国政法大学出版社

2018·北京

国家理性、政治宣传与三十年战争

Reason of State, Propaganda, and the Thirty Years' War：
An Unknown Translation by Thomas Hobbes

by Noel Malcolm

版权登记号：图字 01-2015-4967 号

前　言

　　本书呈现了迄今为止被忽视的托马斯·霍布斯（Thomas Hobbes）的一部翻译手稿，该手稿来自三十年战争期间哈布斯堡（Habsburg）立场上的一本政治宣传手册。译稿文本获得重印，伴有若干解释性注释；原初的拉丁文本也同时给出，以便读者对霍布斯的译者实践进行更细致的研究；在全书的六个导论性章节中，我不仅给出了将该匿名手稿识别为霍布斯译稿的理由，而且提出了我关于该译稿之背景、文本自身之属性及这一发现对于霍布斯研究之可能重要性的相关思考。在上述最后一点上，我努力地不过度强调自身贡献。小册子原本并非霍布斯所作，且很有可能翻译它的任务是由他的某个保护人简单强加给他的。尽管如此，霍布斯曾密切关注这一特定文本的事实本身对于研究他的思想传记是有益处的——特别是因为该译本出现于他的学术生涯早期，该时期关于他的传记材料所存甚少。这本小册子为霍布斯的某个保护人所重视的同时亦告诉了我们关于他所介入的圈子之政治利益所在；该话题也会在本书的某个导论性章节加以探讨。同时，小册子本身就是 17 世纪早期宣传文学的一个异常迷人的典范——反讽的、精巧的、饱含信息量的一部作品，即便没有与霍布斯的关联，也能够吸引致力于三十年战争及该时期论战实践研究的历史学家们。因此，霍布斯的译本在本书中被大量注解，因为这些注解旨在满足大量不同的需求：除了标示出译本的错误与遗漏之外，这些注解不仅要识别出人物、地点和事件，而且也会表明（如有必要）这本小册子的系列主张在多大程度上基于准确信息或因宣传目的而遭到扭曲。最后，由于霍布斯译本的最终数页散佚，我就将自己的翻译加进了他的版本。这样的话，读者就可以通盘考察整个作品的主张和论证——霍布斯自己也会这样做。当然霍布斯完整的翻译手稿也可能重见天日。如果克拉伦登版（the Clarendon Edition）的霍布斯著作（最终版本）确实发生了这种情况，那么霍布斯在这个最后部分的文字也会包含在这个版本中。对我曾经未能做出阐释的有关要点的澄清（以及，或许还包括对我曾提出的有关解释的更正）亦会包含其中。不过，另外，克拉伦登版不会包含拉丁文原本；有关注解在那个版本里也会从简；而那个版本里的导论性材料也必然会比本书的六章节更为简略。

在准备本书的过程中，我累积了诸多方面的人情债。在特定观点的帮助与建议上，我非常感激以下师友：吉姆·亚当斯（Jim Adams）、彼得·比尔（Peter Beal）、托马斯·科格斯韦尔（Thomas Cogswell）、鲍伯·埃文斯（Bob Evans）、阿拉斯代尔·汉密尔顿（Alastair Hamilton）、金奇·霍克斯特拉（Kinch Hoekstra）、蒂姆·雷勒（Tim Raylor）、保罗·西沃德（Paul Seaward）、凯文·夏普（Kevin Sharpe）、霍特索·斯潘宁卡（Hotso Spanninga）和玛尔塔·瓦库里洛娃（Marta Vaculínová）。我要特别感谢帕特里克·芬格拉斯（Patrick Finglass），他监督着我翻译文本最后数页并给出了颇有教益的修正与建议。同样要感谢安德鲁·佩皮特（Andrew Peppitt），他在我访问查茨沃思（Chatsworth）期间提供了帮助，还要感谢牛津大学波德林图书馆和大英图书馆的职员，本书的诸多研究工作即在那里完成。我满怀感激地记录下了查茨沃思托管会和大英图书馆托管会的帮助，它们准许我复印收藏库中的手稿照片。我还要特别感谢牛津大学出版社的彼得·莫摩特奇洛夫（Peter Momtchiloff），他对本书表现出特别兴趣并帮助通过了出版社的审查。最重要的是，我希望感谢牛津大学万灵学院的管理人员和同事，他们给了我从事精密研究的自由，为本书写作提供了适宜的条件。

目 录

CONTENTS

第 一 章

霍布斯的早期生平

在纽卡斯尔伯爵（Earl of Newcastle）一世威廉·卡文迪什（William Cavendish）的某一卷文件中，有一个英文文本，其标题为《敬献弗里德里克五世的第二绝密谕示，为法国-英国-荷兰，由低地荷兰语译为拉丁文且为了最高公益而披露》（*A Second Most Secret Instruction Gallo-britanno-batauian, Giuen to Fredericke the V. Translated Out of Low Dutch into Latine, and Diuulged for the Most Publique Good*）[1]。这是一份政治宣传册的译稿，是对巴拉丁选帝侯［the Elector Palatine，是德意志新教国王及詹姆斯一世的法定子嗣，其从反哈布斯堡（Habsburg）叛乱者手中接受波西米亚王位的行为将中部欧洲卷入战争］之地理政治地位与利益的分析，原作 1626 年出版于欧洲大陆某地[2]。考虑到《第二绝密谕示》（*Altera Secretissima Instructio*）是

---

〔1〕 British Library［hereafter: BL］, MS Add. 70499, fos. 73-83.

〔2〕 出版地点给出的是海牙［Hague，"海牙议会"（Hagae Comitis）］，但这可能是有意虚构的。参见本书第三章注释 46。

号召推翻查理一世国王的一份精巧而恶毒的反哈布斯堡立场的宣传册，这份翻译手稿并未付印，在当时亦未曾慎重思虑过要出版。没有任何现存的证据表明任何人牵涉进了这部译稿的启动、制作或传播——如果它有所传播的话。译者姓名没有留在译稿上；尽管如此，存在诸多理由（下文将列出）认为这一英文译稿是出自托马斯·霍布斯（Thomas Hobbes）之手。

霍布斯应当从事了 17 世纪 20 年代末期的这一任务，这与其在那时的个人档案的诸多关键层面相一致：作为拉丁语学者的技能；作为翻译者的经验；在贵族家庭担任"秘书"的角色；以及与未来的纽卡斯尔伯爵有私交。为了描述霍布斯翻译这一拉丁文本的背景，提供其早期生涯中与此系列层面相关的细节或许是有帮助的。

霍布斯曾受教于一位牛津毕业生罗伯特·拉蒂默（Robert Latimer），后者被随后的一个门生约翰·奥布里（John Aubrey）描述为"一名优秀的希腊学家"[3]。在其指导下，霍布斯应当接受了那样一种特定的人文教育，后者在英国都铎王朝晚期的语法学校里成了标准课程。这种教育的最低要求是对拉丁文的掌握；事实上，在当时，熟习拉丁文或多或少被认为是大学的入学条件之一[4]。这一技能不仅要通过语言学习来获得，而且要通过古典修辞研习［比如西塞罗（Cicero）和昆体良（Quintilian）］以及沉浸于拉丁诗歌、历史和道德哲学的主要文本中加以掌握。[5]在学校教育的末期，通常（至少在好的学校）也要求知晓掌握一些希腊语。在

〔3〕 J. Aubrey, *"Brief Lives", chiefly of Contemporaries*, ed. A. Clark, 2 vols. (Oxford, 1898), i, pp. 328-9.

〔4〕 M. Feingold, "The Humanities", in N. Tyacke, ed. , *The History of the University of Oxford*, iv: *Seventeenth-Century Oxford* (Oxford, 1997), pp. 211-357, here p. 243.

〔5〕 对此的权威论述，参见 Q. Skinner, *Reason and Rhetoric in the Philosophy of Hobbes* (Cambridge, 1997), pp. 19-40.

拉蒂默的鼓励下，霍布斯在这里似乎达到了一种异乎寻常的语言熟练水平：在离开学校之前，他已将欧里庇得斯（Euripides）的整篇《美狄亚》（Medea）译成拉丁诗篇。[6]

　　我们甚少知悉霍布斯在牛津大学莫德林学院（Magdalen Hall, Oxford, 1603-1608）的学习情况，而在霍布斯的自传材料以及约翰·奥布里的笔记中呈现给我们的有限细节又被对霍布斯后期好辩性的关注严重扭曲。霍布斯展现给我们的图景是一份充斥着野蛮的学院化逻辑以及陈腐的亚里士多德形而上学和物理学的大学课程表——他厌烦地转向他处，喜欢泡书店消磨时光，打量那些满载着最新的地理与天文发现的地图。[7]事实上，当时牛津的课程表是"人文教育的典范"；霍布斯的很多时间应当花在了拓宽与加深其修辞、诗歌、历史与道德哲学领域之经典文本知识上。[8]当威廉·特朗布尔（William Trumbull）的儿子1622年进入牛津大学莫德林学院时，特朗布尔建议他："与诗人们对话，坚持一年，我就能让你熟习诗歌。为了你的拉丁语，勤勉阅读塔利（Tully）和李维（Livy）；读读普林耶斯（Plinyes）和曼努修斯（Manutius）的《书信集》（Epistles），加强你的希腊文……学会写作诗歌、戏剧和演讲词。"[9]17世纪初两名牛津大学生的账本显示，他们为了学习之需购买了以下作家的文本：贺拉斯（Horace）、尤维纳尔（Juvenal）、佩西乌斯（Persius）、马提亚尔（Martial）、鲁康（Lucan）、奥维德（Ovid）、普劳图斯（Plautus）、塞涅卡（Seneca）、

3

〔6〕　Aubrey, "Brief Lives", i, pp. 328-9; T. Hobbes, Opera philosophica quae latine scripsit omnia, ed. W. Molesworth, 5 vols. (London, 1839-45), i, p. xxiii.

〔7〕　Aubrey, "Brief Lives", i, pp. 329-30; Hobbes, Opera philosophica, i, pp. lxxxvi-lxxxvii.

〔8〕　Feingold, "The Humanities", p. 213.

〔9〕　BL, MS Add. 72441, fo. 4r (24 August [/3 September] 1622).

佩特罗尼乌斯（Petronius）、德奥弗拉斯特（Theophrastus）、奥卢斯·格里乌斯（Aulus Gellius）、塔西佗（Tacitus）、弗罗鲁斯（Florus）、李维、萨鲁斯特（Sallust）和苏埃托尼乌斯（Suetonius）。[10]霍布斯的财务实力或许不足以允许他购买那么多书；但其阅读经历必然遵循了类似的课程方案。

霍布斯1608年毕业后不久就受雇于哈德威克（Hardwick）的卡文迪什男爵威廉姆·卡文迪什，担任其长子的家庭教师，后者只比霍布斯小两岁。他是经莫德林学院院长私人推荐担任该职位的，这表明他被视为一名优秀学生。这位长子也叫威廉·卡文迪什〔1609年成为威廉爵士，在其父亲1618年擢升为德文郡伯爵（Earldom of Devonshire）后成为卡文迪什勋爵〕，在经过数名家庭教师培养后已比较精通拉丁文。[11]他起初有着严肃的智识兴趣，很快就变得稀松平常了，不过同样明显的是，他是一个头脑好使的人，一个浪荡子（至少在其青少年时期），一个挥霍无度的人。[12]霍布斯既享受着"与他一起狩猎"的快乐，也担负着以他名义四处借债的屈辱。[13]尽管如此，某些讲学活动似乎也确实发生了。卡文迪什男爵的账本列出了似乎为此目的而进行的购书情况：《阿米亚诺·马塞林》（Ammianus Marcellinus）（1609）；凯克曼（keck-ermann）的《物理体系》（Systema Physica）和《政治》（Politica）；

---

〔10〕　Feingold, "The Humanities", p. 250.

〔11〕　Chatsworth, MS Hardwick 143/12 是起草于 1602 年 11 月 16 [/26] 日的一份文件，其中达成协议称："如果威廉先生在卡文迪什家族若干成员面前能够讲出拉丁文"，"那么我的主人就将给予威廉先生一柄利剑、一束绣花腰带和挂钩以及一对马刺"；该文件由卡文迪什男爵及其子共同签署。

〔12〕　这位公子哥早期教育、浪荡及债务的细节见于英国议会托管会涉及他在 1602—1629 年期间未公开出版的文章中（作者：V. C. D. Moseley）；我非常感谢议会托管会允许我查看该文草稿。

〔13〕　Aubrey, "*Brief Lives*", i, pp. 331, 347.

普鲁塔克（Plutarch）的《名人传》（*Lives*，1611）以及普鲁塔克的
另一卷书；拉穆斯（Ramus）的《语法》（*Grammar*）以及《西塞罗
美文选》（*Elegantiae Ciceronis*，1613）。[14]同一来源还提供了他学习
意大利语和法语的证据：博泰罗（*Botero*）的《普里马韦拉》
（*Primavera*）和《事实记忆》（*Detti e Fatti Memorabili*）；《友爱政
治》（*Tesoro Politico*）节选；一部《法语词典》（*French Dictionary*）
和一部《意大利语词典》（*Italian Dictionary*，1611）；《考德瑞斯：
拉丁语和法语》[*Corderius in Latin and Frenche*，马蒂兰·科迪埃
（Mathurin Cordier）的畅销教学对话双语版]；《精神测试》[*Examen
des Esprits*，瓦尔特（Huarte）《精神测试》的法语译本，1612]；
《法语和拉丁语词典》（*French and Latine Dictionary*）、《法语新约》
（*New Testament in French*）；《法语赞美诗》（*Psalmes in French*）以
及《山川散文》（*Monntains Essaies*，1613）。[15]或许就是在这一阶
段的意大利语学习准备中，霍布斯的这个学生将卡斯蒂廖内
（Castiglione）的第一本书《廷臣手册》（*Libro del Cortegiano*）译
成了拉丁文。[16]语言学习在这个贵族家庭内显然是被认真对待的；

---

〔14〕 Chatsworth, MS Hardwick 29, pp. 143, 219b, 263b, 355. 可能霍布斯也同时
给两个幼子做了讲授。

〔15〕 Chatsworth, MS Hardwick 29, pp. 219b, 263b, 303, 316, 355.

〔16〕 Chatsworth, MS Hardwick 64：译者姓名首字母"W. C."作为鎏金大字印
在了译稿封面上，整个手稿是用书法体写成的，十分类似文件 MS Hardwick 143/12
（前引注 11）上未来伯爵二世的签名体。拉丁译文上有某些修改，其中一些可能出自
霍布斯之手。哈德威克图书馆目录（MS Hobbes E. 1. A.）包括了一个条目《廷臣》
（卡斯蒂廖内，意大利语、法语和英语版本）——指的是 1588 年伦敦版，以并排形
式刊印出了意大利语文本以及加布里埃尔·查珀斯（Gabriel Chappuys）和托马斯·
霍比爵士（Sir Thomas Hoby）的各自译本。这一版本译为拉丁文是一种有益的教学
训练，同时涉及对意大利语和法语的学习。同一目录还包括了一个关于巴塞洛缪·
克拉克（Bartholomew Clerke）的拉丁版本（London，1571 及其后的若干版本）；不
过，或许这只是后来才获得并编入的。

账本记录了"法国人刘易斯"的家教服务，后者大概是一名语言教师，在 1614 年 5 月领过酬金。[17]

不久，霍布斯与其学生一道投入了一个大型的出游计划，从 1614 年 6 月一直持续到 1615 年 10 月。[18] 他们的主要目的地是威尼斯；1614 年 10 月，他们从那里开展了一次前往罗马的探险，然后返回威尼斯并一直待到 1615 年夏季。卡文迪什努力学习意大利语，并作为一种训练而将培根（Bacon）的《论说集》（Essayes）译为意大利语版本（该版本随后于 1618 年在伦敦出版，尽管没有直接归于卡文迪什）。[19] 他同时见到了威尼斯的学界领袖保罗·萨皮（Paolo Sarpi）并熟识了萨皮的密友富尔吉佐·米加佐（Fulgenzio Micanzio）。在卡文迪什（和霍布斯）离开威尼斯后，米加佐开始给卡文迪什写一系列的长篇信件，一直持续到卡文迪什去世。那些信件由霍布斯译为英文保存下来。由于卡文迪什完全可以阅读意大利语原件，很显然译文是为了供他人传阅之用；有证据显示那些信件经历了两种传阅形式，一种是以单独信件形式传阅，另一种是以完整的信件合集形式传阅。[20] 书信原件已不复存

---

〔17〕 Chatsworth, MS Hardwick 29, p. 370.

〔18〕 Ibid., pp. 371, 453.

〔19〕 See N. Malcolm, *De Dominis* (*1560 - 1624*): *Venetian, Anglican, Ecumenist and Relapsed Heretic* (London, 1984), pp. 47-54.

〔20〕 两份文章的信件抄件保存了下来：Chatsworth, Hobbes MSS, 未编号的《意大利语信件译稿》；BL, MS Add. 11309。前者保留有霍布斯的某些注释。有个版本（基于大英图书馆版本）已出版，即 F. Micanzio, *Lettere a William Cavendish*, ed. R. Ferrini and E. De Mas (Rome, 1987)：逐渐传阅的证据参见第 13、155 页。还可参见 V. Gabrieli, "Bacone, la riforma e Roma nella versione Hobbesiana d'un carteggio di Fulgenzio Micanzio", *The English Miscellany*, 8 (1957), pp. 195-250. 菲利波·德·维沃（Filippo de Vivo）认为米加佐的书信是米加佐和萨皮共同写的，依据是某些相同材料也出现在萨皮自己的书信中〔"Paolo Sarpi and the Uses of Information in Seventeenth-Century Venice", in J. Raymond, ed., *News Networks in Seventeenth-Century Britain and Europe*, (London, 2006), pp. 35-49, here p. 37〕。这一观点可以有两种理解：大忙人萨皮的通信也可

在；尽管如此，霍布斯译稿给人的印象是，他本人一定很好地掌握了意大利语。在其散文体自传中，霍布斯声称其在逗留法国和意大利期间所学的法语和意大利语刚好"能够适当地理解它们"，这显得有些过谦了。[21]

不过，对霍布斯而言，似乎他对这些现代语言的知识看得不如其对拉丁文和希腊文的掌握更重要，后者他曾费了很大气力才保持住。在其散文体自传中，他声称在受雇后的第一年里曾担心遗忘掉那些古典语言；为了补救这一点，奥布里后来详述到，他"给自己买了阿姆斯特丹版本的可袖珍携带的有关书籍（主要是凯撒的评论），以便他在其主人出访时可以在休息室或前厅读上一读"。[22] 从此次大型出游归来后，霍布斯开展了一项阅读古代诗人与历史学家（包括针对前者的评论家）作品的计划，"旨在能够以一种典雅的拉丁文而不是辞藻华丽的风格来写作"；他研习的文本包括贺拉斯、维吉尔（Vergil）、普劳图斯（Plautus）以及大量的希腊作家，包括荷马（Homer）、欧里庇得斯、索福克勒斯（Sophocles）、阿里斯托芬（Aristophanes）和"诸多历史学家"，其中"我最喜欢修昔底德（Thucydides）"。[23] 在其学生年满25周岁返回英格兰后，霍布斯的角色就不再是单纯的家庭教师；他如今被正式确认为卡文迪什的"秘书"（secretary）。[24] 关于其秘书职责到底牵涉何事，只留存下零星的片段证据。1617—1618

6

能部分地由米加佐来操持。不过，考虑到他们两人的亲密关系，某种合作在该场合下也是可以合理推定的。

〔21〕 Hobbes, *Opera philosophica*, i, p. xiii: "ut intelligere eas mediocriter potuerit".

〔22〕 Ibid., p. xiii; Aubrey, "*Brief Lives*", i, p. 331.

〔23〕 Hobbes, *Opera philosophica*, i, pp. xiv（"non ut floride, sed ut Latine posset scribere"）, lxxxviii（"multi Scriptores Historiarum"; "prae reliquis Thucydides placuit"）.

〔24〕 See Skinner, *Reason and Rhetoric*, p. 222.

年间，除了继续翻译米加佐书信之外，霍布斯还可能在帮助卡文迪什准备其培根《论说集》的最终译稿；该项工作或许建立了霍布斯与培根的联系，后者（至迟）于1616年和卡文迪什熟识并被认为对译稿早期版本进行过校正。[25]对培根作品的推崇也经由卡文迪什本人撰写的十篇系列"论文"而表现出来；这些论文的校订本（fair-copy）由霍布斯誊出，可能是于1619年元旦呈送给了卡文迪什的父亲德文郡伯爵。[26]在其对该书的献辞中，卡文迪什为自己使用英语而不是拉丁文写作进行了辩护："对任何人而言，使自身学会而不是理解拉丁文似乎已为成见，不过理解好拉丁文——尽管不实际去说——就是使它尽量地有用。"[27]卡文迪什自身确实"理解好拉丁文"了，这在下一年可以看得很清楚，那时他的十篇论文与四篇长"专论"（discourses，其中一篇已在九

---

〔25〕 Micanzio, *Lettere*, pp. 54-5〔1616年3月31日："我异常依赖您而与弗兰西斯·培根（Francis Bacon）来往，我十分钦佩他的判断与学识"；"让我与他保持通信是件快事，我……视之为巨大的快乐并欠下对您的人情债"〕; Malcolm, *De Dominis*, pp. 50-2. 培根与卡文迪什的友谊在培根遗嘱的两个版本（1621/1625）中被证实，参见F. Bacon, *The Works*, ed. J. Spedding, R. L. Ellis, and D. D. Health, 14 vols. (London, 1857-74), xiv, pp. 228, 542; 也可比较 G. C. Roberson, *Hobbes* (Edinburgh, 1886), p. 19 (n.). 培根的牧师和文书印制了米加佐致卡文迪什某封信的节选稿，参见W. Rawley, "The Life of the Honourable Author", in F. Bacon, *Resuscitatio*, ed. W. Rawley (London, 1657), sigs. b2-c4, here sig. c3r, 其中引述了霍布斯翻译的米加佐1622年5月6日书信中的一段: Micanzio, *Lettere*, p. 167, 这表明霍布斯在培根文稿中发现了这封信，也同时表明培根是霍布斯之米加佐书信译稿的受众之一。还值得指出的是，查茨沃思（Chatsworth）的哈德威克手稿中现存有四卷本的培根著作，参见F. Bacon, *Philosophical Studies*, c. 1611 - c. 1619, The Oxford Francis Bacon, vi, e-d. G. Rees (Oxford, 1996), pp. cvi-cx.

〔26〕 Chatsworth, MS Hardwick 29, p. 575, entry for 1〔/11〕January 1619："致霍布斯先生：从主人处取回了一部书稿"。包含有一篇致伯爵的献辞的校订本是Chatsworth, MS Hobbes D 3; 该文本刊于F. O. Wolf, *Die neue Wissenschaft des Thomas Hobbes*: *zu den Grundlagen der politischen Philosophie der Neuzeit* (Stuttgart, 1969), pp. 135-67. 那篇献辞将卡文迪什之书称为"这个时代的礼物"（第136页）。

〔27〕 Wolf, *Die neue Wissenschaft*, pp. 135-6.

年前刊出——匿名但可明确证明卡文迪什的作者身份）一起付印。
在其他三篇新写的专论中，一篇记述了卡文迪什 1614 年的罗马之   7
旅，一篇是《论法律》（*Of Laws*）［偶然引述李维、西塞罗和《法
学汇纂》（*The Digest*）］，还有一篇标题为《论塔西佗的早期学术》
（*A Discourse upon the Begining of Tacitus*），是对《编年史》（*Annals*）
第一卷前四章的评述，包含部分以拉丁文和译文形式呈现的原
稿。[28]一项运用"文字样本"（wordprint）分析法的近期研究宣
称，这三篇专论是霍布斯创作的，而不是卡文迪什；不过这一主
张尚未获得霍布斯学者们的普遍承认，而且存在不止一种理由对
其进行质疑。[29]更加晚近的一项关于《论法律》的研究显示，该
文章从培根的一部未出版书稿中吸收了材料，即《市民法是法官
和法律之正义的源泉的论述之沉思》（*Aphorismi de Jure Gentium
Maiore sive de Fontibus Justiciae et Juris*）；有意义的不仅是它提供了
卡文迪什与培根在智识联系上的亲密性证据，而且还在于文章中对

---

   [28] ［W. Cavendish, ］*Horae subsecivae*: *Observations and Discourses* （London,
1620）. 关于先前出版的《反奉承论》［*A Discourse Against Flatterie* (London, 1611)］,
参见 Skinner, Reason and Rhetoric, pp. 236-7. 图书公司年鉴中对该书的条目编制为
"一本题为《反对奉承论与罗马论及其他文论》（*A Discourse Against Flattery, and of
Rome, with Essaies*）的书"（E. Arber, ed. , *A Transcript of the Registers of the Company of
Stationers of London, 1154-1640 AD*, 5 vols. (London, 1875-94), iii, p. 311: 29 March
［/8April］1620）. 这或许表明其他两篇专论是后来才提交给出版商的；不过也有可
能存在其他解释。
   [29] T. Hobbes （attrib. ）, *Three Discourses*, ed. N. B. Reynolds and A. W. Saxonhouse
（Chicago, 1995）, esp. pp. 3-19. 这里使用的"文字样本"技术是由 A. Q. 莫尔顿（A. Q.
Morton）发展出来的；对莫尔顿方法的权威性调查与批评（结论是，这一方法"根
本不可靠"）参见 B. Vickers, *Shakespeare, Co-Author: A Historical Study of Five Collab-
orative Plays* (Oxford, 2002), pp. 101-11. 还应当指出的是，对罗马的描述是那种学
生写的游学作品，不是教师之作，而在《论法律》中表达的系列观点也与霍布斯后
来的观点有着很大出入。只有在论塔西佗的文章中人们才能随处发现一些霍布斯式
的用语。

培根拉丁文翻译的偶然错误是一种霍布斯不大可能犯下的错误。[30]无论如何，即便霍布斯不是这些专论的作者，他也很可能在某种程度上牵涉进了创作过程——作为文章包含之观点的宣传者，作为最终文本的校订者。

8

霍布斯另外的秘书职责包括购买图书并组建图书馆；他最终拟就了哈德威克厅完整的图书目录（一种令人印象深刻的图书典藏，编目数超过 1400 种）。[31]霍布斯在财务和法律事务上协助其雇主，同时也在议会事务上提供类似的帮助（卡文迪什在 1610—1626 年间连续担任历届议会的平民院议员，在 1626 年父亲去世后被擢升至贵族院）。[32]卡文迪什同样在宫廷内承担着某些职责——比如 1622 年在那里引介数位外国大使，这既证明了他的语言能力，也表明了他对欧洲事务的特别兴趣。[33]这一时期卡文迪什的某些时间还用于商业投机，比如弗吉尼亚公司（Virginia Company）及其

---

〔30〕 A. Huxley, "The *Aphorismi* and *A Discourse of Laws*: Bacon, Cavendish, and Hobbes, 1615-1620", *Historical Journal*, 47（2004）, pp. 399-412；翻译错误包括将"invalescere"译为"变得更弱"（to grow weaker）而不是"变得更强"（to grow stronger）。培根原作以一部手稿复件形式保存下来了，即 Chatsworth, MS Hardwick 51（item 11）.

〔31〕 参见以下第二章注释 2。这里的许多书可能是根据霍布斯自身的兴趣购买的：在其散文体自传中，霍布斯回忆道，卡文迪什"提供了各种各样的图书供我研究"（Hobbes, *Opera philosophica omnia*, i, p. lxxxviii: "libros | Omnimodos studiis praebuit ille meis"）. 不过卡文迪什显然也有着自己的智识兴趣。

〔32〕 霍布斯涉入卡文迪什财务的一个例子来自 1618 年 3 月 4 [/14] 日的一份法律文件，其中卡文迪什安排其外甥（未来的纽卡斯尔伯爵）作为他个人对"伦敦的一位埃德蒙·斯托里"所负债务的担保人；霍布斯签名作为保证人（有日期记载的类似行为的第一次）（文件见于 Staffordshire Record Office, Stafford, D 4038/I/33；我很感激彼得·比尔提醒我注意这份文件）.

〔33〕 See S. Lee, "William Cavendish, second earl of Devonshire", revised by V. Stater, *Oxford Dictionary of National Biography*（www.oxforddnb.com）. 其中一名是威尼斯新任大使，随身带来了米加佐的一封私人推荐信，参见 Micanzio, *Lettere*, pp. 161-2, 185, 197, 235.

姐妹组织（致力于百慕大）萨默斯群岛公司（Somers Islands Company）。1622 年 6 月，霍布斯被卡文迪什赠予前一公司的一些股份；他也成了（具体日期不详）后一公司的股东。1622—1624 年间，霍布斯参加的伦敦弗吉尼亚公司会议不亚于 37 次；他也从事了该公司的某些秘书事务，帮助草拟对弗吉尼亚殖民地苦情申诉的回复。[34]

那段时期霍布斯同样为培根提供了某些秘书服务，包括翻译。我们关于霍布斯一生中这一片段的知识主要来自其朋友约翰·奥布里，后者这样描述圣阿尔班（St Albans）附近培根宅邸的花园：

> 在这里他的主人陷入沉思，仆人布谢尔（Bushell）先生在旁以笔墨伺候，随时记录下其雇主的即刻想法——托马斯·霍布斯先生告诉我，当他在那里时，他的雇主经常雇佣他从事这一服务并对他的记录或写下的便条更加满意，而别人可能无法很好地理解其雇主的想法。他告诉我，他还被雇佣来翻译培根《论说集》的部分章节，就是其中的三篇，一篇是《论城市的伟大》（*The Greatness of Cities*），其他两篇我现在已经忘了。[35]

还有其他两个来源可以提供证据证实。1663 年年末，在伦敦拜访霍布斯之后，他的朋友萨米尔·索尔比埃尔（Samuel Sorbière）

9

---

[34] See N. Malcolm, *Aspects of Hobbes* (Oxford, 2002), pp. 53-79, esp. pp. 54-5.

[35] Aubrey, "*Brief Lives*", i, p. 83；比较奥布里的霍布斯注释中一个类似的陈述。(i, p. 331："大法官培根喜欢与他交谈。他帮助其主人将《论说集》的部分章节译成拉丁文。")

写道："他确实是培根的一个遗迹，其青年时代在培根影响下写作。根据我从他那里听到的一切以及我观察到的他的风格，我可以看出他从培根那里学习到了很多。"[36]次年夏季，霍布斯的法国仰慕者弗朗西斯·杜·凡尔都斯（François du Verdus）也在一封致霍布斯的信中提及："我很久以前就被告知，您是这位培根大法官的研究秘书。"[37]我们看到，培根从 1616 年（或者更早）已与卡文迪什熟识，而霍布斯也可能已经与他就《论说集》译成意大利版本的问题进行了接触。此外，据称霍布斯曾在 1619 和 1620 年就德文郡伯爵一世的法律事务造访过这位大法官。[38]或许霍布斯曾在一段较长时期内在多种情形下负债于培根；不过《论说集》的拉丁文译稿可以更加确切地推定完稿日期。培根写信给某个朋友，提到："我现在确实是在集中精力使我先前出版的一些著作，比如《学术的进展》（*Advancement of Learning*）、《亨利七世》（*Henry 7th*）和《论说集》，重新精缩和完善，并在某些追随我的优良助手的帮助下译为拉丁文。"[39]《论说集》的译稿直到 1638 年才付印，拉丁文书名为《忠实布道》（*Sermones Fideles*），但奥布里提及的那一篇《论王国的伟大》（*Of the Greatness of Kingdomes*，标题出现了细微的记忆错误）出现于 1623 年的拉丁文译稿中，该

---

[36] S. Sorbière, *Relation d'un voyage en Angleterre* (Paris, 1664), p. 97: "Il est en effet vn reste de Bacon, sous lequel il a escrit en sa ieunesse, & par tout ce que ie luy en ay ouy dire, & que ie remarque dans son stile, ie vois bien qu'il en a beaucoup retenu." 这部作品完成于 1663 年 12 月 12 日，付印于 1664 年 5 月 16 日，参见 sig. a4v and the "Privilège".

[37] T. Hobbes, *The Correspondence*, ed. N. Malcolm, 2 vols. (Oxford, 1994), ii, pp. 624, 3 August 1664 ("ce qu'il me semble qu'on m'assura des-long-tems Que vous avés esté secretaire des Etudes de ce Chancelier Bacon"), 628.

[38] Chatsworth, MS Hardwick 29, pp. 605, 663.

[39] Bacon, *Works*, xiv, p. 429.

文当时是编入《学术的进展》之拉丁文版的。[40]其他两篇文章不
能确切地指认，尽管有位学者曾表明，根据译稿的高质量，它们
是"介乎模仿与非模仿之间"且"富有创新性的"。[41]无论霍布
斯本人是否是这个翻译团队的最佳成员，他被遴选承担当时英格
兰学术领袖这一学术任务，这本身就在很大程度上证明了他既是
一个拉丁文法学家，又是一个翻译家。

　　四年后，霍布斯作为拉丁文法学家的才能在其长诗《峰区奇
观》（*De Mirabilibus Pecci*）中再次得到展现，该诗描述了作者与
卡文迪什及其他同伴的一次关于德比郡（Derbyshire）峰区七大
"奇观"（wonders）的旅行。[42]另一首留存下来的类似的英文诗由
物理学家兼诗人理查德·安德鲁斯（Richard Andrews）写成，后
者享有卡文迪什外甥曼斯菲尔德子爵（Viscount Mansfield）的友
谊和庇护。安德鲁斯的英文诗（描述了部分而不是全部奇观）很

---

　　〔40〕　See F. Bacon, *The Essayes and Councels, Civill and Morall*, ed. M. Kiernan
(Oxford, 1985), pp. xc-xci; see also pp. 233-4, 证明该译稿成形于1623年的春秋之
间。拉丁文译稿对应的是原英文文章的一个扩展与改写（"修正"）版本；新版本以
《论王国与等级的伟大》（*Of the True Greatnesse of Kingdomes and Estates*）为标题在
1625年首次以英文出版。理查德·塔克（Richard Tuck）声称拉丁文版出自培根，霍
布斯将该文的那个扩展新版译成了1625年付印的英文版本 ["Hobbes and Tacitus", in
G. A. J. Rogers and T. Sorell, eds., *Hobbes and History* (London, 2000), pp. 99 - 111,
here p. 108]；但是拉丁文和英文本的对比并不支持这一结论。在某些要点上，拉丁
文版本逻辑清晰，而英文版本则隐含晦涩；有时需要费力地去寻找某个术语对应的
拉丁词 [例如"Gentlemen"译成了"（quos vocamus）Generosi"]；有时还涉及解释
性的扩展或简化（例如"But when they [*sc.* the Spartans] did spread, and their Boughs
were becommen too great, for their Stem, they became a Windfall vpon the suddaine"，译成
了"At postquam Limites suos caepissent proferre, et latius dominari, quam ut Stirpe Spar-
tanorum, Turbam Exterorum, Imperio commode coercere posset, Potentia eorum corruit"这
里很容易看出是将英文译成了拉丁文，而不是相反）。
　　〔41〕　F. Bacon, *Essays and Colours of Good and Evil*, ed. W. Aldis Wright (London,
1875), pp. xix-xx.
　　〔42〕　Hobbes, *Opera philosophica*, v, pp. 323-40; 这首诗有538行。

11　可能是同一次旅行的产物——其中不仅提供了旅行时间即 1627 年 8 月，而且还提及曼斯菲尔德也是团队成员之一。[43]当时，卡文迪什是德文郡伯爵，是在 1626 年 3 月继承父亲爵位的。霍布斯的诗是作为礼物献给他的；这再次表明卡文迪什熟练掌握着拉丁文。

　　当然，霍布斯这一时期最重要的智识事业是一项分量更重的任务：对修昔底德的完整翻译，直接从希腊文入手（不同于先前的英文本）。不幸的是，我们并不知道他开始此项翻译的确切时间。译稿据信完成于 1628 年 3 月，当时书稿已在英国出版同业公会（the Stationers' Company）登记；印刷工作在同年 11 月已实质性完成，而霍布斯在 1629 年 1 月 1 日已能够将之作为新年礼物赠送给一个朋友。[44]不过在前言中霍布斯包含了如下的相当惹人好

---

　　[43]　BL, MS Harl. 4955, fos. 164-71（fo. 165r: "我们最后来到布克斯通斯 | 欢迎到来，全部还是部分 | 主要是恭候曼斯菲尔德子爵家族 | 小城和乡野与之同在"）。关于安德鲁斯，参见 P. Beal and J. Griffiths, eds., *English Manuscript Studies*, *1100 - 1700*, iv（1994），pp. 134-73. 这首诗的节选付印于 B. Jonson, *Works*, ed. C. H. Herford, P. Simpson, and E. Simpson, 11vols.（Oxford, 1925-52），xi, pp. 387-9. 来自安德鲁斯同一手稿的另一首诗（fo. 67v）庆祝的是两个卡文迪什家族的新居，付印于 A. Fowler, *The Country House Poem*: *A Cabinet of Seventeenth-Century Estate Poems and Related Items*（Edinburgh, 1994），pp. 159-63. 福勒（Fowler）遵循琼森版本的编辑们（editors of Jonson）的做法，将安德鲁斯的名字错写为"弗兰西斯"（Francis）。

　　[44]　关于登记的时间（1628 年 3 月 18［/28］日），参见 Arber, ed., *Transcript of the Registers*, iv, p. 161. 他给德文郡公爵遗孀的信件是从伦敦发出的，时间是 11 月 6［/16］日，霍布斯说出版者很快就会奉上信件，这也是所有信件中最后出版的（Hobbes, *Correspondence*, i, p. 6）。这个书的卷首给出的出版日期是 1629 年；但是一般图书出版的通常做法是如果在 11 月或者 12 月就会把出版时间推迟到下一年。在威廉姆博士图书馆中有这样一个实例，出版于伦敦，出版标记是 1083. O. 4，上面有这样一段献词："Ex Authoris dono Januarij primo［1628 *altered to* 1629］（从 1628 年修改到 1629 年）Ex libris Samuel. Harrisonj". 这本书归萨米尔·哈里森（Samuel Harrison）所有，他是主教门街（德文郡的房子刚好就在那里）的一位药剂师。参见 BL, MS Add. 33572, fo. 243r, 哈里森在 1637 年 5 月 29 日［/6 月 9 日］给威廉·黑尔（William Hale）的亲笔信。关于哈里森，参见 R. S. Roberts, The London Apothecaries and Medical Practice in Tudor and Stuart England, London University PhD Thesis（1964），pp. 311-13.

奇的句子："在我完成译稿之后，延宕日久，其他一些原因也发生了，我传阅它的欲望也就停止了。"[45] "日久"到底是几个月还是几年并不清楚；延期的动机也不清楚。霍布斯没有清楚说明"其他一些原因"到底是什么。他在这里增列的唯一的解释就是，他曾担心该书是否会满足公众的阅读兴趣，理由有二：其一，大部分历史书的读者偏好于军事史的激烈情节而不是政治分析；其二，修昔底德文本的地名十分繁琐，这使他的历史叙事变得难以追踪。[46] 霍布斯因此绘制了一幅详尽的希腊地图（镌刻并付印于 12
其书中），同时增列了提示地图上所有地点及其特征的地名索引［主要取自修昔底德、希罗多德（Herodotus）、李维、保塞尼亚斯（Pausanias）和斯特拉波（Strabo）］。[47] 编辑地名索引必然耗费时日；但文献证据显示，这一编辑工作是在文稿提交给出版商之后才开始的，因此它不能用于解释译稿完成与译稿付印之间的"漫长"耽搁。[48]

在译稿注册于出版同业公会和印刷完成之间，霍布斯生命中的一次重大变故发生了：他的恩主德文郡伯爵二世在 1628 年 6 月 20 ［/30］日去世。伯爵在去世前三天立下遗嘱，由霍布斯作为见证人；

---

[45] Thucydides, *Eight Bookes of the Peloponnesian Warre*, tr. T. Hobbes（London, 1629）, sig. A4r.

[46] Thucydides, *Eight Bookes*, sig. A4r.

[47] 在这份地名索引里，霍布斯亦偶尔诉诸托勒密（Ptolemy）、波利比奥斯（Polybius）、阿忒纳乌斯（Athenaeus）、修昔底德注释家（Scholiast on Thucydides）、普林尼（Pliny）、《阿尔戈英雄纪》（*Argonautica*）俄耳甫斯（Orpheus）、《安东尼的行程》（*Itinerarium Antonini*）、《波伊庭格地图》（*Tabula Pcutingeriana*）和《斯特凡努斯希腊语词典》（*Greek Dictionary of Stephanus*）。

[48] Ibid. , sigs. b2r–c4r. 这里的署名显示霍布斯在文稿开始付印的 1628 年初并未提交这份索引材料——或者告知出版商秉持预期；文稿开始于 sig. B1，这显示（遵从惯例）出版商允许加入前言性材料（sig. A）。Sig. A 包括献辞书信和为读者写的前言。

在遗嘱的一个附件中，他敦促妻子留任所有家族雇员。[49] 不过一个多月后伯爵夫人就解除了对霍布斯的雇约：7月23日［/8月2日］霍布斯与卡文迪什家族结账后走人。[50] 他如何度过当年的剩余时光不得而知。他大部分时间可能就在伦敦，常规性地敦促出版商检查和订正他的文稿。[51] 霍布斯于1628年11月6［/16］日写给德文郡伯爵夫人的信发自伦敦的"您的宅邸"［位于毕晓普斯门（Bishopsgate）的德文郡大院］这一事实本身不应当被认为暗示了他仍在提供秘书服务；7月份的账户处置已经是离职的确切证据，因此更有可能的是，霍布斯只是返回德文郡大院写信以确保信件本身可以通过伯爵夫人的仆人尽快到达夫人之手。[52] 霍布斯本人或许是投宿朋友处，抑或是投宿了酒店。不过也存在另外一种值得考虑的可能性——即便是非正式的，他已依附于另外一个卡文迪什恩主威廉·卡文迪什，曼斯菲尔德子爵，未来的纽卡斯尔伯爵。因为霍布斯的下一个雇佣工作——始自1629年某个时刻——是作为杰维斯·克里夫顿爵士（Sir Gervase Clifton）儿子的家庭教师兼旅伴；而杰维斯爵士则是曼斯菲尔德子爵最亲近的同事兼朋友之一。[53]

13

---

〔49〕 The National Archives（Public Record Office）, Kew〔hereafter：PRO〕, microfilm Prob. 11/154, fos. 38-9.

〔50〕 Chatsworth, MS Hardwick 27（伯爵二世及其寡妻的收据），收据覆盖的期限是1628年3月25日［/4月4日］到米迦勒节（Michaelmas）："7月23日由霍布斯先生开具，账户余额为23.194英镑。"亦可比较 Chatsworth, MS Hobbes D 6〔"记事簿"（A Narration of Proceedings）〕, fo. 2r："托马斯·霍布斯……在其主人死后被解雇。"

〔51〕 关于这一普通的实践活动，参见 P. Simpson, *Proof-Reading in the Sixteenth, Seventeenth and Eighteenth Centuries*（Oxford, 1935）, pp. 6-19.

〔52〕 Hobbes, *Correspondence*, i, p. 6；信件表明霍布斯急切希望伯爵夫人读到。

〔53〕 曼斯菲尔德在1626年7月成为诺丁汉郡（Nottinghamshire）总督后的举措之一就是任命克里夫顿为副总督；关于这一点及他们的友谊，参见 J. R. Dias, "Politics and Administration in Nottinghamshire and Derbyshire, 1590-1640", Oxford University D.

霍布斯与这另一位威廉·卡文迪什的早期关系史（为避免混
淆，后面将根据其1620年获得的名号称之为"曼斯菲尔德"）是
相当含糊不清的。或许霍布斯在受雇于哈德威克的卡文迪什男爵
的第一年即访问剑桥的1608年就已与曼斯菲尔德熟识；未来的曼
斯菲尔德子爵曾在那一年以准研究生身份入读剑桥大学圣约翰学院
［Cambridge University（cont.）St John's College］。[54]曼斯菲尔德对
学术无甚兴趣；如同其第二任妻子所言："尽管他被送入大学……
有老师们教导；不过他们都不能说服他勤勉攻读，他热爱运动更
甚于学习。"[55]这对其后续人生的一个影响就是他从不满意于阅
读拉丁文；在1640年中其旅居巴黎期间，当时他在审阅来自霍布
斯的一篇光学论文，文稿在其特别要求下以英文写成。[56]尽管如

14

Phil. thesis（1973），pp. 314，327. 霍布斯在1630年11月2［/12］日发自哈德威克厅
致克里夫顿的信中表明他在完成克里夫顿委任工作后重新效命于德文郡伯爵夫人。
（Hobbes，*Correspondence*，i，p. 17："我非常荣幸地回家，我必须将之归功于您的举荐
信，我的夫人据此理解了您对我服务于克里夫顿先生的满意接受态度。"）不过此
事安排者更可能是曼斯菲尔德。

　　[54]　关于曼斯菲尔德在圣约翰学院的学员资格，参见 L. Hulse，"William Caven-
dish, first duke of Newcastle upon Tyne"，*Oxford Dictionary of National Biography*（www.
oxforddnb.com），and L. Worsley，"The Architectural Patronage of William Cavendish,
Duke of Newcastle, 1593–1676"，University of Sussex D. Phil. thesis（2001），p. 98. 卡文
迪什男爵的账簿包括了1608年11月23日［/12月3日］记下的这样一条："给霍布
斯：委任其支付接送来自剑桥的威廉·卡文迪什先生的马车车费。"（Chatsworth，MS
Hardwick 29，p. 38.）可以想见，这就是指曼斯菲尔德；不过"威廉·卡文迪什先
生"是霍布斯的这位学生的账簿中连续使用的称呼格式，这显示出他可能在剑桥待
过一段时间——也可能就是其外甥的伴读。

　　[55]　M. Cavendish，*The Life of the Thrice Noble，High and Puissant Prince William
Cavendishe*（London 1667），p. 141.

　　[56]　其弟查尔斯·卡文迪什爵士1645年11月1［/11］日致信佩尔："霍布斯
先生有意尽力发表一篇光学论文……在吾兄要求下以英文写成。"［N. Malcolm and J. A.
Stedall，*John Pell 1611–1685, and his Correspondence with Sir Charles Cavendish: The Men-
tal World of an Early Modern Mathematician*（Oxford 2005），p. 434.］那篇论文参见BL，
MS Harl. 3360. 当然，大学关于熟悉拉丁文的"入学条件"（entrance requirement）对于
社会地位较高的学生是可以放松的。

此，他还是发展了强烈的智识兴趣——哲学、自然科学和文学——其中有许多内容是和其更为好学的弟弟查尔斯·卡文迪什爵士（Sir Charles Cavendish）分享的。直接将霍布斯与另一卡文迪什家族联系起来的首份证据包含了霍布斯的学生卡文迪什勋爵1624年写给教士亨利·巴特斯（Henry Bates）的一封信，后者似乎同时托庇于这位勋爵和曼斯菲尔德：提及另一位的威廉·卡文迪什（曼斯菲尔德）时，这位勋爵写道："霍布斯提醒我写信给威廉兄弟。"[57] 两个威廉之间的私人关系在那时非常亲密；1624年，曼斯菲尔德借给了他的这位外甥一笔高达4500英镑的巨资以使其能够偿付最紧迫的债务。[58] 关于曼斯菲尔德和德文郡伯爵、霍布斯、安德鲁斯1627年8月同游峰区的证据已被提及；在次月，曼斯菲尔德就在查茨沃思（Chatsworth），在那里作为一封致国务大臣约翰·柯克爵士（Sir John Coke）书信（信件由霍布斯起草，德文郡伯爵首先署名）的联署人，涉及一项关于德比郡煤矿产业带来之王室收入增长情况的调查使命。[59] 在1620年代后期为霍布斯所知的三位文学或智识大家本·琼森（Ben Jonson）、理查德·安德鲁斯博士和亨利·巴特斯似乎都同时托庇于两位威廉·卡文迪什；这似乎表明，这两位卡文迪什家族成员，特别是在他们融洽相处的伦敦岁月里，至少在文化与智识生活（尽管如我们将要看到的，可能不包括政治生活）所及之处有着一个共享或交叠的

15

---

〔57〕 BL, MS Add. 70499, fo. 118r.（威廉·卡文迪什致亨利·巴特斯，1624年6月。）

〔58〕 Dias, "Politics and Administration", p. 317. 比较前文（注释32）提及的文件，其中未来的曼斯菲尔德子爵为1618年一笔305英镑的债务提供了担保。

〔59〕 BL, MS Add. 64893, fos. 102–3：9月25日［/10月5日］关于"主导产业"的书信，署名人为德文郡伯爵、曼斯菲尔德、R. 哈珀（R. Harpur）和弗兰西斯·柯克（Francis Coke）。

社交圈子。[60]1630 年末，当霍布斯陪同杰维斯·克里夫顿爵士之子从欧陆旅游归来时，曼斯菲尔德及其兄弟似乎构成了霍布斯在英格兰的智识世界的重心所在：当年冬季，霍布斯逗留于曼斯菲尔德在诺丁汉（Nottinghamshire）的庄园维尔贝克·阿比（Welbeck Abbey），与曼斯菲尔德及查尔斯·卡文迪什爵士探讨关于感觉穿透力的最新哲学理论。[61]1631 年初，霍布斯重新效劳于德文郡伯爵夫人。[62]不过，如其在 17 世纪 30 年代通信中所言，如今曼斯菲尔德及其兄弟才是他主要的智识恩主；1640 年，在曼斯菲尔德（当时已擢升为纽卡斯尔伯爵）的要求下，霍布斯将要写出其第一部伟大的政治著作《法律要义》（*The Elements of Law*）。

---

〔60〕 奥布里记载到，琼森是霍布斯"喜爱和熟识的朋友"，且霍布斯请求过琼森就其修昔底德译稿的风格问题提供意见，参见 *"Brief Lives"*, i, p. 365.

〔61〕 BL, MS Harl. 3360, fo. 3r; Hobbes, *Correspondence*, i, pp. 102-3, 108; Malcolm, *Aspects of Hobbes*, p. 116.

〔62〕 Chatsworth, MS D 6, fo. 2r："大约在 1631 年初，伯爵夫人解雇了作为新伯爵儿子的家庭教师并重新雇佣托马斯·霍布斯。"这份文件由霍布斯签署（也可能由其起草）。还可比较 1639 年（查理一世十四年）2 月 25 日 [/3 月 7 日] 授予霍布斯克雷斯比庄园（the manor of Cleisby）的契约文件，其中提及"为 [伯爵三世] 提供的忠诚而优良的服务……托马斯·霍布斯已服务长达八年"（Chatsworth, Indenture H/301/16）。

第二章

译本：作者、日期与风格

那么，在曼斯菲尔德的文件里发现一份 17 世纪 20 年代末某个艰涩拉丁文本的英译本是托马斯·霍布斯的作品就毫不奇怪了。论定译者归属的特定理由现在可以加以仔细考量了。有三个方面的理由：字迹、手稿修改的性质以及某些英文风格特征。

霍布斯学者并非不知包含该手稿的那卷文献：其中与曼斯菲尔德相关的其他条目是霍布斯在 1634—1636 年间写给他的七封亲笔信。[1] 不过未被提及的是，《第二绝密谕示》的译本同样是霍

---

[1] BL, MS Add. 70499, fos. 172-3, 184-5, 202-3, 210-11, 212-13, 214-15, 216-17 (printed in Hobbes, *Correspondence*, i, pp. 19-20, 28-9, 32, 33-4, 37-8, 39, 41-2). 该卷不仅包括了卡文迪什的文件，而且包括了来自维尔（Vere）家族和霍利斯（Holles）家族的某些早期文件（后者随后以联姻方式加入了卡文迪什家族）；文件的基本排序是按照年代进行的，这意味着维尔和霍利斯家族的文件在先，随后是《第二绝密谕示》，再就是卡文迪什的文件。霍布斯学者可能受到了这样一个事实的误导，即历史手稿委员会（Historical Manuscripts Commission）将《第二绝密谕示》归入了该卷的维尔与霍利斯文件部分：HMC, *Thirteenth Report*, "MSS of his Grace the Duke of Portland", ii (London, 1893), p. 117.

布斯手迹——比 17 世纪 30 年代中期的版本更早的一种形式，更加规范的斜体字，不过也带有其随后展现的某些书写特征（比如字母"e"带有一个盘旋于主字母之上的、与之分离的小圈）。与译稿书写体最接近的是霍布斯 1627 年或 1628 年撰写的哈德威克图书馆目录：有译稿中所有的字母字形，包括某些很有特征的大写字母也重现于此。[2]特别典型的是大写字母"A"是在一行下面从左边垂直重起一行，并且整个字母都侧向右边；大写字母"B"是在垂直的顶部开始并且在余下的字母的上边；流线型的大写字母"E"写成了希腊字母"sigma"的样子；而大写字母"H"中间的斜线从左边的垂直线的底部画到右边的垂直线的上部；大写字母"K"用了一个加粗加长的对角；大写字母"P"的垂线向右边靠而下脚部分则向右边延伸；大写字母"Q"的那个加粗加长的尾巴更倾向于指着下面而不是右边；书写得较小的大写字母

17

----

〔2〕 Chatsworth，MS Hobbes E. 1. A. 这一目录按照作者姓名的字母顺序编排，大多是霍布斯的笔迹。在有些地方一个字母下面的一个条目，我们发现一个或多个条目的笔迹不同；这些地方又有霍布斯笔迹书写的更多的条目在其后（一个明显的后来的版本）。因此，看上去当霍布斯不在哈德威克的时候有人担负起了登记新条目的职责。这些被其他人登记的条目包括"Thucidides Eng：Fol："，霍布斯的翻译（1629）。对于这些书的出版日期的分析可知这个目录是在霍布斯 1628 年离开之前撰写的；有一些地方的新增部分是在他离开期间（1628—1631）由其他人撰写的，然后在 17 世纪 30 年代他又撰写了其他新增部分。最新的有明确日期的主要条目是霍布斯增写的是 S. Gardiner，*The Devotions of the Dying Man*（London，1627）；还有一个是 G. Hakewill，*An Apologie of the Power and Providence of God in the Government of the World*，这个可能是指的是第一版（Oxford，1627），而不是第二版（London，1630）。在霍布斯撰写的条目里面还有一个是 A. Ross，*Three Decads of Divine Meditations*，在 STC 里面是在"1630"年的作品中；但是这个书并没有标明日期［此书是献给金洛斯（Kinloss）夫人，德文郡女伯爵的母亲或者其小姑子］。［这是为弗兰西斯·康斯特布尔（Francis Constable）发表的；罗斯（Ross）的其他三部著作出现在 1617—1622 年之间。］霍布斯为这个书编制的目录出版在 1629 年或 1630 年，B. Soverus［Sovero，Souvey，Schouwey］，*Curvi ac recti proportio*［帕多瓦（Padua）：标题页是"1630"；末页是"1629"］，即便如此它也比编目为"S"的项目要靠前，事实上霍布斯（后面做的）增加的部分插在了页底。

"T"类似于大写字母"J"，其中垂直线有点弯曲而平行线是加长了的并向左边延展。

这个手稿没有标明日期。文本本身引发了极大的兴趣，我们有理由认为当文本一经获得就产生了对其进行翻译的强烈需求。既然拉丁文本是在1626年下半年发表的，而且有证据表明（我们在后面还会加以讨论）在1627年1—8月之间，这对于英格兰而言是一件新奇之事，那么这个翻译就可以权且当作是在1627年就有了。正如我们所知道的，在1627年8月和9月，霍布斯正与曼斯菲尔德作伴，而那时曼斯菲尔德正与其侄子盘桓在查茨沃思；因此，这个翻译有可能就是在这段时间做出来的。[3]在霍布斯这边发现的手迹与哈德威克图书馆目录在日期上高度一致。正如一般情况一样，文件中的水印并没有提供编年上的准确信息；但是它确实能够让我们从其他证据中获知这个翻译可能的原初情况。在手稿中的水印是一个旗杆状的图案，其中旗帜部分向右边浮动；在旗杆的左侧，其底部是字母"G"，其右边是一个"3"（如果考虑到其一端被包括的部分应该读成字母"B"）。[4]在曼斯菲尔德残存的文件中有好几个地方都有类似的水印，每一个都有旗杆，双重旗帜和"G 3"标记；每一组都不太一样，其中没有一个与手稿中的水印完全相符（这些文件与手稿最主要的差别在于它们都有一个与旗杆分离的"3"），但是，我们有理由认为曼斯菲尔德

18

---

〔3〕 参见第一章的注释43、59。有证据也表明霍布斯所翻译的稿子是来自伦敦的内森尼尔·巴特（Nathaniel Butter）文具店，这个商店到1627年7月是一直营业的（参见第四章注释34）。

〔4〕 这个水印出现在fos. 73，74，80，81，83。旗帜一端有5.5厘米高，两个相连线之间有5.6厘米的间距。没有其他标签可见。纸张的大小是非常规则的：30.0厘米到30.1厘米高，20.5厘米到21.1厘米宽（因为有装订部分，所以对于宽度的大小在这里并不是非精确的）。

从纸张的供应商那里购买的纸张来自某一家制造厂，而这个文本写作所用的纸张也是出自同一家纸张制造厂。这些类似的水印都没有标明日期，但是它们中的一个上面摘录了一首讽刺诗（出自曼斯菲尔德的手迹），这个应该是在詹姆斯一世统治时期的最后几年。[5]他的手稿的其他部分也有这样的水印，不过在同样的设计上增加了一个"3"到其最右边：这些条目有些是可以推定为1634年，而它们在希伍德（Heawood）目录上的同一条目有相似的水印，并标记为1636年，因而可以认为这个是后来修改过的，在1627年或1628年霍布斯撰写的哈德威克图书馆的目录同样有这样一种版本的水印。[6]同样的水印也能在克里斯蒂安·卡文迪什女伯爵（Christian Cavedish，the Countess of Devonshire，霍布斯在哈德威克和查茨沃思的雇主）在17世纪30年代写的信件中被找到：在大多数情况下都有"G 33"的设计，但是只有一个地方我们发现了"G 3"符号（虽然这个"3"和我们的手稿中的不一样，可能是因为它与标记一端分离开来）。[7]由此可知，卡文迪

19

---

〔5〕 Hallward Library, University of Nottingham, MSS Pw V 522; Pw V 872; Pw V 944; Pw2 V 213（讽刺诗出自 MS Pw V 522）.

〔6〕 Hallward Library, University of Nottingham, MSS Pw 25/19（fo. 19）; Pw 25/44（fo. 57）; Pw 25/48（fo. 62）［1634?］; Pw 25/49（fo. 64）［1634?］; Pw 25/57（fo. 78）; Pw 25/139（fo. 1）; Pw 26/196（fos. 155-9）; E. Heawood, *Watermarks mainly of the 17th and 18th Centuries*（Hilversum, 1950）, no. 1380. 在诺丁汉的 MSS 也开列了，这个符号有一个对应的由一个茎枝和其顶部是三叶草的形状所构成的符号（就是在旗杆和旗帜的地方），其中"G"在茎枝的底部，"3"在其右侧的中间部分。In Chatsworth, MS Hobbes E. 1. A（图书馆目录），纸张是如此被切割的，其中旗帜较低的一部分被显露出来（保留了"G 33"）；这种纸张也有三叶草的标记。

〔7〕 Hallward Library, University of Nottingham, MSS Pw 1 54（G 3）; Pw 1 59（G 33）; Pw 1 60（G 33）; Pw 1 61（G 33）; Pw 1 63（G 33）. 这些信件都没有标明日期；其内在的证据显示它们是在1634—1625年写的。MS Pw 1 54 是一个简短的恭维性质的信件；与其他信件不同，它有一个经霍布斯笔迹书写的地址（"致尊敬的纽卡斯尔女伯爵"）。

什家族的两个分支都是从同一家纸张生产商那里购买纸张的。这个证据对我们确定手稿的日期没有什么帮助；即便其他项目被明确标记日期，也有与水印相互对应的月份，但是这也无济于事，因为这家人可能在很长的一段时期都使用同样版本的纸张。[8]但是至少有一点是确定的——如果非要确定的话——这个手稿就是出自霍布斯之手。

从手稿的品相看，这是一个修订版本，主要是用来给人看的：其手迹相当工整，也用铅笔直线划定了书写的区域，在每一页的底部也用了标字以示过渡。["修订本"（fair text）而不是"誊清本"（fair copy）是有意为之的：如下面讨论的修订部分会显示这个文本可能不是一个从彼此分离的草稿中组合而成的最终版本。]不幸的是，这个翻译稿并不完整；只有 11 张对开页被留下来了，而不是原来可能的 14 页原本，这个本子在第 26 节的时候就结束了，而整个文本的节数是 35 节。这些丢失的页数原来是存在的但是最终消失了，这可以通过整个文本的状态而被断定——并且，确实最后一页底部的过渡标字显示其后面马上就接着第 12 个对开页。

当然，霍布斯撰写了整个手稿并不能直接证明他就是整个翻译的译者。但是，显然他不可能从自己没有见过的拉丁本中直接抄写了翻译。在手稿的一个地方（第 5 节），他在一个令人困惑的拉丁句子那里写下了一串星号，并且把拉丁语标注在页边。从手稿里的订正和修改可以看出来，霍布斯是直接从拉丁文边写边译的。在还没有被翻译的一个句子前面，有一个组织得非常奇怪的

20

---

〔8〕 关于这方面的证据参见 W. Proctor Williams, "Paper as Evidence: The Utility of the Study of Paper for Seventeenth-Century English Literary Scholarship", in S. Spector, ed., *Essays in Paper Analysis*（Washington, 1987）, pp. 191-9, 它指出阿什比堡（Castle Ashby）在 1644 年、1666 年和 1700 年都使用同样版本的纸张。

拉丁句子，这似乎给霍布斯制造了一点麻烦，拉丁语是"Ille ne ad nuptialia quidem sacra sororem admisit, nec aliâconditione, quàm ad triumphale epulum"，在手稿中是"并且他不承认他的妹妹像愿意出席胜利晚宴一样那么愿意无条件地出席他的婚礼［虽然 *deleted* > 和 *deleted*］（And he admitted not his sister to come so much as to his weddinge ［though *deleted* > and *deleted*］ w^(th)out other condition then to be present at ye Triumphall feast. ）。"（修改的部分是放在方括号里面的，符号">"是用来指示在行间增加的部分。）这里看上去霍布斯是先写了"though"；但是在随后的地方（可能是在写了"w^(th)out"之后）他又将其删去，并且用"and"放在行间将之予以替换；但是在后来，当他继续理解这个句子的意思的时候，他又将"and"也删掉了。

　　有一些例子也提供了明确的证据以显示霍布斯是在边理解边翻译这个文本的。在第5节，在翻译句子"proceres offendis, qui tibi subsidia negant, sine eorum nervo rex invalidus est"时，霍布斯写道："你冒犯了贵族，他们不会再给你补助金了，没有［their *deleted* > the］他们力量的支持，国王是非常弱小的（You offend the nobility, who will deny to giue you subsidyes, and w^(th)out ［their *deleted* > the］ strength of them ye kinge is weake. ）。"这个地方看上去是他先写了"他们的力量"，并认为"eorum"指的是"proceres"（"贵族们"），但是随之发现其指称的是"subsidia"（"补助金"），由此决定把"他们的力量"（their strength）修改为"来自他们的力量"（the strength of them）。（一眼看上去，"他们的力量"和"来自他们的力量"在意思上并无不同；但是如果人们读"来自他们的力量"就会把重点放在"他们"上边，而这里更多应该指向的是"补助金"。）同样是第5节，在讨论到白金汉公爵

（Duke of Buckingham）的时候包含了这样一个句子，"Dani Legatus sociorum mentem Britanno aperuit，Unius amore impediri pecuniam"，霍布斯写道："丹麦大使提请不列颠国王留心联盟。这样的［一个人的 *deleted*＞他的］爱会阻止一个人获取其财富（The Danish Amb.ʳ shewed vnto yᵉ Kinge of Brittany the minde of yᵉ Confederates. That［one mans *deleted*＞his］loue to one man hindred him of money.）。"这个地方似乎是霍布斯先以为"Unius amore"应该被翻译为"一个人的爱"（one mans loue），但是后来又发现这个句子指的是查理对白金汉的爱，而非相反，由此他就修改了他刚写下的这句话而写作"他对一个人的爱"（his loue to one man）。在第 13 节中讨论了盖伯·贝特朗（Gábor Bethlen）的政策时包含了这样一句话"aurum quaerit，post aurum auxilia venditat，non praesentat"，霍布斯的手稿是"他只是谋求财富，一旦获得，他就开始展示他的力量，但是从来不出兵（He seekes for money，wᶜʰ gotten，he shewes his［ayde *deleted*］forces，but bringes them not on.）。"这里看上去霍布斯在翻译"auxilia"的时候脑海中的第一个念头是采取最为简单的意思（帮助，协助），但是有一个时刻他意识到这里可能指的是武装力量。在第 15 节关于威尼斯政策的一个讨论，那里的拉丁文是"Dux ipse"，霍布斯是这样写的"the［Generall *deleted*＞Duke］himselfe"，由于在前面的句子里指的是士兵，这个地方他开始的时候是被误导了，所以从军事的意义上来理解"Dux"，但是随后就意识到这其实指的是威尼斯公爵。在第 16 节，拉丁语是这样来描述费迪南皇帝（Emperor Ferdinand）的："At Caesar licet afflictus，vastas tamen habet，& fertilitate nativa dites Provincias"；霍布斯写道："凯撒虽然受到了伤害，但他却扩大其领地并使其繁荣（But Caesar though he［be troubled *deleted*］receaue hurt, yet hath he large and fertile Provinces.)。"这里首先霍布斯只是从心理上理解 "afflictus"，随后一旦意识到整个句子的意思，他就知道了其实这指的是物质上的损失。在第 21 节，那里的拉丁语是 "Fallere autem promptum erit, si Hispano, Caesaríve, aut Boio liberi tradantur educandi"，霍布斯写道："如果你把自己的孩子送去西班牙，让皇帝或者巴伐利亚抚养成人，去欺骗他们是很容易的（It will be easie to deceaue them, if you deliuer your children [to the Spaniard *deleted*] to be brought up by yᵉ Spaniard the Empʳ or Bauiere.)。"这里的一个结构"把你的孩子送去"（deliver your children to）使他自然地认为这是一系列的指称对象，但是当写下了"西班牙人"（the Spaniard）之后，他就意识到对 "educandi" 的翻译应该被放到前面。

在这些修改中，只有在第 5 节中的一个奇怪的句子结构以及第 15 节讨论威尼斯公爵的句子的修订（它被置于行间）是在整个手稿写完之后做出来的。在其他的地方，我们可以认为霍布斯是把拉丁本放置于他面前，然后在翻译英文的时候仔细思量它们的意思。当然他也做了一个相对粗糙的修订本，并且当他进行翻译的时候再逐渐修改那些错误之处。只有一两处微小的错误是与原稿一致的。比如，在第 24 节中 "of" 应该被改成 "or"，这可能是由于他的手稿中过分潦草地写了 "or" 所造成的误会而引起的（虽然在第 16 节中用 "vngergo" 来替代了正确的 "vndergo" 显示出霍布斯在写作时用笔太快了）。[9] 从手稿的整体状况看，正如

---

〔9〕 另外，在有一两处修改显示出在听而非看上出现的错误：一个 "yoʳ" 被删掉了而换之以 "you are"（第 8 节），那个看上去像 "by" 的被删掉了而换之以 "buy"（第 25 节）。但是整个手稿并非看上去是一个听写的作品。这种错误可能是由于作者在脑海中思量它们而写下来的习惯造成的——当译者在考虑他的范式的时候，尤其是他手头还有其他的工作让他分心。另一个错误（"youc" 被改成了 "you" 并放在 "can" 之后）既不是由于听也不是由于看，这个可能就是分心之故。

22　后来的修订稿所做的修改，都是支持这一假定的。然而，如果霍布斯确实制作了一个粗略的草稿，那么人们应该可以指望他在这一步就已经完成了对这个文本（尤其是正如我们上面提到过的这些简单的文本问题）意思的理解了，并且在下一个步骤，对已经被修改的草稿给出一个订正版就可以了。但是我们对前面的修订部分作出的分析显示，他不仅仔细检查了原来的版本而且对我们现在掌握的文本的意思做了基本的思索。[10]他一开始就尝试作出一个订正本，这并非不可能，即便有些地方的拉丁文令人苦恼。（他确实承认有的地方的翻译并不尽如人意；但是，在考虑如何将英语适用于其所描述的意思的时候，困难之处还不在于将拉丁语转译成英语。）我们没有必要认为霍布斯在翻译的时候就已经率先阅读了文本：他可能有大量的时间审阅了拉丁文本。然则，他在任何意义上都是一个颇具才华的古典学者——他在很多年里都在从事翻译工作，他是从希腊文直接对修昔底德作品进行英文翻译的。

然则，若有可能，霍布斯是从一个粗略的翻译草稿来做这个翻译的，那么是否可能这个草稿不是他做的而只是在草稿的底稿上仅仅进行小小的订正呢？这种可能也不能被完全排除，但是有

---

〔10〕　我们在此要指出另一个行间距之间的修改，这似乎可以证明他在写作这个稿子的时候就是在从事翻译工作（虽然其他的解释也是可能的）。在第 2 节，在翻译 "incentor Allobrox" 时，他写道：the〔Grison *deleted*>Sauoyard〕instigatinge.〔这个修订是正确的：格里森（Grisons）在今天的瑞士的东南角，但是阿洛布罗基人（Allobroges）是一个居住在日内瓦湖南和西南部的一个族群，这个地方与萨瓦公国（Duchy of Savoy）对应。〕同样，将 "Allobrox"（第 3 节）翻译成格里森就是不正确的。这个文本里后来霍布斯也遇到了 "Arma Rhetica"（第 7 节），他就翻译成 "The Grison…warres"，"Grisones"（第 8 节）翻译成 "Grisons"，并且 "Allobrogibus"（第 9 节）翻译成 "to…yᵉ…Sauoyards"。由此看来文本翻译到了这一步这些指称就变得更为清晰了，这使他得以回到第 2 节重新予以订正；但是显然他忘掉了在第 3 节里遇到的 "Allobrox" 这个单词了。

证据表明这种情况是不可靠的。同样，从修订的性质上看，我们
很难将其与这种假设协调起来：一个将如此多的难点翻译对的译　23
者几乎不会在他的译稿里犯这种在第一眼看到那个词组或句子的
时候就能挑出来的低级错误。另一点也可以用来反对这种看法，
即在翻译中有很多小的删除（词、短语和句子）。正如下面所提
到的，这可以理解为这些错误是由拉丁语的手稿副本中的遗漏所
造成的——可以这么想，但是这可能性极低。（在这个时期遗留下
来的三个手稿副本中，有一个确实与其翻译的稿本对应，所有丢
失掉的词语和表达都出现了。）〔11〕如果我们认为在这种情况下至
少有一个拉丁文版本里有那些丢掉的内容，如果我们认为霍布斯
可能是将其他人的翻译草稿与原初版本进行了细致的比对，那么
他既没有注意到这些删掉的部分也没有对其予以订正就显得非常
奇怪了。

　　还有其他的理由让我们质疑霍布斯仅仅是在修改或者润色其
他人的翻译。这个翻译工作可能是曼斯菲尔德指派的任务；极有
可能是他获得了一个令其心烦的拉丁语小册子，他在他的雇佣者
和其所保护的人中找一个合适的且有能力的人来从事翻译工作。
如果说这个人不是霍布斯而是其他人（比如秘书或者牧师），这
也很难理解为什么不由同样一个人作出最终的订正版。翻译和誊
写都是秘书的工作，既然后者的职位更为低贱，就很难设想为什
么要把这一任务交待给霍布斯，曼斯菲尔德必然非常清楚霍布斯
知识分子的地位——这个时候霍布斯已经开始或已经完成了他突
破性的修昔底德的翻译工作了。修订的情况少之又少；如果从事
翻译的人不是霍布斯而是另有他人，那么这个人应该被指派去做

---

〔11〕 参见下面第四章注释34。

一个订正本，霍布斯仅仅会负责做些注释性的工作。并且，如果这个人的拉丁语不太好而需要霍布斯着手其修订工作，那为什么一开始的时候翻译工作不直接指派给霍布斯呢？

当然在 1627 年，霍布斯不是被曼斯菲尔德而是被他同姓的兄弟雇佣的（指的是德文郡伯爵——或者是指他在继承伯爵的爵位作为"卡文迪什勋爵"的前一个时期）。因此，我们可能认为这个手稿的写作是基于德文郡伯爵的要求——即使德文郡伯爵比他的兄弟更擅长拉丁语——然后手稿就被转交或借给了曼斯菲尔德。但是，这里还有一个反对意见：没有理由认为德文郡伯爵手上没有一个更好的译者，或者认为这个译者不是比霍布斯更为合适去誊写最终的译稿。我们不应该忘记，在很多年的历程中，霍布斯一直是在为德文郡伯爵翻译来自富尔吉佐·米加佐的意大利文的信件：这就是他经常处理的事务。但是我们也应该注意到，准备一系列翻译的誊写本——可能不是霍布斯自己——而是其他人做的。不过，我们应该在脑海中留下这样的印象：最终没有任何迹象显示在翻译《第二绝密谕示》的过程中，其订正和修改是出自其他人之手。

将这一翻译归属于霍布斯的猜想，也能被其他的证据所强化，即其思考的风格。这可以通过对比这个文本和霍布斯之前的两个散文诗式的翻译风格而认定：他对米加佐和修昔底德的翻译。当然，既然这三个作品都是翻译之作，这种对比也不是在同等水平上进行的：每一个译作都有其自身的原作风格，尤其是考虑到文字和句法结构。（诚然，在这三个译作中，对《第二绝密谕示》的翻译尤其受到原作风格的影响——它总是时常体现出塔西佗式的文风，对偶句、格言警句以及高度简化的表达方式。）然而，我们还是注意到了在词语和语义上的共同特征。我们可以在米加佐和修昔底德的译稿中发现差异更为明显的词汇用法：比如，"ap-peacher""crimination""donative"和"prank"〔其意思是"恶行"（evil deed）〕。[12]在翻译修昔底德的时候，霍布斯经常使用"league"和"confederate"而不是"alliance"和"allies"；同样 25 的词语使用习惯也在这里出现了。[13]同样，在这个手稿和对修昔底德的翻译中使用"hardly"（其意思是"有困难的"）；使用"rifle"（其意思是"窃取"）作为动词来表示劫掠或者抢夺城市；使用"obnoxious"（其意思是"有责任的"和"服从"）；使用"go through"（意思是"开始"和"发动"）。[14]在这个历史时期的英语中，有很多短语用"little"来表达"逐渐地"（gradually）或"一点点地"（bit by bit）的意思："little by little""by little and by little""by little and little""little and little""little by little""by a little""by little"。这个手稿中使用的是"by little and little"，这也是在米加佐和修昔底德翻译中的一般译法。[15]另一种情况是对山

---

〔12〕 在这里以及后面的注释中，提及这个手稿的应该给出节的编号，其他两个稿子就是指的"米加佐"和"修昔底德"。Appeacher：第9节；修昔底德，第70页（"appeachment"），第383页，页边注（"appeach"）。Crimination：第9节；修昔底德，sig. a4r，第16、39、42（"criminations"）页。Donative：第23节。米加佐，第186、238、285（"donatives"）、256（"donative"）页。Prank：第9节（"pranckes"）；修昔底德，第534页（"some vnlafull pranke"）。

〔13〕 在手稿中是这样使用的："league"和"leaguers"：7次；"confederate"：3次；"allies"：1次。在对米加佐的翻译中同样几乎排他性地使用了"league"和"confederate"（以及"confederacion"）。

〔14〕 Hardly：第16节；米加佐，第256页；修昔底德，第233页。Rifle：第2节（"riflinge"）；修昔底德，第4、97、285、491页（"rifled"）。Obnoxious：第11、22节；修昔底德，第2、22、105页〔这是"obnoxious"的一般意思；霍布斯用它来表达"有义务的"（liable）、"服从"（subject）和"倾向于"（prone）〕。Go through：第18节；修昔底德，第278页。

〔15〕 By little and little：第9节；米加佐：第206、233页；修昔底德：第229、273页；OED "little"，B7.

的各种命名形式，当使用"Mount X"（某山）时，"the Mount of X""the Mountain of X"以及"the Mountain X"这些表达方式都是可能的。这个手稿中有"the Mountaine Voige"（实际上是翻译"Vogesi montes"的复数）；这样一种翻译形式也大量出现在对修昔底德的翻译中，例如，"the Mountaine *Laurius*""the Mountaine *Rhodope*""the Mountaine *Scomius*"和"the Mountaine *Lycaeum*"。[16]

还有一些稍微明显一点的结构也是两个文本所共有的。在手稿中，"他喜欢有人去阻止他获得金钱"（his loue to one man hindred him of mony），这里的动词"to hinder"有一个间接宾语"of"，其意思是"阻止他获得金钱"。[17]在对修昔底德的翻译中也有"阻止他获得自由"（hindered of their liberty）的译法。[18]同样，在手稿中有"yor mind…imagined kingdoms to it selfe"，有一个比较显然的意思是"想想一个被自己占有的王国"（imagined kingdoms being possessed by itself），或者"想想自己占据了一个王国"（imagined itsecf acquiring Kingdoms）。[19]在对修昔底德的翻译中有这样的句子"想想他们自己的王国"（imagined itself acquiring kingdoms），这里用了同样的结构。[20]这个手稿中有"the Gallies went out, to the guard of ye Euxine sea"，这里"去保卫某某"（to the guard of）（翻译的是"ad…custodiam"）意思是"为了保卫某某"（for the

26

---

〔16〕"ye the Mountayne Voige"：第18节；修昔底德，第111、137、138、299页。

〔17〕第5节。

〔18〕修昔底德，第260页："你的例子会阻止他们获得他们的自由。"Cf. 而米加佐也说，第196页（在庆贺加冕的时候）："皇冠是在非常糟糕的天气里被送达的，这就阻止了太多的欢乐。"

〔19〕第2节。

〔20〕修昔底德，第314页："hauing…imagined to themselues the principality of all *Peloponnesus*".

guarding of），"为了保卫某某"（in order to guard）。[21] 在对修昔底德的翻译中也有"拉库里亚的船员和其盟友携带同样数量的舰船已经出发，他们被指派去保卫那个开放走廊。"[22] 对于两个文本有一个相同的奇怪的错误，这个错误源自对一个代词奇怪的使用方式，它可能指的是一个不存在的名词或者指的是这个意思所要求的人称或数。在手稿中，我们看到了这个奇怪的句子"当其性情温和之际就对好运气充满信心，这样对嘲弄也感到满意，但如此建议他们去好好思量，只不过是用他们的建议伤害了他"——这里的"他们"不知其所指，似乎是一个一般的没有人称格的宾语。[23] 在对修昔底德的翻译中，我们也找到了一句话"并且一个城市发生了叛乱，假设他们自己或者他们的盟友的防御工事更好的话，那么就让它这样吧"。[24]（在这个地方的"他们自己"和"他们的"应该就是"它自己"或"它的"；但是这两个地方似乎有一个同样的趋势就是这里的代词或者是指称的一个非人称的格或者完全什么也不指称。）[25]

另外还有一个虽然很小但是确实非常明显的地方有着强烈的

---

[21] 第 14 节。

[22] 修昔底德，第 454 页。

[23] 第 2 节。

[24] 修昔底德，第 168 页。

[25] 同样的现象也发生在《利维坦》（Leviathan）的手稿中（BL, MS, Egerton 1910）：e. g. fo. 27v，"对于一个人其最为看重的就是他们自己的价值"［这个"一个人"（a man）后来霍布斯在 MS 中将其修改为"人们"（men），但是在 1651 年的版本中却并未修改，第 42 页］；fo. 38v，"人们对自身智慧的理解就是所有人都认为自己比起凡夫俗子总是智高一筹的；所有人都如此，除了他们自己"（在 1651 年的版本中做了修改，第 61 页）；fo. 64v，"每个人都有权利将其交付给最能保护他们的人；如果其不能，就要用自己的力量来保护自己"（在 1651 年的版本中做了修改，第 100 页）。正如这些例子所显示的，其中有一些但非全部都是在付印的时候做的订正。另外一处没有被注意的是 1651 年版本的第 110 页："每一个国家（并非所有人）都有绝对的自由做其自己所判断之事……这些都符合他们自己的利益。"

霍布斯式特征。这里在拉丁语里是用"porta"（土耳其王宫）来指称奥斯曼（Ottoman）政府的，而在一般的英语翻译中（在 17 世纪，正如现在）使用的是"the Porte"；但是这里的翻译却用了"the Gate"，即使译者非常清楚从字面意思上很难这么去理解。[26] 因此这句话"si venerit Hispanus ille, &…portam salutârit"就被翻译成"如果西班牙人来了并且向土耳其王廷致敬"（if that spaniard come and salute ye Gate），和这句话"Mehemetus Bassa … petit àporta…ut cum Gabore agatur de auxilijs"被翻译成"穆罕穆德·巴夏……希望土耳其王廷……盖伯就要处理这些援助事宜"（Mahomet Bassa…desires at the Gate…that Gabor may be dealt withall for ayde）。[27] 在翻译米加佐的信件［在信中反复提及君士坦丁堡（Constantinople）的实情］之时，这种做法是异常明显的，霍布斯首尾一贯地使用"the Gate"而不是用"the Porte"："他们希望通过波兰人和金钱来求助土耳其王廷而使特兰瓦西里亚被接管"（They hope by the Polander and by money att ye gate to have the Transylvanian taken of）；"波兰人在土耳其王廷贡献了大量的礼物和金钱"（The Polackes have spent much at the gate in guiftes and in money）；"盖伯对王廷绞尽脑汁"（Gabor hath great Intelligence att ye Gate）；等等。[28]

---

〔26〕 从 1585—1599 年，*OED* 在这种意义上的使用只给出了两个例子来说明"the gate"的用法（"gate"，n.，3c）。在第一个地方是用来做了一个解释的一部分［"大领主的朝廷（他们称之为 gate）"］；第二个地方其自身就被解释了（"土耳其王廷，这就是说君士坦丁堡"）。在一般的用法上（无需解释），"Porte"或者"Port"是 17 世纪的标准用法；因此，在翻译拉丁语"porta"的时候就直接这么使用。

〔27〕 第 14 节。

〔28〕 参见 Micanzio, *Lettere*, pp. 98, 107, 165; cf. also pp. 109, 161, 173, 182, 231, 239, 253, 276, 286, 314.

最后，另外一个细节应该被提及：在翻译修昔底德的稿子某处，霍布斯发现有些材料丢失了，他就在文本中用粗略的星号将其标示出来并写在页边处（或者至少在猜测可能遗漏了句子时）——在翻译这个手稿时霍布斯也采取了同样的手法。[29]当然，这样的方法，就像我们前面提到的，这种用法的某些细节也可能被其他的作者所采用。但是，我们所提及的所有这些细节都不能构成——即使是使用了"the Gate"——实质的证据以表明其作者就是霍布斯；而是说，这一系列的内在证据的模式只能被确认或强化，或者说至少是和其他证明霍布斯是《第二绝密谕示》译者的证据是相容的。

这个翻译文本的整体品质是非常好的；它给出的意思晓畅而简明，并且平实而不浮夸。其使用的语言绝大部分清晰而充满活力，虽然有时候也使用一些通俗化的词汇，但是从整体的文本效果来看，这是一个非常生动的英文译本。（然则，霍布斯还是留下了一个要素没有翻译：拉丁语的标签在原初的文本中是放在文本一边并以斜体印刷的。只有一个小小的例外，这些都被放在拉丁文中，并且以大体字标出以示强调。[30]或许是因为他觉得这样做可以以一种隐含的方式来恭维曼斯菲尔德的语言能力，而无需从翻译中删除任何重要的要素。）在其翻译过程中，霍布斯极其忠诚于拉丁语的语法：有时候就会把原文翻译成没有动词的句子，有时候一连串的句子被顿号、分号或者句号直接分开就结束了。（有时候一个完整的句号跟着一个没有大写字母开头的句子，这并不是一个错误；这在当时的英语书写实践中是正常现象，这表示在

28

---

[29] 修昔底德，第 480 页；又参见第 5 节。

[30] 这个例外发生在第 26 节，这个地方 "*interluit amnis*" 在文本里被翻译成"这条河穿过他们的领土"（the riuer runs betweene their Prouinces）。

一个句子和另一个句子之间的停顿是不完整的。）在少数几个地方霍布斯对拉丁语的坚持使他翻译出了奇怪的句子或者做出了不太充分的翻译，如"当其性情温和之际就对好运气充满信心，这样对嘲弄也感到满意，但如此建议他们去好好思量"就是一个前面已提及的例子，而这里的"他们"（them）是有问题的，以及"但是为了土耳其人的援助，如果费伦茨没有经过贿赂就得到了，英国和威尼斯大使都会产生怀疑"是后一个问题的例子。[31] 在有些地方，他的翻译版本没有抓住原文的意思［比如用"快速的"（swift）来翻译"fugacem"，其实它应该被翻译成"倾向于逃跑"（apt to flee）或"胆小的"（timid）］，或者有些翻译意思弄反了，例如用"一个基于继承而来的君主是不应该被推翻的"来翻译"Non privandum avitis opibus Principem"，其实它应该被翻译成"对于一个君主而言不应该废除他继承祖辈的权力"。[32] 这些错误是极为罕见的，因为霍布斯在其他地方完全可以应付那些极其具有挑战性和深奥的词汇。他还面临着要找到一些合适的名词的困难：他在找现代的政治地理的词语来翻译"Allobrox"，前面我们也提到过了，这个地方这个河的名字是不是"Visurgis & Albis"（他将其正确地翻译成"Weesell & Elue"，就是威悉河和易北河）显然对他而言还是有疑问的，而且他并没有花多少时间来钻研政治地理学的著作。[33]（这一点有可能使这种看法得以强化，正如

29

---

　　［31］　第 2 节和第 14 节［那个地方的拉丁语的意思是"然而，英国和威尼斯人会特别怀疑这是否是土耳其的援助，除非费伦茨（Ferenc）向其赠送了礼物"］。

　　［32］　第 11、19 节。

　　［33］　关于"Allobrox"的讨论参见注释 10。这样的工作霍布斯并没有完全过一遍。霍布斯显然认为"Wolfenbutelius"是一个人的名字（参见第 17 节注释 211）。似乎他认为"Caimecamus"（实际上是奥斯曼的一个头衔"kaimakam"）也是一个人的名字（参见第 14 节注释 164）。虽然最早的版本是在 1645 年的 *OED* 的英文中摘引过来的，而对它的解释却早已包含在哈德威克图书馆的目录之中，但是霍布斯还是

我们前面所提及的，霍布斯在写出这个我们手头的文本之前是做了文本研究和翻译准备的。）在拉丁语有些缺损的地方，霍布斯做了一些修正："deperasset"可以确定是"desperasset"的错误拼写，而"lacerae"是"lacernae"的错误拼写，并且在某个地方，一个不太明显的错误被原文中增加一句话所校正，这句话是以斜体的方式出现的，就好像它之前是引文的一部分，并且被恢复成正常字体，而且把它当做是评注内容的一部分。[34]

这个翻译稿还有一个极其令人困惑的特征就是他删去了一些短语和短句。在某个地方，我们发现霍布斯经过思量之后删去了一个句子，他是先翻译了这个句子然后再将其删去的（明显的理由是不知道到底何意，他认为其无所指涉）。[35]在其他的地方绝大多数删除不是特别实质性的，仅仅是由于其夸大了已经发生的事情。正如前面所指出的，我们可以认为霍布斯是用一个拉丁文的本子来做翻译的，由于某些原因这些句子和表述已经被删掉了；但是并没有独立的证据来支持这一看法，即在英国这些经由誊写而遗留下来的版本确实包含了所有丢掉的部分。[36]因此，我们有理由认为很多的（或者所有的）删除都是霍布斯自己做的——可能有一些是有意为之，但是有一些却是他的双眼在译稿和原文本之间流转时无意识地删掉的。

非常费力地去找这句话："当维瑟（Visier）被送到国外去的时候，他挑选了一个巴萨斯人（Bassaes）以作为其护卫，并且对其授予权威，他就叫做 Chimacham"［R. Knolles, *The Generall Historie of the Turkes*, 3rd edn. (London, 1621), p. 1391：这是爱德华·格林斯顿（Edward Grimeston）对这个版本增加的新材料］。霍布斯在1627年或1628年撰写的哈德威克图书馆目录中就有"Turkish History. Eng. fol"这个条目，这里指的就是克洛勒斯（Knolles）的书；但是这里的版本并没有特别提及。

〔34〕 参见第14节（注释174）；第19节（注释224）；第10节（注释118）；而最新的订正是由誊写者做出的。

〔35〕 参见第7节（注释71）。

〔36〕 参见第4章注释34。

第 三 章

《绝密谕示》诸文本

30　　《第二绝密谕示》是什么类型的文本以及为何它如此值得注意呢？事实上，它在文本序列里是第三个［虽然其标题是第二（Altera）……，霍布斯将其正确地翻译为"第二……"，这意味着作者并没有意识到它是这个序列的第二个］；第一个版本的名称是《绝密谕示》(*Secretissima Instructio*)，这个文本有着臭名昭著的名声，自从在1620年出版之后它就成为当时欧洲广为流传的政治宣传作品。

　　自从1618年三十年战争爆发之后，一大堆小册子、新闻稿、报刊文章无论是有争议的还是有信息含量的都大量地从印刷厂汹涌而出。虽然这样去谈论欧洲当时的出版事业略显夸张，但是非常清楚的是，对于欧洲所有相关的国家而言这就是公共领域的实情，这些国家的意见被认为是重要的：统治者和政治领袖们作出了巨大的努力既去控制这些出版物的流传同时也在这些作品中塞进支持自己观点的私货。从粗制滥造的报刊文章到官方的政治声明以及学者的拉丁文文章，所有的这些出版物都是这样被制造出来的。[1] 当然，读者需要看到各种类型的新闻；绝大多数人喜欢 31 阅读具有大众讽刺意味的娱乐新闻；而一些精英的读者群体需要掌握来自两个方面的且能够被证实的消息（诸如波西米亚的王位问题，选帝侯的合法权力和神圣罗马帝国皇帝等）。[2] 但是对于大部分有教养的读者群体来说，这个小册子满足了一个独特的兴趣。不止一个世代，有教养的读书群体已经开始研习那种叫做国家理

---

〔1〕 并未有以整个欧洲的视野来处理此事的材料，作出一个也不容易。对于这种政治宣传的统计和写作的一般性的解释可以参见 P. Schmidt, *Spanische Universal-monarchie oder " teutsche Libertet"*: *das spanische Imperium in der Propaganda des Dreissigjährigen Krieges* (Stuttgart, 2001), pp. 51-94. 而特定的研究可以参见 R. Koser, *Die Kanzleienstreit: ein Beitrag zur Quellenkunde der Geschichte des dreissigjährigen Krieges* (Halle, 1874); M. Grünbaum, *Über die Publicistik des dreis sigjährigen Krieges von 1626- 1629* (Halle, 1880); G. Gebauer, *Die Publicistik über den böhmischen Aufstand von 1618* (Halle, 1892); F. Dahl, "Gustav II Adolf i samtida engel-ska ettbladstryck", *Nordisk tid-skrift för bok-och biblioteksväsen*, 25 (1938), pp. 173-89; E. A. Beller, *Propaganda in Germany during the Thirty Years' War* (Princeton, 1940); D. Bötther, "Propaganda und öffentliche Meinung im protestantischen Deutschland, 1628-1636", *Archiv für Reformation-sgeschichte*, 44 (1953), pp. 181-203, and 45 (1954), pp. 83-99; G. Rystad, *Kriegs-snachrichten und Propaganda während des dreissigjährigen Krieges: die Schlacht bei Nördlingen in den gleichzeitigen, gedruckten Kriegsberichten* (Lund, 1960); A. E. C. Simoni, "Poems, Pictures and the Press: Observations on some Abraham Verhoeven Newsletters (1620- 1621)", in F. de Nave, ed., *Liber amicorum Leon Voet* (Antwerp, 1985), pp. 353-73; T. Cogswell, "The Politics of Propaganda: Charles I and the People in the 1620s", *Journal of British Studies*, 29 (1990), pp. 187-215; T. K. Rabb, "English Readers and the Revolt in Bohemia, 1619-1622", in M. Aberbach, ed., *Aharon M. K. Rabinowicz Jubilee Volume* (Jerusalem, 1996), pp. 152-75; P. Arblaster, "Current-affairs Publishing in the Habsburg Netherlands, 1620-1660, in Comparative European Perspective", Oxford University D. Phil. thesis (1999); J. Miller, *Falcký mýtus: Fridrich V. a obraz české války v raně stuartovské Anglii* (Prague, 2003). 我没有看到过 W. Schumacher, "Vox Populi: The Thirty Years' War in English Pamphlets and Newspapers", Princeton University PhD thesis (1975).

〔2〕 关于这些在三十年战争期间的小册子（双方）能被证实的重要性研究，参见 V. -L. Tapié, *La Politique étrangère et le début de la guerre de trente ans (1616-1621)* (Paris, 1934), pp. 410-16.

性（"ragion di stato"）的系列作者的作品，并且那些作者由于写出了在政治行动中采取不道德手段的各种方法，他们既受到批评又在某种程度上得到赞同。[3]伴随着三十年战争的进行，欧洲绝大部分地区如其以往一样成为国家理性理论的巨型实验场——高度政治性的、外交性的和对军事力量的使用都牵扯其中——国家理性被反复检测和证明；这对于那些一直以来主要是通过历史学家们的著作来研习国家理性实践的读者来说，肯定是激动人心并且极其令人兴奋的经验。

在有些场合，这些国家政治的角斗场纷纷以戏剧般的方式亮相。在1620年的夏天，一系列来自哈布斯堡方面的妥协性信件被披露出来，它们出自为巴拉丁选帝侯服务的政治家和学者路德维希·卡梅拉留斯（Ludwig Camerarius）之手。在1620年11月，在布拉格（Prague）边境的白山战役（Battle of the White Mountain）的混乱状态中，一份来自巴拉丁的文件合集（包括绝密的信件）落入了哈布斯堡人的手中：这就是被称之为"大法官法庭"的巴拉丁选帝侯的首席建议团（Chief Adviser）安哈尔特-贝恩伯格的克里斯蒂安（Christian of Anhalt-Bernburg）的绝密信件。哈布斯堡方面在1621年披露了绝大多数有罪行的部分，开始的时候是用德语的版本，随之为了让整个欧洲了解这一情况，又使用了拉丁文版本：公开将其［整个就被叫做《安哈尔特衡平》（*Cancellaria Anhaltina*）］发表的主要目的就是通过揭露巴拉丁选帝侯敦促奥斯曼侵犯哈布斯堡之领土的企图让整个欧洲将其当做一个丑闻。不久之后，巴拉丁这方面就展开了报复：在1621年后期，一系列出自皇帝费迪南的信件［《西班牙衡平》（*Cancellaria Hispanica*）］就

---

〔3〕 参见下文第六章。

被截获了，随之就在下一年被披露出来。这些信件和其他的东西显示皇帝许诺将巴拉丁选区转送给巴伐利亚的马克西米利安（Maximilian）——这件事对其盟友西班牙国王都是保密的。在1622年海德堡（Heidelberg）投降之后，来自巴拉丁方面的更多的文件被披露出来；而更令人感到沮丧的事情是路德维希·卡梅拉留斯的一些信件在1627年被截获并被披露所造成的，这些信件中就包括对其关键盟友的指责。[4]而对此感兴趣的公众以前从没有机会获听如此机密的谋划和统治者之间秘密谈判的相关情况。

正是这些统治者们授权去散布这些文件的；他们认为公开这些文件会对他们的敌人造成伤害，并且他们确实没错。因此，同样地，他们会耗费巨大精力去安排最有能力的知识分子编辑这些作品，并针对他们的对手所揭露的行径去撰写一些权威的回应，宣传的小册子都带有他们强烈的攻击性。巴伐利亚的马克西米利安在此事上尤其积极，他不仅雇佣了首席顾问威廉·约克（Wilhelm Jocher），而且还有两个领军的耶稣会士雅各布·凯勒（Jakob Keller）和亚当·康岑（Adam Contzen）。从1624—1625年，康岑为他撰写了两个（匿名的）小册子来激烈地批判黎塞留（Richelieu）的外交政策，这就是《秘密政治》（*Mysteria Politica*）和《对路易十三的忠告》（*Admonitio ad Ludovicem XIII*）；索邦神学院（the Sorbonne）指责黎塞留，小册子被公开焚毁，随之黎塞留也组织写作班子予以反击。[5]当然，这些宣传也不限于官方发起的；有些作

---

〔4〕 关于公开的材料可以参见 F. Krüner, *Johann von Rusdorf, kurpfälzischer Gesandter und Staatsmann während des dreissigjährigen Krieges*（Halle, 1876）, pp. 97 - 8；Koser, *Die Kanzleienstreit*；F. H. Schubert, *Ludwig Camerarius, 1573-1651: eine Biographie*（Munich, 1955）, pp. 117-40；D. Albrecht, *Die auswärtige Politik Maximilians von Bayern, 1618-1635*（Göttingen, 1962）, pp. 72-3.

〔5〕 Schubert, *Ludwig Camerarius*, pp. 138-9；Albrecht, *Die auswärtige Politik*, pp.

33　　者是完全以独立身份来做这件事的，例如英国多产的清教徒作家托马斯·司各特（Thomas Scott），他的小册子都是在荷兰出版，其中他激烈批评了詹姆斯一世和查理一世的外交政策。[6]其中有些虽然没有任何官方的政治背景，但是却得到了半官方性质的鼓励与资助。其中一个例子是乔万尼·弗朗西斯科·比昂迪（Giovanni Francesco Biondi），他是一个达尔马提亚－意大利（Dalmatian－Italian）的新教徒并且一度担任过萨瓦公爵的外交大使，他当时是以私人身份居住在伦敦的。他告诉巴拉丁的大使说，在 1626 年后期他写了一篇针对意大利语的反巴拉丁小册子的回应性文章；这个外交大使立即给路德维希·卡梅拉留斯写信告诉他说，希望他能够对这个小册子做注释，并且一再强调为比昂迪提供"真实而确凿的消息"的重要性。[7]

155-6；R. Bireley, *The Jesuits and the Thirty Years War: Kings, Courts, and Confessors* (Cambridge, 2003), pp. 69-71. W. F. 丘奇（W. F. Church）也讨论这一事件 [*Richelieu and Reason of State* (Princeton, 1972) pp. 121-6]，但并不知道康岑就是其作者。关于凯勒和康岑可以参见 R. Krebs, *Die politische Publizistik der Jesuiten und ihrer Gegner in den letzten Jahrzehnten vor Ausbruch des dreissigjährigen Krieges* (Halle, 1890), pp. 183-4, 219-20.

〔6〕关于司各特参见 S. L. Adams, "The Protestant Cause: Religious Alliance with the West European Calvinist Communities as a Political Issue in England, 1585-1630", Oxford University D. Phil. thesis (1973), appendix 3 (pp. 448-62), "The Career of Thomas Scott and Bohemian Propaganda"; P. G. Lake, "Constitutional Consensus and Puritan Opposition in the 1620s: Thomas Scott and the Spanish Match", *Historical Journal*, 25 (1982), pp. 805-25; S. Kelsey, "Thomas Scott", *Oxford Dictionary of National Biography* (www. oxforddnb. com).

〔7〕[L. C. Mieg, ed. ,] *Monumenta pietatis & literaria virorum in re publica & literaria illustrium selecta*, 2 vols. (Frankfurt am Main, 1701), ii, p. 391, Rusdorf to Camerarius, 10 December 1626 ("opus est, ut ei suggeramus veras & solidas informationes"). 比昂迪的小册子如果曾经出版过，也没法辨认了；这个书也没有提及比昂迪的生平和著作的相关细节 [V. Kostic, *Kulturne veze izmedju Jugoslovenskih zemalja i Engleske do 1700. godine* (Belgrade, 1972), pp. 52-115].

然则，这些政治宣传小册子中所提供的信息既不可靠也不真实。有些捏造的事实是用来故意欺骗读者的，那封伪造的丹麦克里斯蒂安四世（Christian Ⅳ）的信件是用来批评白金汉的，而这封信在 1626 年被白金汉议会中的敌人当真了。[8]但是在很多情况下，这些小册子或多或少是显而易见是虚构的，有意被当做是真实的但其意图并不是想搞欺骗。托马斯·司各特最为著名的作品《人民的声音：或者来自西班牙的消息》（*Vox Populi：Or，News from Spayne*，1620），其意图是即时呈现贡多马（Gondomar，在其返回西班牙的路上）和西班牙国家议会的开会情况，并向英国展示他们达成的政策——既是马基雅维里主义式（Machiavellian）的又是彻头彻尾虚构的；或许司各特本人也会吃惊地发现他的作品被很多读者当做"一个真实的报告"。[9]康岑的反法国的小册子《秘密政治，这是杰出人士之间绝密的值得被阅读的信件》（*Mysteria Politica，hoc est，Epistolae Arcanae Virorum Illustrium Sibi Mutuô Confidentium，Lectu & Consideratione Dignae*，1624）是由一系列虚构的信件组成的，这些是来自君士坦丁堡、海牙、巴黎、都灵的政治家、外交使节和神学家相互沟通的信件，所有针对巴拉丁事件和法国外交政策的评论都相当真实。这种类型的针对时事的批判性评论大量产生，它们都围绕着真实的文献材料和博卡里尼（Boccalini）虚构的（在这个时期，令人着迷的和新奇的）政治小说《诗坛万相》（*Ragguagli di Parnasso*）展开，它们机智地辩论着国

34

---

〔8〕 Adams，"The Protestant Cause"，p. 392. 这封信的一个副本是 PRO，SP 75/ 7/64："先生，我被告知在你的王国里有人比你自己掌握更多的统治权力，就让他这样吧，否则就动用我的军队驱逐之，和你的敌人媾和，不能指望从你那里获得帮助，也不能给你什么帮助。再会。"

〔9〕 Kelsey，"Thomas Scott"．

王、哲学家以及过去和当下的其他重要任务。[10]

从更为宽泛的意义上说,《绝密谕示》的小册子也可以被归为这一类型。事实和虚构、严肃的分析和讽刺性的夸张,在它们之间边界模糊的类型自然被归为此类。并且,正如司各特的《人民的声音》这一个案一样,任何一个旨在呈现秘密建议的文本,从其本质而言都不可能经得起最一般性的真实性检验:这种只能通过秘密方式给出的建议必然与那种一般来说可以正常表达和宣誓的类型相区别。[在这个历史时期,一个有广泛影响力的文本所讲述的故事只不过是对这个原则的反映:那个匿名的《秘密标志》(Monita Secreta)的文本出版于 1614 年并随后被再版,其意图就是披露耶稣会团体向其成员提供的如何获得政治影响力和财富的秘密建议。虽然其包含某些相当显著的讽刺性成分,正如其特别关心如何将精力集中在培养富贵的寡妇身上,但这个文本广泛地被认为是真实的。][11]似乎绝大多数读者也了解《绝密谕示》的这个小册子是支持哈布斯堡的政治宣传的,并且也确实不是给巴拉丁选帝侯的真实建议。但是,为了产生讽刺效果,这些文本要求其读者至少想象一下他们给出的马基雅维里主义式的建议,这种

35

---

〔10〕 关于博卡里尼的影响和流行度参见 H. Hendrix, *Traiano Boccalini fra erudizione e polemica: ricerche sulla fortuna e bibliografia critica* (Florence, 1995). 司各特自己也有一个博卡里尼的《完美的彼得拉》(*Pietra del Paragone*) 的版本,其标题为《来自帕纳索斯的消息:帕纳索斯山的政治试金石》(*Newes from Pernassus: The Politicall Touchstone, Taken from Mount Pernassus*, n. p., 1622).

〔11〕 关于这种文本的历史可以参见 J. E. Franco and C. Vogel, *Monita secreta: instruções secretas dos Jesuítas: história de um manual conspiracionista* (Lisbon, 2002). 卡斯帕·斯科皮乌斯 (Caspar Scioppius) 对其再版并给其加上附录,并赋予其标题 "instructio secretissima",这或许是受到了《绝密谕示》这个小册子的影响: *Anatomia Societatis Jesu, seu probatio spiritus jesuitarum. Item arcana imperii jesuitici, cum instructione secretissima pro superioribus ejusdem & deliciarum jesuiticarum specimina* (n. p., 1633) (参见 Franco and Vogel, *Monita secreta*, p. 27n.).

事情只能在君主和其顾问之间最为绝密的思考中才可以被讨论。

《第一绝密谕示》(*The first Secretissima Instructio*)的小册子至少发表了十个不同的版本,但是只有其中之一才在 1620 年被披露出来。其中的九个版本标题都是《巴拉丁选帝侯弗里德里克五世的法国-英国-荷兰绝密谕示,荷兰语译本之为了公共利益而被披露》(*Secretissima Instructio Gallo-britanno-batava Friderico V. Comiti Palatino Electori Data*, *ex Gallico Conversa*, *ac Bono Publico in Lucem Evulgata*);然而,还有一个版本的标题赋予弗里德里克"弗里德里克,波西米亚国王及巴拉丁选帝侯"(*Friderico I. electo regi Bohemiae et comiti Palatino electori*)这样一个头衔。[12]既然这个作品是巴拉丁选帝侯的导师和心腹所写的一个同情性的建议,那么似乎其使用这个皇室头衔就是在最初出版的版本里面,其他的是由支持帝国版图的出版商所出版的,他们以一种不满的姿态,甚至是虚假的方式去承认他对王位的所有权。这个《第一绝密谕示》的一般模式被当做是其他两个后续宣传册的模本。首先,它考察了巴拉丁选帝侯的地位的脆弱性,以及其所面对的疑难,并且特别聚焦于他的同盟者(他们中每一个都基于自己的"国家理性"来思考问题)如何地不可靠;其次,它提出如何以最后的方式行动的建议。然后,在第一部分(以其匿名的和早期的英语翻译形式)有这样的观察:"波西米亚人绝非你的朋友……现在他们显示出对你的极端憎恶,当他们对你加以管理的时候,这就如同温

---

〔12〕 关于这些清单可以参见 W. E. J. Weber, ed., *Secretissima instructio*; *Allergeheimste Instruction*; *Friderico V. comiti Palatino electo regi Bohemiae*, *data*; *an Friederichen*, *Pfaltzgrafen*, *erwehlten König in Böhmen* (Augsburg, 2002), pp. 123-4, 以及下面的注释 35. 我不清楚雅罗斯拉夫·米勒(Jaroslav Miller)是基于什么理由将这个作品认为是在汉堡出版的(*Falcký mýtus*, p. 194)。这里和其他地方一样我使用版本一词是在相当宽泛的意义上使用的;在严格意义上,这些有的只是新发布的而非新的版本。

和的主人也极少来控制他的奴隶";"特兰西瓦尼亚（Transilvania）的盖伯也不是你的朋友，但是出于其对皇帝的憎恶和恐惧，他现在才与你结盟";"你同样也不能认为土耳其人是真心实意的朋友"。[13]第二部分是和一个评论一起引出的："到目前为止，有两种方法可以让你强大起来，一个是机智的伪装和掩饰，一个是迅速地采取行动。前一种现在已经错过了，因此你现在只能依靠后一种办法。"但是，更进一步的欺骗和掩饰也是可以推荐的。并针对在波西米亚的路德宗（Lutheran）定居者们，它建议"你可以拖延对路德宗的压制，这样当你的事情被处理好了之后，你就可以顺利地结束行动了";针对弗里德里克的波西米亚臣民有一个一般性的建议，即"你应该通过伪装的方式、发展的方式和排除剩下的人的方式，让他们臣服于你，在这一点上提比略（Tiberius）就是你的导师，他经常赋予那些他想抛弃的人以特别的好处。"弗里德里克的外交政策需要更多的伪装："你和你的盟友以及土耳其人都没有发现所有的事情。"并且其结论是"最后在这个王国之中你除了武力什么都没有，你应该动用你的军事力量，还要采取狡诈和欺骗的手段指导你掌握的所有的东西。"[14]杰出的法学家和政治理论家克里斯托夫·贝佐尔德（Christoph Besold）在1624年对这个文本——有着很好的理由——其作出评注说："其目的是让波西米亚的各个等级认为他们新国王的统治方法是令人厌恶的和值得怀疑的。"[15]

36

---

〔13〕 BL，MS Sloane 3938，fos. 4v-5r，7r，7v；原来的拉丁文版本参见 Weber，ed.，*Secretissima instructio*，pp. 44-6，52，54。

〔14〕 BL，MS Sloane 3938，fos. 16r，21r，21v-22r，25v，26r；原来的拉丁文版本参见 Weber，ed.，*Secretissima instructio*，pp. 84，100，102-4，118。

〔15〕 C. Besold，"Discursus politici IV de arcanis rerumpublicarum" III. 1，in his *Spicilegia politico-juridica*（Strasbourg，1624），p. 259："Scopus…illius scripti fuisse videtur，ut Ordinibus Bohemicis，odiosum & suspectum redderetur Imperium novi sui Regis"。这里的讨论出现在一个小节里面，警告不要使用"马基雅维里主义式计划"（Consilia

《绝密谕示》的作者从未确定到底为何人。现代有些德国图书馆目录里面认为是瓦尔特·冯·普勒森（Walther von Plessen）；如果这是对弗里德里克的首相和外交事务高级顾问沃尔拉德·冯·普勒森（Volrad von Plessen）的误会，那么这就意味着读者是被虚构的东西误导了。一个早期的德国译稿带着这样的一个标注"Ludovici Camerarij Frid. Reg. Bohem. Consi."，这也证明了是一个类似的误解。[16] 或许将其归属于特定的作者是最近由沃尔夫冈·韦伯（Wolfgang Weber）作出的，他将这个作品的作者归为保罗·维尔泽（Paul Welser），他是著名的商业和学术家族奥格斯堡（Augsburg）的成员。这样归属其作者的一个关键性的证据是《绝密谕示》的一个副本载于赫尔佐格-奥古斯特（Herzog-August）的文献目录上，沃尔芬布特（Wolfenbüttel）有这样一个标注"auctor Paul Welser Senator Augustae"；支持这种认定的一个进一步的证据来自这样一个事实，1620年拉丁文本和对这个作品的早期德语翻译（同样是发表在1620年）上面印有萨拉·曼（Sara Marg）的标记，他是奥格斯堡的一个出版商，他之前还出版过维尔泽的一部译稿，而且这一事实也佐证了作者是何人，保罗·维尔泽的兄弟马库斯（Marcus）时常给巴伐利亚的马克西米利安充当政治顾问。[17]

韦伯给出了一个好的事例，但不是决定性的。我们应该认为

37

Machiavellistica）（p. 257）.

〔16〕 康奈尔大学图书馆有这样的一个印刷标记 Rare Books D251. T44v. 4, no. 27.（这或许可以认为是对作者的标注。）

〔17〕 参见 W. E. J. Weber, "Ein Bankrotteur berät den Winterkönig. Paul Welser（1555-1620）und die Secretissima Instructio Gallo-Britanno-Batava Frederico I. Electo regi Bohemiae data（1620）", in M. Häberlein and J. Burkhardt, eds. , *Die Welser: neue Forschungen zur Geschichte und Kultur des oberdeutschen Handelshauses*（Berlin, 2002）, pp. 618-32, and Weber, ed. , *Secretissima instructio*, pp. 7-22. 关于萨拉·曼参见 J. Benzing, *Die Buchdrucker des 16. und 17. Jahrhunderts im deutschen Sprachgebiet*, 2nd edn.（Wiesbaden, 1982）, p. 21.

这一点也是非常重要的，在沃尔芬布特的一个注释版本中赋予弗里德里克一个皇室头衔（如前所述我们可以确定为第一版）；如果这个注释是一拿到文本就做出来的，那就是一个最新的认知而不是陈旧的谣言了。然而，确定维尔泽什么日期作出的注释则并不清楚。这个版本也不能被认定是萨拉·曼出品的；确实，从她知道的所有版本都没有加上皇室头衔这个事实可以认为她只是这个版本的再版人，而非最初的出版者。[16] 由于债务方面的问题，维尔泽从 1615 年被收监以来，直到 1620 年仍在监狱里服刑；这就意味着他既有空闲又有动机去处理好与马克西米利安的关系，同时也意味着他对收集新近的国际大事的消息方面并不灵通。但是，他和马克西米利安之间的关系并不密切：1620 年，马库斯·维尔泽过世已有六年，而他作为巴伐利亚统治者顾问的活动并不是特别活跃。[17] 而在《绝密谕示》文本中所呈现的对波西米亚国内事务的兴趣意味着作者对这个国家的活动有着经验和兴趣——但是这却与已知的保罗·维尔泽传记中的事实并不符合。从特兰西瓦尼亚的统治者盖伯·巴特朗的两封写给土耳其人的信件所组成的小册子中推论出的结论看，它是出自某位与帝国王廷在外交和咨询服务中有着更为亲密关系的人。[18] 可能作者就像比昂迪一样得到了半

38

---

〔16〕 标注她的出版标志的拉丁文版本必然是一个后来的再版：参见后面的注释 35。

〔17〕 参见 B. Roeck, "Geschichte, Finsternis und Unkultur: zu Leben und Werk des MarcusWelser", *Archiv für Kulturgeschichte*, 72 (1990), pp. 115-52; here p. 127n.

〔18〕 关于这些信件参见 Weber, ed., *Secretissima instructio*, pp. 62-8, 70-4. 他们被当做是真实的在 G. Pray, *Gabrielis Bethlenii principatus Transsilvaniae coaevis documentis illustratus*, ed. J. F. Miller, 2 vols. (Pest, 1816), i, pp. 27-30, 74-7; S. Katona, *Historia critica regum Hungariae stirpis austriacae*, 42 vols. (Pest, 1779-1817), xxix ("tomulus x"), pp. 634-7 (第一封信); S. Szilágyi, *Bethlen Gábor fejedelem kiadatlan politikai levelei* (Budapest, 1879), pp. 149, 468-70. [从布达佩斯（Budapest）的国家博物馆的材料上看，这里第二封信被翻译成匈牙利语出版]。在研究贝特朗的现代权威看来第一封信是真实可信的，László Nágy: See his *Bethlen Gábor a független Magyarországért* (Budapest, 1969), p. 102.

官方的协助——同时，这确实不像是出自某个身陷囹圄的人之手。

《绝密谕示》是在 1620 年最后一个月之前写作完成的——当然也就是在 11 月份的白山战役之前，如果韦伯是正确的，此文稿中没有也不必然涉及在保罗·维尔泽同年 10 月份死亡之前的事情。[19]一个早期的评注者，也是《默丘里·弗朗索瓦》（*Le Mercure François*）的作者，将其与联合体和联盟的代表们在乌尔姆（Ulm）召开的会议联系起来，这个会议最终使得乌尔姆协定（Treaty of Ulm）在 1620 年 7 月 3 日得以签订："在乌尔姆这样的一个聚会中，有些文本是总被考虑在内的。帝国并未无视这一做法，而是将其当做一个言论自由的领域或者对发生在德国、波西米亚和匈牙利的国家内政的一个最为机密的指导，并向巴拉丁选帝侯呈报。"[20]现代的一个历史学家维克多-吕西安·塔皮（Victor-Lucien Tapié）将《绝密谕示》当做"在 1620 年伊始被广泛关注的小册子"，但是他并没有为确定如此日期提供任何说明。[21]无论其具体出版日期为何，它马上就取得了成功，正如其在这一年结束之前不仅出现了我们前面所提及的九个被进一步编辑的本子，而且其中两个是用德语翻译的，（在九个版本里面）还有一个荷兰语译本。[22]在 1621 年有一个法语的节译本，包括前面 19 节（这个文本的第一 39

---

〔19〕 Weber, ed., *Secretissima instructio*, p. 22.

〔20〕 *Le Mercure françois*, 6, 1620（published in 1621）, p. 157："Or en telles Assemblies comme celle d'Vlme on faict semer tousiours quelque discours. Aussi les Imperiaux n'oublians pas cette coustume, firent courir ce Libre discours, ou Instruction tres-secrette, sur estat des affaires d'Allemagne, Boheme & Hongrie, addressé à l'Eslecteur Palatin."

〔21〕 Tapié, *La Politique étrangère*, p. 451 n.："Un pamphlet très répandu au début de 1620".

〔22〕 参见韦伯的清单 Weber, ed., *Secretissima instructio*, pp. 124-6. 其中有一个德语译本在 M. C. Lundorp［"Londorpius"］被再版, *Der römischen keyserlichen und königlichen Mayestät…acta publica*, 2 vols.（Frankfurt am Main, 1627-30）, i, pp. 1541-50. 荷兰语的译本是 *Verre-kijcker. Ofte, secrete fransch-engelsch-hollandtsche instructie*

部分，含有分析的部分而不是政策建议）。它以两种不同的版本被出版：一个是《默丘里·弗朗索瓦》的多卷本中，其中包含了1620年，而另一个是署名为年长的德国军事统领赫尔曼·康拉德·冯·弗里登伯格（Hermann Conrad von Friedenberg）的一个强烈反巴拉丁文本的小册子。[25]并且，除了这些翻译，在1621年、1626年

---

ghegheven aen Fredericus de vyfde Paltz-grave aen den Rhijn, *ende keurvorst* (n. p. , 1620)；韦伯没有提及这个文本，但是却被刊列在这个文献之中，W. P. C. Knuttel, *Catalogus van de pamfletten-verzameling berustende in de Koninklijke Bibliotheek*, 9 vols. (The Hague, 1889-1920), i, part 1, p. 579, no. 3037, 其出版者极有可能是在安特卫普（Antwerp）的亚伯拉罕·范霍文（Abraham Verhoeven）。这些翻译中的某些本子［包括BL press-mark T. 2250 (29)］包含了一些原初拉丁本中没有的东西，其中就有苏丹（Sulant）写给盖伯·贝特朗的一封信。（pp. 35-6："Copie van de toesegginghe des Turcksche Keysers, ghedaen aen Bethlen Gabor".）这可能是虚构的；这和前面苏丹在斯洛伐克（Slovakia）首都布拉迪斯拉发（Bratislava）的 1620 年的信件并不一致（*Dess Türkischen Kaysers Hülff dem Fürsten inn Sieben-bürgen Bethlehem Gabor...versprochen*），这个可能是真实的。一个在 1620 年的拉丁本被克努尔（Knuttel）认为是范霍文出版的：*Catalogus*, p. 579, no. 3036；这和韦伯的清单第 7 部分是对应的。

[25] *Le Mercure françois*, 6, 1620 (published in 1621), pp. 157-74; *Deux discours tres-beaux et fort remarquables. Le premier：Sur les causes des mouuemens de l'Europe, seruant d'aduis aux roys & princes, pour la conseruation de leurs estats, composé par le baron de Fridembourg, & par le comte de Furstenberg en son ambassade presenté au Roy de France. Le deuxiesme：Secrete instruction au Conte Palatin sur l'estat & affaires de l'Allemagne, Boheme & Hongrie* (Paris, 1621), pp. 20-31. 虽然《绝密谕示》宣称其是从法语翻译过来的，但是这个法语版本显然是从拉丁文版本翻译过来的。冯·弗里登伯格的版本也在《默丘里·弗朗索瓦》中出版了，出版在1621年，第342~370页，它在1620年以三个分散的版本和1621年以一个单独的版本被出版。就是这两个版本据说是被呈送给了巴拉丁选帝侯［*Exhortation aux roys et princes sur le subject des guerres de ce temps...envoyée au prince palatin* (Paris：Joseph Bouillerot, 1620)；*Exhortation aux roys et princes sur le subject des guerres de ce temps...envoyée au comte palatin par le comte de Fridembourg* (Paris：Abraeh. Saugrain, 1620)］；但是在《默丘里·弗朗索瓦》中声言它被帝国的大使冯·福斯特堡伯爵（Count von Fürstenberg）送往了巴黎呈交给了法国国王路易十三（第341页）。这个文本既有冯·弗里登伯格的作品也有《绝密谕示》的法语版本，这使得现代作者认为冯·弗里登伯格是后者的作者，参见 P. Sarpi, *Opere*, ed. G. and L. Cozzi (Milan, 1969), p. 1171 n. 但是这两个文本的风格和给人的观感完全不同：冯·弗里登伯格的小册子是一个相当简约和情绪饱满的作品，它激烈地抨击了所有欧洲在反君主制问题上的弊端。

和 1627 年，拉丁本的《绝密谕示》多次再版。

这里不只涉了该用哪种语言来阅读这个文本的问题。正如我们所见，英文翻译稿是以手抄稿的形式被保留下来的；这可能是以抄写的方式被流传下来的。同样，意大利语版本也是以手抄稿的形式在威尼斯被发现的。[26]这个译稿可能是在 1620 年年底或 1621 年年初被制作出来的，其目的就是为了满足威尼斯政府成员的利益，当时《绝密谕示》中对威尼斯的不当评论成为一个被关注的政治事件。1621 年 1 月，他们让其首席发言人保罗·萨皮起草了一个回应性的文稿。然而，他们从他那里得到的并非是对《绝密谕示》的一个反击，而是一篇如何回应敌对性政治宣传的长文——这篇文章以那个时代最精于论辩的形式出现，并且其关注点始终集中在对早期政治冲突的研究上。[27]

40

萨皮开始的时候认定这篇文章确实是有害的。这篇文章的目的是去塑造"一个旷古未有的背信弃义的暴君；它以嫉妒和商人的笔调去讨论各个君王和民族，并且它并没有略去威尼斯共和国的安宁和平静，而是在第 15 节以简短而隐晦的字眼考察了威尼斯过去和现在的政府，并且预示了其失败的未来。"[28]他注意到去

---

〔26〕 Museo Correr, Venice, MS 1093："Secretissima Instruzione data a Federico quinto conte palatino elettore".

〔27〕 Sarpi, *Opere*, pp. 1170–80："Del confutar scritture malediche, 29 genaro 1620 [sc. 1621]". 这个文章在两个作品得到讨论。P. Guaragnella, *Gli occhi della mente: stili nel Seicento italiano* (Bari, 1997), pp. 55–122 *passim*; and di Vivo, "Paolo Sarpi and the Uses of Information", pp. 43–4.

〔28〕 Ibid., p. 1174："un tiranno tanto perfido, che li passati secoli non hanno avuto un tale; morde et offende diversi prencipi e popoli, e non tralascia la Serenissima Republica, della quale parla nel cap decimoquinto, dove in brevissime e pregnantissime parole censura tutto il governo passato e presente insieme, augurando cattivo successo all'avvenire". 在第 15 节里讨论了威尼斯，这个被贵族们控制的虚假的君主国，它是根本反对君主制统治的；它是根本不值得信任的，并且总是与其邻国冲突不断；其与盖伯·贝特朗的以反

写一个关于威尼斯过往以及当前政策的小册子并不是一件比较简单的事情；但是这就只不过采取了一种防守的立场，案牍文书的事务正如军事事务一样仅仅采取防守的姿态是没有好处的。他也指出，没有一个政府是完美无缺的：如果对他们中的某些人确实有批评意见，那么寻求隐藏他们是不明智的，并且任何找借口来开脱的做法都看上去好像认可了对他们的批评是正确的一样。同时，政府也做了一些"虽然是好的、完美的和必要的而且也得到了聪明人的赞同的事情，但是当从外在视角来看的时候确实是非常糟糕的"。[29] 在《绝密谕示》中被批判的东西（萨皮显然考虑到了威尼斯想和加尔文宗（Calvinist）以及贝特朗结盟的意愿，以及间接地与奥斯曼人合作以反对天主教的哈布斯堡）都是这一类型：虽然其极力地去否定它们，但是又总是毫无意义地为它们辩护，公众是不可能理解这些高度的政治理性的，虽然该理性让这些事情成为必要的和正确的。更好的办法是向公众揭露威尼斯的控告者和襄助者的卑劣。从长期来看，威尼斯人是从那些验证其政策正确性的作品中得到了好处的——不过，它们大多数不是出自威尼斯人之手，而是旁观者之手。从短期看，有两种方法可供选择来反击敌对性的政治宣传：要么公开出版官方声明来阐述当前事件以将威尼斯的政策摆在一个有利的位置，要么发表宣言或自辩声明为威尼斯的行动提供法理基础。萨皮总结道，虽然这样的回应对敌对性政治宣传是必要的，但是可能的前景是人民不会阅读也不会讨论这个事件。[30]

对哈布斯堡的结盟政策也会导致土耳其控制奥地利，如果威尼斯对土耳其阿谀奉承仅仅是其自身虚弱不堪的表达，那么这就是威尼斯自身利益的最终后果。

〔29〕 Ibid., p. 1173: "che se ben buone, perfette e necessarie e da savi lodate, hanno però cattiva l'apparenza esteriore".

〔30〕 Ibid., pp. 1176–80.

由此，威尼斯当局并未对《绝密谕示》进行回应。但是对《绝密谕示》的批判文章却已然出现了：一个题名为《马基雅维里主义的思想观念构成》（*Machiavellizato qua unitorum animos iesuaster quidam dissociare nititur*）的小册子在 1620 年年末公开出版。[31]在后续的争论中，这个著作的作者、加尔文宗牧师彼得·阿尔文齐（Péter Alvinci）正驻留在科希策小镇［town of Košice，位于现代的斯洛伐克（Slovakia）］，并且正是在盖伯·贝特朗统治之下。阿尔文齐的小册子主要是替贝特朗的行为辩护（或在某种较低的层次上是攻击耶稣会士的）；他实际上是贝特朗的亲密顾问，因其对《绝密谕示》的声明中提及来自贝特朗与土耳其人之间的两封信件是捏造的，这也应该予以重视。[32]在小册子开头，阿尔文齐将《绝密谕示》描述为一个在德国出版的东西，并且盖上了威尼斯的错误印刷印记，文中还提及了一个谣言，说其作者受到彼得·巴兹曼尼（Péter Pázimány）的指派和协助，后者是埃斯泰尔戈姆的天主教神父（Catholic Archbishop of Esztergom）并煽动着匈牙利的反宗教改革激情："他们说，我的主教大人，这场被伪装和防卫起来的外交战役是得到了您的庇护的。"[33]回应阿尔文齐的作品应该出自塔马斯·巴拉斯菲（Tamás Balásfi）之手，他是一个匈牙利的天主教神父［波斯米尼（Bosnia）的当选主教］，与

42

---

〔31〕 存在两个版本：第一个可能（n. p., 1620）是在科希策（Košice）出版的；第二个有一个虚构的印记（"Saragossa", 1621）：参见 A. Apponyi, *Hungarica: Ungarn betreffende im Auslande gedruckte Bücher und Flugschriften*, 2nd edn., 4 vols. (Munich, 1925‒8), ii, pp. 61‒2, no. 785.

〔32〕 *Machiavellizatio qua unitorum animos iesuaster quidam dissociare nititur* (n. p., 1620), fo. 4v; cf. above, n. 20.

〔33〕 *Machiavellizatio*, fo. 1v: "tuo mi d［omi］ne Archiepiscope sub Clupeo ajunt, hunc larvatum ac galeatum militare Emissarium". 既然韦伯所记录的版本中没有这种印刷痕迹，那么阿尔文齐所看到的版本肯定是另一个。

彼得·巴兹曼尼关系密切；在 1620 年，萨拉·曼将其在奥古斯堡予以再版。[34]在这一年，萨拉·曼重印了早期关于匈牙利事务的小册子，攻击贝特朗并为巴兹曼尼辩护，这其实是彼得·巴兹曼尼自己写的；虽然这篇文章没有提及《马基雅维里主义》（*Machiavellizatio*）和《绝密谕示》，但是它确实是萨拉·曼用来和《绝密谕示》的文本合订在一起出版的。[35]在 1620 年，她出版了皇帝发布的一个反对盖伯·贝特朗的法令，并且在 1621 年她又公布了贝特朗和鞑靼人领袖联系的一个信件罪证。[36]这些细节强

〔34〕 T. Balásfi, *Castigatio libelli calvinistici, cui titulus est*：*Machiavellizatio, quem calvinista quidem praedicans, responsi nomine ad Secretissimam instructionem…vulgavit*（Augsburg, 1620）. 阿尔文齐很快亲自写了一个回应性文章，并以署名的方式出版了：*Resultatio plagarum castigatoris autorem Machiavellizationis reverberata in Thomam Balasfi*（Košice, 1620）：参见 G. Borsa et al., *Régi Magyarországi nyomtatványok*（Budapest, 1971-）, ii, p. 297, no. 1208. 巴拉斯菲（Balásfi）的回应文章还有 *Repetitio castigationis, etdestructio destructionum, Petri P. Alvinci, calvinistae cassoviensis praedicantis*（Vienna, 1620）：参见 K. Szábo and Á. Hellebrant, *Régi magyar könyvtár*, 3 vols.（Budapest, 1879-98）, iii, part 1, pp. 379-80, no. 1281.

〔35〕 *Falsae originis motuum hungaricorum, succincta refutatio*（Augsburg, 1620）; *Falsae originis motuum hungaricorum, succincta refutatio, cui accessit Secretissima instructio gallo-britanno-batava, Friderico V. comiti Palatino Electori data, ex gallico conversa*（Augsburg, 1620）. 这两个版本都出自萨拉·曼之手；然而，阿波尼（Apponyi）报告说另一个版本合订的作品却无处可以出版 [*Hungarica*, ii, p. 59, no. 777; 也被开列于 Č. Zíbrt, *Bibliografieæéské historie*, 5 vols.（Prague, 1900-12）, iv, p. 353, no. 5881]. 萨拉·曼同时也出版了一个德语版的《虚假来源》（*Falsae origins*），并冠以《匈牙利反布鲁恩》（*Vngerischer Rebellions Brunn*）的标题（Augsburg, 1620）.《虚假来源》是在 1619 年在布拉迪斯拉发（Bratislava）第一次出版的，回应的是阿尔文齐的小册子《对匈牙利的申诉》[*Querela Hungariae*, n. p（Košice）, 1619]. 而关于巴兹曼尼和巴拉斯菲卷入这些争议可以参见 V. Frankl, *Pázmány Péter és kora*, 3 vols.（Pest, 1868-72）, i, pp. 512-20, and J. Heltai, *Alvinczi Péter és a heidelbergi peregrinusok*（Budapest, 1994）, pp. 129-54. 赫尔塔（Heltai）强调阿尔文齐和巴拉丁之间的联系：他在 1600—1601 年之间在海德堡学习（第 99 页）.

〔36〕 [Ferdinand II,] 这个罗马人凯（Kay）……对在匈牙利帝国违法选举盖伯·贝特朗的召谕文书（Augsburg, 1620）（参见 Zíbrt, *Bibliografie*, iv, p. 388, no. 6385）; [G. Bethlen,] 在 1621 年从蒂尔瑶（Tirnaw）写给鞑靼人的一位贵族的一篇文稿副本

化了这种怀疑（显然阿尔文齐也这么认为），即《绝密谕示》的 43
产生是由于其对匈牙利和波西米亚事物的观察，其极力攻击反
对贝特朗，这就显然与对保罗·维尔泽的认定不相一致了。刚
提及的出版物足以证明萨拉·曼是彼得·巴兹曼尼和他的一些
朋友及支持者的主要出版渠道；事实上，她之前出版过维尔泽的
东西［特里戈（Trigault）写作的一部耶稣会士在华传教史］可
能是一个巧合。或许对《绝密谕示》最好的假定是其可能是由
现代匈牙利书录家们研究并最终形成的，也就是说"这个'最
为绝密的指示'"可能来自彼得·巴兹曼尼的圈子。[37]

1621 年，另一个回应《绝密谕示》的出版物也出现了，一个
（12 页的）以《一个著名的提名为：敬献巴拉丁选帝侯弗里德里
克五世的法国-英国-荷兰绝密谕示》（*Elenchus Libelli Famosi, Qui
Inscribitur: Secretissima Instructio Gallo-britanno-batava, Friderico V.
Comiti Palatino Electori Data*）为题目的小册子。这个作品的匿名作
者没有提供关于《绝密谕示》原初形态及其作者的确定信息，只
是猜测说"就像从一个忠诚的乌鸦巢穴里孵出来的鸡，并给出了
一些基于马基雅维里式的模棱两可的词语、伪装和谋杀君主的内

里，贝特朗让所有热心的德意志民族都了解并且记得，贝特朗的加尔文精神背后还
有更深的东西。（Augsburg, 1621）（参见 Szábo and Hellebrant, *Régi magyar könyvtár*,
iii, part 1, pp. 389-90, no. 1317）.

　〔37〕　Borsa et al., *Régi Magyarországi nyomtatványok*, ii, p. 296: "Ez a 'legtitkosabb
utasítás' valószínüleg Pázmány Péter környezetében fogant. "（注意这里的假设不需要这
样的前提，即《绝密谕示》的出版是通过萨拉·曼完成的；它可能在任何地方出
版，并且通过巴兹曼尼或其助手转手到曼的手中）可能在布达佩斯的图书馆不止收
藏了三个《绝密谕示》副本（三个分开的版本，都是在 1620 出版的）：参见
I. Hubay, *Magyar és magyar vonatkozásu röplapok, ujságlapok, röpiratok az Országos Széch
ényi Könyvtárban, 1480-1718* (Budapest, 1948), pp. 110-11, nos. 523-5. 这是一个在
布拉格的《绝密谕示》手稿（MS I C 1, tom. XIV, fos. 611r-633r；我特别感谢玛尔
塔博士对这个信息的确认）。

容和众所周知的耶稣会士的教导式风格的通信"。[38]但是这个出版物似乎广为流传，这至少证明了《绝密谕示》持续的恶劣影响。

对于在 1622 年出现的《第二绝密谕示》文本而言也是如此，它至少在这一年以三种不同的版本出版了（不太清楚具体出版地点）。[39]这个作品遵循了既定的程式，开头是对巴拉丁选帝侯的绝望处境做了长篇大论的分析（实际上可以做得更有说服力，在经历了白山战役失败以及丢失了大片的巴拉丁领地之后），接着提出了一些没有根据的犬儒主义（Cynicism）建议：承认你的罪行并宣称接受皇帝的领导；秘密从事活动以增强其影响力；做撒克逊人（Saxony）的工作；解雇诸如卡梅拉留斯这样的顾问（但是还是要和他们保持秘密的联系）；转信路德宗；利用这个转信为你自己争取撒克逊人；煽动宗教战争，这可以在低地撒克逊君主（The Princes of Lower Saxony）和汉萨同盟城市（Hanseatic cities）的帮助下让你重新执掌波西米亚。[40]这个《第二绝密谕示》没有像第一个那样赢得广泛关注，它在文本品质上也没有第一个那么震撼和有启发性。如果认定维尔泽是第一个文本的作者这一看法是正确的话，那么第二个显然不是出自他的手笔，因为当时他已经离世。但是如果维尔泽没有写作前一个的话，那么这两个文本可能出自同一个人之手：虽然第二个文本极少言及盖伯·贝特朗和土

〔38〕 *Elenchus libelli famosi* […] (n. p. , 1621), pp. 3 ("Ex Loyolitici corui ouopullum hunc"), 4-6. 还有此作品的一个副本在赛切尼（Széchény）图书馆：Hubay, *Magyar röplapok*, p. 114, no. 541.

〔39〕 韦伯列出了两个版本（*Secretissima instructio*, p. 127），其标题分别是 *Secretissima instructio…pars secunda* 和 *Pars secunda secretissimae instructionis*；而第三个的标题是 *Secretissimae instructionis…pars secunda* (n. p. , 1622), Staatliche Bibliothek, Ansbach (pressmark 127).

〔40〕 *Pars secunda secretissimae instructiomis* (n. p. , 1622), sigs. A2v-B1r (analysis), B3v-C2v (advice).

出版耳其人，但是从风格上来说与第一个极为相似。[41]现代历史学家对三个文本进行了研究并初步推论，认为这三个文本都出自一个作者之手，但是却没有提供足够的证据支持该主张。[42]

　　第三个《绝密谕示》的作者绝无可能是第二个的作者。正如前面已经指出的，标题为《第二绝密谕示》的作者绝不会在这个序列中创作了第二个（或者，听说了这个事情）；可能要么选择了《第三绝密谕示》（*Tertia Secretissima Instructio*）要么选择了《第三部分的绝密谕示》（*Pars Tertia Secretissimae Instructionis*）。第三个文本是以两个版本在 1626 年出现的，其中一个的标题是《第二绝密谕示》，而另一个的标题是《第三绝密谕示》；我们可以推定前一个是先出现的，而后一个可能是某个知道第二个文本的人再版的。[43]确实，在 1626 年发现了第一个和第二个文本的重印本，前者就以"绝密谕示"为标题，而后者以"第二绝密谕示"为标题。在接下来的一年，第一个文本以原来的标题再版了两次，其中有一次的标题是"第一绝密谕示"；并且第三个文本也被再版了［不过以第二（Alter）……为标题］。[44]第三个文本看上去比

45

---

〔41〕 贝特朗和/或土耳其人都是以比较简短的方式提及的：ibid. , sigs. B3r, B4r, C2r.

〔42〕 H. Becker, *Die Secretissima Instructio Gallo - britanno - batava, ein Beitrag zur Kritik der Flugschriften des dreissigjährigen Krieges* (Göttingen, 1874). 贝克尔（Becker）对第二个文本的来源问题言之甚少，只是指出它是在 1622 年 7 月解雇恩斯特·冯·曼斯菲尔德（Ernst von Mansfeld）之前写作完成的（第 30 页）。

〔43〕 这个关于二者顺序的假定并不是基于其标题做出来的，而是基于印刷的品质。"第三版"（在编辑上与"第二版"相符合）是一个低劣的和匆忙的制作，其排版和纸张质量都不佳（sig. C 的出版者与 sig. A、B 和 D 的出版者并不相同）；并且其中出现了一些在"第二版"中没有出现的印刷错误。

〔44〕 Weber, ed. , *Secretissima instructio*, pp. 127-8（删去了 1627 年的《第二绝密谕示》：这里有一个副本收录在 Staatsbibliothek, Berlin, pressmark 4″ Flugschr. 1620/ 39A）.

第二个有更卓越的表现，它以"绝密谕示"这个主题激起了人们又一波强烈的兴趣，但是出版商和销售商从未予以好好利用。

第三个文本与它前面出现的文本有着很多差异——和霍布斯翻译的标题页一致，这里指就是《第二绝密谕示》。它的拉丁文风格比较类似塔西佗，始终在制造文本效果并且反复引用拉丁诗歌中的句子（或一些修改后的引用：有些是直接的引用，有些是模仿，有些是自己的发明）；这些特征显示出作者非常在意文献方面的情况或者至少装做如此。[45]不像其他两个文本都宣称是从法语翻译而来，这个文本说自己译自荷兰语（毫无疑问同样是捏造的）；它也有这样的印刷痕迹"海牙（The Hague），得到元老院的同意"。这个最后的细节显示出它是在西班牙尼德兰地区（Netherlands）出版的，这些地区通常使用虚构的荷兰语印刷来反映有争议的问题；不过，一个简单的解释是这些只不过反映了这样一个事实，即海牙是弗里德里克的流放之地。[46]在当时只有黎塞留的一个政治宣传册的作者在一个小册子里评论了《第二绝密谕示》的来源问题，他就是马蒂厄·德·莫古斯（Mathieu de Morgues），他是受到其对法国批判的刺激，在其中包含了一份近期对法国的16个批评事项。"这是十分确凿的"，他说，"所有这些小册子都是在德国印刷的，亦即有些是在奥格斯堡，有些是在英戈尔施塔特（Ingolstadt）；我们可以从其纸张、印刷以及来自两地的这些经

---

〔45〕 比较三个文本，赫尔曼·贝克尔（Hermann Becker）指出在第三个中"其文本是比较强调细节的，并且有着极强的讽刺风格"（*Die Secretissima Instructio*，p. 36："die Darstellung detaillirter, die Satire schneidiger"），但是其他人却认为"其语言和展现方式在三个文本中都是高度一致的"（p. 41："Auch ist die Sprache und Art der Darstellung in allen drei Libellen unverkennbar dieselbe"）——这个判断很难获得同意。

〔46〕 一个当代的学者认为布鲁塞尔（Brussels）是《第二绝密谕示》（*Secunda Secretissima Instructio*，1626）和《第三绝密谕示》（被其追溯到"1627"年）的出版之地，但是没有为这种认定给出理由：Cogswell,"The Politics of Propaganda",p. 191 n.

销商在法兰克福（Frankfurt）市场上的销售情况辨认出来。"[47]
德·莫古斯非常肯定地认为所有这些小册子是出自三个人之手：
一个"腐化"的法国人，一个在弗兰德斯（Flanders）生活的意
大利人和一个"巴伐利亚的德国人"；但是，既然他如此确信意
大利人是《秘密政治》的作者（事实上是德国的耶稣会士亚当·
康岑），那么他这里的消息来源就颇值怀疑。[48]

　　一个来自内部的证据显示《第二绝密谕示》是在1626年8月
的上半月完成的：它提及了科伦贝格战役（Battle of Kalenberg，7
月29日），但是并未注意到反巴拉丁势力在吕特-拜伦堡战役
（Battle of Lutter-am-Barenbery）中失败的战略意义（8月27日），
并且其作者显然没有意识到加斯东·德奥尔良（Gaston d'Orléans）

---

[47]　[M. de Morgues,] *Advis d'un theologien sans passion*: *sur plusieurs libelles imprimez
depuis peu en Allemagne* (n. p. [Paris], 1626), pp. 11-12: "il est certain que tous ces
Libelles ont esté imprimez en Allemaigne, asçauoir vne partie à Augsbourg, & l'autre à In-
golstad: ce qui est recogneu par le papier, par le caractere, par la vente qui en a esté faitte
par les Imprimeurs de ces deux Villes aux Foires de Francfort". 德·莫古斯给出的标题是
"*Instructio Gallobritannobataua*"，这个可能指的就是那三个文本；但是他所攻击的小
册子都是出自1624—1626年之间，但是当莫古斯发表其评论的时候，《默丘里·弗
朗索瓦》的作者认为是第三个文本 [*Le Mercure françois*, 12, for 1626 (published in
1627), p. 501]。《第二绝密谕示》在法国被认为是对法国充满敌意的攻击，这是
通过在国家档案中的注释被揭示出来的 [印刷记号（pressmark）4-LB36-2425]：
"Meschant & pernicieux Liure".

[48]　[De Morgues,], *Advis d'un theologien*, p. 13（"desnaturé"; "vn Allemand
Bauarois"）。在他看来，他不知道这三中的哪个是《[第二] 绝密谕示》的作者。在
他的想法里意大利人可能是意大利的耶稣会士欧封迪（Ofondi），他与帝国的将领
第利（Tilly）和华伦斯坦（Wallenstein）关系密切：参见 Sir Thomas Roe, *The Nego-
tiations of Sir Thomas Roe, in his Embassy to the Ottoman Porte, from the year 1621 to
1628 inclusive* (London, 1740), p. 776, and N. Slangen, *Geschichte Christian des Vi-
erten Königs in Dännemark*, ed. J. H. Schlegel, 2 vols. (Copenhagen, 1757-71), ii,
p. 346.

47 的婚姻（8月6日）。[49] 直到吕特-拜伦堡战役之前，巴拉丁选帝侯的前景更为捉摸不定，虽然不能说完全模糊不清。1625年12月，他最为重要的盟友，英格兰、丹麦和联合省（United Provinces）达成了一个正式的协定［被称之为海牙联盟（Hague Alliance）］一起致力于选帝侯的复辟。这是一个积极的成果，虽然联盟并没有像其推动者所希望的那么广泛：由于瑞士的公使在去海牙的路上死掉了，从而瑞士的加入受到了阻挠，布兰登堡（Brandenburg）、法国和威尼斯也不是特别积极地参与此事。在1626年的早些时候，选帝侯的前景有所改观；他接受了巴登-杜尔拉赫（Baden-Durlach）伯爵的帮助，组织了一支10 000人的军队，并且得到盖伯·贝特朗新的军事支援以及奥斯曼的协助去攻击哈布斯堡的东部地区以及东南部的疆域。但是，在几个月之内局势又开始逐渐恶化：海牙联盟由于其成员之间彼此分歧巨大的外交利益差异的影响而受到削弱；英格兰许诺给丹麦的钱一直没有到位；巴登-杜尔拉赫的计划（它取决于来自英格兰、法国和其他地方的资金支持）也没有实施；贝特朗的承诺被认为是言过其实；并且在4月份选帝侯的军事统帅恩斯特·冯·曼斯菲尔德（Ernst von Mansfeld，现在在丹麦服务）在德骚桥战役（Battle of Dessau Bridge）中溃不成军，最后不得不收拾残部向西里西亚（Silesia）撤退。[50]

---

〔49〕 参见第11节（注释136）；第8节（注释86）。［加斯东的婚姻是在事先没有宣传的情况下进行的，它是在南特（Nantes）举行的，如果是在巴黎举行的，那么就意味着这个消息需要花上一天或者以上的时间才能传播到其他国家。］其他方面的证据用以确定这个日期，我们将在后文中提到。

〔50〕 参见 G. Parker, ed., *The Thirty Years' War*, 2nd edn. (London, 1997), pp. 69-70; B. C. Pursell, *The Winter King: Frederick V of the Palatinate and the Coming of the Thirty Years' War* (Aldershot, 2003), pp. 235-41. 关于海牙协定文本的内容，参见 J. Dumont, *Corps universel diplomatique du droit des gens*, 8 vols. (Amsterdam, 1726-31), v(2), pp. 482-5.

《第二绝密谕示》的作者认为选帝侯赢得战争的机会并不大，并且主要集中分析其地缘政治因素，还冷静地分析了海牙联盟内在的紧张关系，解释了为什么那些关键性的国家——法国、威尼斯和奥斯曼——不太可能去协助选帝侯。在其文本的后半部分，他给出了各种建议，这些建议比其他人的更加不可思议。首先，他认为弗里德里克应该向皇帝投降并且接受让其儿子在哈布斯堡或巴伐利亚的皇庭里作为天主教徒被培养作为条件——这是希望弗里德里克可以保留至少他以前还残留的领地。然后，他建议去荷兰争取政治权力。其次，他提出了一个更加异想天开的建议说让弗里德里克去推翻查理一世并夺取统治英格兰的权力：清教徒会支持他，还可以通过许诺战利品的方式来获得贵族的支持，并且整个王国都与查理一世离心离德，因为他对白金汉背信弃义。其他的建议包括在丹麦和瑞典的港口建立军事基地，并以此在欧洲大陆从海上对哈布斯堡领土发动攻击；在拉罗谢尔（La Rochelle）也建立这样的基地，通过基地与英国清教徒保持联系，并计划在苏格兰或者爱尔兰登陆；然后培植瑞士势力（然而，它以前是腐败而不可靠的）。他警告说不要逃亡君士坦丁堡，因为一个自由的人一旦成为暴君的仆从就难以保持自己完整的自由了，也反对去瑞典寻求庇护，因为那里气候糟糕，内乱不断还有波兰战争的影响。"你能从瑞典国王那里得到的任何帮助都是微不足道和毫无用处的。"[51]作者在文中的第一部分对弗里德里克处境的分析是极为精明的，但是这与他后面令人困惑的建议（考虑到瑞士的情况）、狡诈的误导［抛弃了古斯塔夫·阿道弗斯（Gustavus Adolphus）］和胆大妄为的想法（建议在英格兰策动叛乱）又自相矛

48

─────────────

〔51〕 第34节："能得到的任何帮助都是微不足道的。"（A Sueco igitur parva auxilia, eaque inutilia.）

盾了。[52]

这个政治宣传的文本罕见的智慧和复杂——确实，在那个时代里这可能是最为机智的设计了。它同时还采取各种不同的方法对不同的受众进行宣传。它的主要目的很显然是将巴拉丁选帝侯和他的支持者们去道德化；不仅通过强调反哈布斯堡联盟的力量（在他军队中的富有经验的士兵，支持其行动的财富，还有进一步整合资源的能力，逐渐增长的帮助他们的其他国家的数量以及在维也纳和马德里之间日益紧密的合作），而且也通过强调支持巴拉丁选帝侯的势力可以自我增值，这也是非常重要的，同时还证明他的盟友们的特殊利益会让他们迟早放弃或者反对他的事业来实现各自的最终目的。但是，正如其目标是让选帝侯不去信任他的盟友，同样它也致力于通过说明这是他自己的利益让其盟友不相信他———一旦他通过小册子的分析正确地理解了他们——就会去反对甚至推翻他们。因此，它建议选帝侯在天主教联盟中制造"内部冲突"并且论证说，这样的心理战术与直接将军队投入战场相比无需付出任何代价，就是在这个非同寻常的公开透明的时刻，它显示出自身策略所基于的原则：

> 我们必须采取欺骗手段来离间他们；如果你从拱顶上移开了一个石头，整个拱顶就会溃散一地。经常地，当我们被打败的时候，我们总会以高昂的代价和巨大的风险来发动战争；但是在敌人内部制造不和往往不需要任何代价。[53]

---

[52] 这个反对落入苏丹之手的建议难以归类。警告说失去行动的自由是有根据的；但是奥斯曼联合欧洲行动并组织其他的反哈布斯堡力量的前景是帝国战略家最为担忧的事情。

[53] 参见第31节；同时也参见第19节："主要的事情是实力取胜而非放弃他们的建议。"

这个作品的目的绝不仅仅是吸引读者支持巴拉丁的事业。在某些地方，作者似乎关心的是反巴拉丁一方的政策制定者。比如，他向选帝侯提议接受将其子作为天主教徒进行抚养，这样他们就能以欺骗策略来获得某些力量支持："欺骗他们是很容易的，如果你将你的孩子送往西班牙和巴伐利亚皇庭让他们抚养。在宗教方面是有好处的，而你的孩子也可以获得利益，甚至成为大主教。这对你扩大权力十分有益。"[54]在这个小册子写作的过程中，西班牙的外交政策也鼓励了这一建议；但是在这里作者的目的似乎是基于选帝侯和他的儿子们不能被信任，因此去警告反巴拉丁的联盟反对这一个计划。[55]而且，当他讨论弗里德里克是否要请求宽大处理的建议时，作者的核心目的是警告主要的天主教势力反对这一行动——确实，他警告那些反对站在他们这边献殷勤的政治领导者可能在支持他们的问题上采取可预见的争议立场："你知道鳄鱼的眼泪；你应该通过这些朋友还可以为你保留希望和许诺，重新获得凯撒的帮助。他们到处都特别绅士地谈论到你。不恢复原状是没有和平的。仁慈成为天主教式的；君王从先辈那里获得的权力不应该被取消。大卫（Dauid）宽恕了扫罗（Sawl）。战争是耗费甚巨的。"[56]同样，作者还建议选帝侯去煽动瑞士攻击帝国领地，这样做的目的部分是因为要去警告那些反巴拉丁的国家，它们如果要想让瑞士保持中立并非易事。并且与此同时，作者对瑞士的评论显示出他还将第三方的受众考虑在内：在这种情况下，他试图说服那些天主教地区的居民们，这些居民的一些政治领导

50

---

〔54〕 参见第 21 节。

〔55〕 在 1626 年 9 月回应西班牙的提议的时候，巴伐利亚也是反对的：参见第 21 节（注释 241）。

〔56〕 参见第 19 节。

者们在其宣布他们的领地对在瓦尔特林（Valtelline）问题上的反哈布斯堡的支持时，其实并不诚实。[57]

《第二绝密谕示》的目标群体不仅限于有政治相关性的人，而且还包括在政治思想领域不同层面的受众。在最低的层次上，有一些公共生活领域的读者仅会看到其表面的价值，并认为这不过是在披露巴拉丁选帝侯的政治秘密的丑闻。（正如在托马斯·司各特的小册子中所显示的，它只是鲁莽地去将其天真无知加以否认。）对于大多数读者来说，只能指望他们了解这个文本有些诚意不足——尤其是它特殊的拉丁文写作方式要求读者具有相当高的教育水平。假如这个作品（可能）是在帝国或者至少是在帝国以前的领土上出版的话，那么一般的读者很多都将是天主教徒，他们不太可能去相信巴拉丁这一方；甚至他们可能把这个小册子的第二部分当做来自巴拉丁顾问们的一个虚假的"绝密"建议，他们可能会觉得巴拉丁的政策是恬不知耻和胆大妄为的。但是——这也更为重要——作者也可能希望对于其他分裂的势力在一般的读者中建立这种印象。这样的读者（主要在新教德国、尼德兰地区、英格兰和其他地方）一旦充分了解了这个文本只是一个支持哈布斯堡的充满愤世嫉俗的政治宣传的话，他们可能会受到文本潜移默化的影响。即便文本的第二部分和其第一部分在性质上截然有别，但是也不能当做是真诚之作，然而即便第一部分令人不快的精确性是有根据的，文本的第二部分也不能当做是单纯的讽刺之作。以其独特的技巧和权威的写作模式，这个文本的第一部分完成了其目标，它使得他们去接受这样一个前提，即所有政治决策的作出都是基于利益的算计；他们也被文本的分析所说服，

[57] 参见第 32 节。

接受巴拉丁的处境是非常无助的；他们也可能因此下意识地接受了这样的结论，即政治家在如此绝望的处境下也就会被迫去采取最为绝望的措施。

无论这个文本的第二部分那些成分复杂的建议给它的读者造成了何种影响，这个文本的影响很大程度上取决于第一部分所传达出来的大量政治信息的各种细节的意义。温斯顿·丘吉尔（Winston Churchill）的名言"在战时状态，真实必须靠谎言来捍卫"在此应该颠倒一下：这种类型的政治宣传只通过如下方式起作用，即真实是用来捍卫居于中心之谎言的。而且，在这个文本中的真实内容——欧洲大部分地区的政治和军事事件的具体细节——质量是相当高的；确实，有些读者将这个文本当做一个高度重要的政治信息的资料库。当现代的历史学家想对文本进行解释性注解的时候发现有些细节部分是极为深奥而难理解的，除了对这个时代最为专业的研究之外几乎漏掉了其他的一切：比如，对瑞士内政加以操纵的手腕，在君士坦丁堡的军事筹备活动，盖伯·贝特朗的秘密外交政策以及路易十三派遣大使来处理与黑森-卡赛尔伯爵（Landgrave of Hessen-Kassel）的关系。人们或许会好奇，到底有多少穿越过欧洲的读者认识到之前提及的阿玛尼斯（Amrinus）指的就是沃尔特·安·吕恩（Walter Am Rhyn），一个卢塞恩（Lucerne）当地的权贵，或者对烧毁皮里柯普（Praecopium）的评论其实指的就是波兰军队摧毁克里米亚（Crimean）小城皮里柯普的事件。[58]读者不能理解这里所暗指的东西，这可能就是该文本所意图达到的效果：除了给读者这个文本是有根据的和权威性的这样一个印象之外，展现这些细节的意图是通过让读者觉得他们的

---

〔58〕 参见第32、34节。

反对者的情报收集比他们自己远为高超，让站在巴拉丁这边的政治领导者们和他们的顾问们感到恐惧。在这个文本中所作的评论显示出这个匿名的作者自己也参与了当时的情报工作。比如，在刻画了丹麦国王的邪恶态度之后，作者接着说："通过深夜密谈和饮酒达旦，我们得到了很多消息"；针对法国国王的险恶用心，他评论说："从最亲密的朋友那里得知，这就是国王的看法"；并且，他还讨论了法国和威尼斯在瑞士策动的阴谋，他提请别人注意他所谈及的是一个在两国大使和教皇之间进行的非常秘密的夜间聚会——这件事情可能是被秘密监视行动报告出来的，他暗地里坚持认为："这类事情应该被调查。"[59]有一个细节是关于丹麦国王特使向查理一世表达不满的对话，原由是被派遣的大使被截获了。[60]在很多地方，作者收集了一些评论性的内容，其目标是显示他知晓巴拉丁选帝侯的高级顾问卡梅拉留斯和冯·普勒森提供给巴拉丁的秘密建议：这肯定是有意地提示这种绝望的想法，即他们最为机密的建议都在某种程度上被敌人的情报工作渗透了。[61]这里，跟随着选帝侯自己和他的内部小圈子，我们就抵达了由其读者构成的金字塔的塔尖。

这个作者通过外交途径和（或者）情报工作获得了这类情报信息是显而易见的：这个文本中的一些细节确实不可能被那些不知疲倦地关注公共领域和报刊媒体的读者收集在一起。即便不是官方雇佣的直接行为，某种受官方认可的协助措施也肯定牵涉其中。但是，这是从哪个政府得来的呢？在理论上，有可能基于该

---

〔59〕　参见第 8、11、33 节。

〔60〕　参见第 5 节（注释 50）。

〔61〕　参见第 20 节（注释 235）；第 28 节（注释 269）；第 31 节（注释 279）；第 34 节（注释 301）。

文本中的论辩性质而确定作者是否是在维也纳、慕尼黑、布鲁塞尔（Brussels）或者马德里当局的授意下进行写作的；在实践上，这看上去是一个非常艰难的任务。这个小册子关于西班牙国王在请求法国的叛乱分子胡格诺派（Huguenots）的帮助之时向法国国王报告他们的情况的陈述是完全错误的，这让人认为作者倾向于支持西班牙（或许可以从在布鲁塞尔被雇佣的事情看出来）；但是西班牙计划让巴拉丁的孩子作为天主教徒被抚养的事情在这个文本中是不可信的，这在某种意义上是和巴伐利亚的政策同时也和帝国的政策相一致。[62]从这个文本的主题所关涉问题的地理传播情况来看，马德里不像是这个文本的形成之地；但是，从其覆盖范围来看，布鲁塞尔、慕尼黑或者维也纳符合这个文本的地理覆盖情况。然而，虽然巴伐利亚的马克西米利安是这个高品质的政治宣传册子的积极鼓动者，但是这里还有一个不利于他的因素要考虑进来：他自己的外交网络反而不如哈布斯堡王朝的强大。在三个哈布斯堡的权力中心里（维也纳、布鲁塞尔和马德里），布鲁塞尔作为外交中心只具有相对独立的地位（派遣和接受某些国家的外交使节，并且在某些方面有自己的情报收集部门），其他地方只是起着作为西班牙君主国权力分支的

53

---

　　[62]　在维也纳这个事情一直还处于争辩之中。在 1627 年早期，皇帝的忏悔神父威廉·拉摩迈尼（Wilhelm Lamormaini）起草了一个表明立场的文件来应对和巴拉丁选帝侯即将举行的秘密谈判，在此文件中他坚持将弗里德里克或他的儿子进行交互作为归还领土的条件；但是当这个指导意见在 1627 年向帝国谈判提交的时候，这个条件并没有被包含其中。[参见 F. von Hurter, *Geschichte Kaiser Ferdinands II und seiner Eltern*, 11 vols. (Schaffhausen, 1850—67), ix, pp. 534—5; R. Bireley, *Religion and Politics in the Age of the Counterreformation: Emperor Ferdinand II, William Lamormaini, S. J., and the Formation of Imperial Policy* (Chapel Hill, NC, 1981), p. 50.]

作用。[63] 从欧洲范围看，西班牙比神圣罗马帝国有着范围更大、外交上更为积极主动、更复杂的情报和外交网络；但是维也纳在这个时期与西班牙有着更为密切的联系，西班牙的大使奥索纳（Ossona）经常被邀请参加帝国枢密院（*Geheimer Rat*）的政策讨论会，西班牙每个月都向枢密院提供国际情报文摘。[64]

幸运的是，《第二绝密谕示》中有一类信息是独特的，它的来源可能比较确定：这就是来自君士坦丁堡的政治和军事方面的信息。不像那些来自伦敦和巴黎的信息，其中很多都是从非官方的渠道获得的，这类信息极有可能是从外交途径取得的。西班牙在奥斯曼的首都没有外交代表，但是帝国在那里却有常驻大使；从遗留下来的外交大使的派遣情况看——塞巴斯蒂安·拉斯特利尔·冯·利本施泰因（Sebastian Lustrier von Liebenstein），从1624—1629年一直在那里服务——这就非常清楚了，在这个小册子里面他的报告中提供了关于奥斯曼事务的更为详细的信息。[65] 因此，这里有一个例子，一个声明中说："当间谍们在散布谣言的时候，他们高兴地跳了起来，这个谣言说巴格达已经被占领了，

54

---

　　〔63〕　参见 T. Osborne, " 'Chimeres, Monopoles and Stratagems': French Exiles in the Spanish Netherlands during the Thirty Years' War", *Seventeenth Century*, 15 (2000), pp. 149-74, esp. pp. 151-4. 西班牙尼德兰地区是重要的情报收集中心；情报收集人员在布鲁塞尔和马德里服务（有时候也有不同的任务），但是归根到底还是向后者负责〔参见 M. A. Echevarria Bacigalupe, *La diplomacia secreta en Flandres, 1598-1643* (Vizcaya, 1984), esp. pp. 168-86〕。

　　〔64〕　参见 I. Hiller, *Palatin Nikolaus Esterhazy: die ungarische Rolle in der Habsburgerdip-lomatie, 1625 bis 1645* (Vienna, 1992), pp. 27-8.

　　〔65〕　关于拉斯特利尔在 1623 年前往君士坦丁堡并且在 1624 年承担外交任务的事情参见 B. Spuler, "Die europäische Diplomatie in Konstantinopel bis zum Frieden von Belgrad (1739)", *Jahrbücher für Kultur und Geschichte der Slaven*, 11 (1935), pp. 53-169, 171-222, 313-66; here pp. 332-3. 在这个时期在君士坦丁堡的唯一的西班牙大使是一个秘密的外交官，他在 1625 年在那个地方做了短暂的停留（第 364 页）。

但是这个谣言带来的快乐转瞬即逝，它马上就被接下来的忧伤所取代，在 1626 年 4 月 30 日和 5 月 17 日拉斯特利尔的一份报告中陈述了这个间谍是如何带着他的巴格达（Baghdad）已经成功被占领的消息被带到帝国议会的，并且说这个消息后来被证明是完全错误的。"[66]在这个说法中穆罕穆德·迪艾克·巴夏［Mehmed Diak Pasha，西里斯提亚（Silistria）的总督］担心遭到波兰人的报复性袭击，由此他希望奥斯曼政府能够从盖伯·贝特朗那里寻求军事帮助［穆罕穆德·巴夏（Mabomet Bassa）担心波兰人，并通过凯姆-凯恩（Caim-Cam）和其他人进行求助，这样盖伯可能会提供帮助］，这些消息都是出自拉斯特利尔在 5 月 7 日的报告。"[67]这个消息中还包括在 5 月 9 日，奥斯曼政府向巴格达占领军统帅哈菲茨·艾哈迈德·巴夏（Hafiz Ahmed Pasha）许诺了提供 400 000 塔勒尔（thalers），但是因为那里的夏天实在过于炎热，直到秋天他也没有采取任何有意义的行动；这个小册子正式表示"穆罕穆德·巴夏（Mahomet Bassa）在 5 月 9 日收到了大约 400 000 000 金币（400ᵐcrownes）以支付土耳其人的雇佣费用，但是由于天气炎热，他将战争一直拖到了秋天"。[68]拉斯特利尔的下一个任务是在 5 月 25 日，并在其携带的一个附录标明是 5 月 28 日的稿子，提供了贝特朗的特使弗伦茨·博罗弥撒（Ferenc Bornemisza）已经抵达君士坦丁堡的消息，他执行的任务也在小册子中被讨论过。[69]5

---

[66] Haus-, Hof-und Staatsarchiv, Vienna［hereafter：HHSA］, Türkei I, no. 110, liasse January-June 1626, fos. 76-81（fo. 79r："本月 26 日，一支从凯姆凯恩来的骑兵进入开阔的地域并占领了阵地。"），89-93.

[67] Ibid., fo. 89v："迪艾克·巴夏焦急地等待着来自盖伯的帮助。"

[68] Ibid, fo. 90r："本月 9 号，哈菲茨·穆罕穆德·巴夏（Haffis Mehmet Bassa）获得了 400 000 塔勒的援助，在这个地方也不算多，局势在夏天没什么大的变化，局势真正的分晓要看秋天或者冬天的时候。"

[69] Ibid., fos. 94-7, 110-12.

月 30 日，拉斯特利尔在报告中说，反帝国势力的外交大使收到情报并被告诫，西班牙的大使已经从亚得里亚海岸（Adriatic coast）出发前往君士坦丁堡，他们贿赂卡姆卡恩·巴夏（Kaimakam Pasha）以阻碍或取消你的任务；但是，在这份报告日期标记为 6 月 1 日的附录部分，他解释说"前面提及的西班牙人抵达这一事项"还是捉摸不定的，因为他从他的马背上摔下来受伤不轻，并且已经被迫回到了拉古萨（Ragusa）。[70]《第二绝密谕示》不仅报告了对于其他大使要谨慎小心而且也说了这件不幸的坠马事件（"如果这个西班牙的绅士从马上摔下来，并且没有被迫折返的话，那么这次他们就非常绝望了"），但是确实是使用了拉斯特利尔的词"Hidalgo"（"Hispanus ille Hidalgo"，霍布斯将其翻译为"一个西班牙绅士"）——虽然这显然不是一个拉丁词。

两个小的细节提供了更令人震惊的证据，说明《第二绝密谕示》的相关章节是从这些外交报告中整理而来的。拉斯特利尔的消息都是以密码的方式发出的，只有一些无关痛痒的章节和句子是以明码的方式写出来的。一旦到达维也纳，它们就被呈递给书记官或者公职人员对其进行解码并将解码后的内容加以整理；在大多数情况下，原来的篇章和解码后的版本都得以保存。在这个报告里面讨论了 5 月 17 日向哈菲茨·艾哈迈德·巴夏献金以让其攻占巴格达（引用前面的），在编码的版本中名字写的是"Haffis"，这样一个拼写也在解码后的版本中使用过；但是这个地方在解码人员的手抄过程中出现了一个看上去比较奇怪的字母"H"，它的左手边的垂直线就像有一条横线的字母"J"，其右手的垂直线就像一条滑向右边的线，特别像一个长长的

---

〔70〕 HHSA, Türkei I, no. 110, liasse January–June 1626, fos. 113–15, 120–2 (fo. 121v:"由于前面发生的不幸坠马成疾，他不得不被迫回到拉古萨。"）.

"s"。[71]这显然可以解释《第二绝密谕示》中的"Isaffis":作者一定见过解码后的版本（或者至少是其不完整的复写本），因为在其中名字以"Jsaffis"的形式出现。其他地方修改名字的现象也可以通过这个解码者的做法得以说明。根据《第二绝密谕示》的文本，"在 5 月 3 日战舰去保卫黑海了，雷杰普·巴夏（Peghier Bassa）随军行动"：霍布斯这里使用的"Peghier"是对拉丁文"Pegierius"的改写。事实上，这是一个名字被修改过的版本，它在现代土耳其语中应写为"Recep"；而这个拼写中的字母"c"的发音应该像英语中的"jam"中的"j"一样，在拉斯特利尔的报告中经常以意大利语的发音规则将这个名字拼写为"Regiep"。[72]

56

在拉斯特利尔 5 月 17 日的报告中的相关章节里，我们在解码后的版本中发现这个名字被错误地写成"pegier"。[73]在原来的编码中，这个名字是以"pegiep"的形式出现的；解码者错误地理解了最后一个字母，因为在编码符号中指称"p"的符号在这里非常像指称"r"的。[74]在"pegier"这单词中的两个错误中一个就是这么被解释的；另外一个错误可能是源于君士坦丁堡的编码者所犯的错误，可能是因为不小心或者可能是因为在"Reciep"中的"R"看上去像字母"P"，所以用一个代表"p"的符号去

---

〔71〕 Ibid. , fos. 89r（original）, 90r（deciphered version）. Lustrier's cipher can be found in HHSA, Türkei I, no. 110, liasse January–June 1625, fo. 107r.

〔72〕 HHSA, Türkei I, no. 110, liasse January–June 1626, fo. 78r（"Regiep"）; Moravský Zemský Archiv, Brno〔hereafter: MZA〕, Collalto archive（G 169）, I–1774（Lustrier letters to Ramboldo Collalto）, fo. 31r（"Regiep Bassa"）; 参见后注 75.

〔73〕 HHSA, Türkei I, no. 110, liasse January–June 1626, fo. 90r:"本月 3 日，科萨根再次从加勒出发保卫黑海运河，一行应该有 700 多人，将军巴夏和其余的舰只数日之后到达。"（我增加了第 25 号，它在原来的版本中出现过，但是后来被解码者删去了。）

〔74〕 Ibid. , fo. 89v:"der pegiep bassa".

指代了它。但是，这个版本中名称的双重错误刚好印证了解码者的手稿是被这个小册子的作者当做材料来源的。

因为在有些地方有在维也纳何时收到这个报告的日期，所以从君士坦丁堡得到的外交报告提供了进一步的证据证明了这个小册子的写作日期。正如前面的报告中提到的，5 月 17 日的文本是在 7 月 10 日收到的，而 5 月 30 日的版本（其附录部分的日期是 6 月 1 日）是在 7 月 12 日收到的。但是，后面的报告是在 6 月 15 日到达维也纳的，其收到的日期是 8 月 14 日；清楚的是这个小册子的作者是不知道这个报告内容的。[75]这确认了这个小册子是在 7 月的下半月或者 8 月的上半月写成的。外交报告的证据同样证明了这个作者得到官方许可和同意才这样做的：他有机会看到只有政府官员才可以阅览的材料——这些材料是如此敏感以至于需要以编码的形式编写。（他自己并非处理这类文件的政府官员，这件事可以被前面提到的错误所说明：设若他是长期阅读来自君士坦丁堡报告的读者的话，那么他肯定认识"Haffis"这个名字并且可以修正"pegier"错误。）或许作者有渠道看到所有的外交和情报材料，可能这些材料还包括西班牙人提供的大量有意义的文献。[76]

这个证据强有力地证明了这个文本是来自维也纳的。当然，

---

〔75〕 Ibid., fos. 129-33：这个报告中说李塞普·巴夏（Recep Pasha）带着 40 支舰船编队加入了黑海里剩余的军队（fo：131r："Questa matina e partito al［sic］Regiep Bassa con. 40. Galere al mar negro per unirsi colle . 20. gia uscite prima"）——这件事是这个小册子的作者所期待的。

〔76〕 我并没有发现先于这个小册子完成前数月的这种类型的西班牙文献材料；但是从 1624—1625 年之间在兰博尔多·科拉尔托（Ramboldo Collalto，维也纳的军事委员会的主席）的材料中的一个项目提供了可能的范围，它包括在西班牙大使、维也纳、伦敦、巴黎和米兰的政府官员的报告和信件，也有一封从因凡塔（Infanta）到奥索纳的信件。（MZA, Collalto archive（G 169），I-1882, fos. 9-12, 15, 29, 41-2, 47-8, 50.）

我们也需要考虑其他的可能性。也可能这么去设想，假如在维也纳和西班牙的哈布斯堡势力之间在这些事情上有着密切的联系，那么这个小册子的作者并不是在维也纳的帝国势力的监督下工作的人，而是某个在布鲁塞尔有着同等处境的人，他恰好能够从发自君士坦丁堡的帝国通信中获益。但是，我们知道在维也纳的标准做法是这样的，当这些通信的信息被考虑进来的时候（比如呈献给帝国议会的成员），皇庭的一个解释者（*Hofdolmetscher*）会整理出一个简短的摘要。[77]因此，整个文本都送到了布鲁塞尔看来并不可靠；但是，清楚的是通过呈现在《第二绝密谕示》中的大量细节以及它与报告中原来的文字间的亲缘性，我们可以推定小册子的作者是看过全部文稿的。（我们也应该清楚地知道，如果一个人经常地抄写文献或写文献摘要，他肯定会认识"Haffis"这个名字，因为它经常出现在来自君士坦丁堡的报告中，当然也就会修正"pegier"这个词。）关于时间的问题也应该被考虑进来：从维也纳到布鲁塞尔的邮寄时间需要耗费两个星期，这就意味着这些报告可能在 7 月底之前并未到达布鲁塞尔；但是在布鲁塞尔的一个作者可能已经完成了文本工作并在加斯东·德奥尔良婚礼（在 8 月 6 日的南特）之前就提交付印并抵达该城，这样的话留给他从事这项工作的时间就非常有限了。一个在西班牙尼德兰的作者指望可以充分利用这份由在英格兰的情报工作者发往布鲁塞尔的报告；但是在 1627 年 6—7 月之间，这份报告的主要议题是英格兰试图征集一支庞大的军队来对西班牙展开行动——这件事情在这个小册子的内容中并未涉及。[78]

58

---

〔77〕 Hiller, *Palatin Nikolaus Esterházy*, p. 73.

〔78〕 HHSA, Belgien, PC 63, fos. 28-32, 33-8, 52-3, 54-62.（这份在 6 月 23 日到 7 月 14 日的报告的作者并未留下姓名。）

　　因此，整体而言，《第二绝密谕示》极有可能是在维也纳写就的。可能是在 7 月下半月在紧张的氛围下写作的，并且它可能完成于 8 月开始的前几天。[79]它的作者——可能是秘书、顾问或者可能是某个获得特别批准能够阅读包含在政府公文中的最新政治地理消息的人。用现代的话语来说，他是具有极高安全级别的人。[80]同样，这一点也非常清楚，即他完成的稿子在出版之前必然受到了检查并得到了政府的同意。从其以匿名的方式伪装及其诡异的文风可以断定，这个小册子肯定是得到政府授意从帝国政府的中心传布出来的政治宣传读物。

　　乍一看，这个由消息灵通和头脑清明的人写成的作品是特别令人惊讶的，它并未引发巨大的争议和驳斥。但是这个事实提供了一个解释。在这里呈现出来的情报方面的品质不太可能与出自其对手的看法相符合——即便有着类似的来自政府方面的支持；

59

---

　　[79]　与这个小册子中对恩斯特·冯·曼斯菲尔德轻蔑态度形成对比的是，在 8 月的第一个星期在维也纳已经开始警示了，曼斯菲尔德已经成功穿越了西里西亚并且准备加入盖伯·贝特朗的军事同盟［MZA, Collalto archive（G 169），I-1765, fo. 34r: 杰拉德·奎斯腾堡（Gerard Questenberg）从维也纳寄给科拉尔托（Collalto）的信，1626 年 8 月 4 日］.最近在这个小册子里提到的有据可查的事件是在 7 月 29 日发生的科伦贝格战役。这些来自英格兰的消息还有，与伦敦议员达成的一致向国王提供 2 万英镑的资金［6 月 29 日/7 月 9 日：参见第 6 节（注释 55）］，削减皇室的开支［这个是由伦敦的记者在 7 月 7［/19］日报告的：参见第 6 节（注释 62）］的消息也在这个小册子完成之前就以极短的时间到达了维也纳。

　　[80]　这个唯一的作者提前给出一个关于这个文本作者一个说法认为其是赫尔曼·贝克尔，他说它的作者——正如前面的文件所讨论过这个小册子的作者一样——是一个耶稣会士。即便作者反对维也纳最终的耶稣会士和帝国牧师的观点，这个问题也不能加以排除（参见前面注释 62）；帝国议会成员确实可能将一个耶稣会士当做顾问和忏悔牧师，并且这个作者展现出来的古典教育水准也与耶稣会士的训练是一致的。但是贝克尔给出的理由仅仅是这个文本充满着"耶稣会士的狡诈"（"voll echt jesuitischer Kniffe": *Die Secretissima Instructio*, p. 41）；这可能给我们提供了关于贝克尔更多的信息，他是一个在德国"文化斗争"时期的新教知识分子，而非关于这个小册子的信息。

因为从其对真相（以及相似的真相）的严密保护来说是没有对手与其匹敌的。这个作品仍然是无可反驳的。唯一出版的对其进行回应的文章也很难说是反驳：一个标题为《法国-英国-荷兰弗里德里克五世的第二绝密谕示中三句格言的评注》（*Ad Aphorismos Tres Priores Alterae Secretissimae Instructionis Gallo-britanno-batavae Friderico V Datae Commentarius*）的小册子，其作者具有半匿名性质，他叫做"菲洛提慕斯·穆塞俄斯"（Philotimus Musaeus），并在1626年出版于科隆（并在随后的两年内被再版和分发了三次之多）。[81] 正如其标题所示，这个长达43页的作品是对这个文本的前三节富有学识的"评注"：这个评注几乎是逐句注解的，并且随文就附加来自欧洲最近的历史事件，但是几乎都是引用古典作者的材料［色诺芬（Xenophon）、李维、西塞罗、塞涅卡、塔西佗、萨鲁斯特、波利比乌斯（Polybius），等等］。正如作者所言，这些引用都是来自对利普修斯（Lipsius）的学习；确实，作者采取的目标就是遵循利普修斯的先例，他的文本试图将两种基本的方法糅合在一起——一种是注释，一种是基本的写作——这也是广为人知的利普修斯写作时采取的方法。[82] 只有在文本的最后部分他才向巴拉

---

〔81〕 第一版的名称是《三句格言》（*Ad Aphorismos Tres...*），它出版于科隆（Cologne），并且也没有注明其出版者为何；在大学文献中有一个这样的例子。第二版它的名字是《菲洛提米·穆塞的三句格言》（*Philotimi Musaei ad Aphorismos Tres...*）（Cologne, 1627），有"Aput［*sic*］Johannem Kinckium"这样的印刷痕迹；我引用的是从柏林国家文献中得来的版本（Pressmark 4 Flugschr. 1627/17）。第三个版本与第二个版本有同样的标题（但是把"*Insructionis*"印错了），它以"海牙委员会"（Hagae Comitis）名字出版于1628年并且没有标明出版者的名字；在尼德兰的文献资料中其项目是汉诺芬（Hanover）。第四个版本是同样的标题并且也是在1628年，其标注着"Poloniae"和"Rinoklus"（可能是对"Coloniae"和"Kinckius"的印刷错误）；在沃尔芬布特的赫尔佐格-奥古斯特文献中也有这个条目。

〔82〕 *Philotimi Musaei ad aphorismos tres priores Alterae secretissimae instructionis*（Cologne, 1627），sigs.（†）3v,（*）1r.

丁选帝侯提出了自己的建议：如果他可以去欺骗撒克森选帝侯并侵略其领土的话，那么这对他的事业来说是有好处的，但是最为重要的事情是他应该与皇帝和帝国联盟达成妥协。[83]这个新奇的文本从其开头就能看出来是支持帝国的一个产品：它有三个题献的对象，一个是第利（天主教联盟的统帅）以及两个巴伐利亚的马克西米利安的高级官员，并且绝大多数（可能是所有的）版本都出自哥廷根的耶稣会士的主要出版者约翰·金奇乌斯（Johann Kinckius）之手。[84]（1627年版本的标题页的装饰非常考究，用了奥地利的双头鹰标志；这种页面装饰在1627年再版的《绝密谕示》和《第二绝密谕示》都出现了，这可以是因为其出版者同为金奇乌斯。）[85]但是，这里却很难分辨"菲洛提慕斯·穆赛俄斯"是否与《第二绝密谕示》的作者有联系或者认识，他的工作看上去完全在乎的是其表面价值，高度赞扬巴拉丁选帝侯的忠实顾问提供的睿智的建议。这仅仅是一个天真的玩笑呢，亦或者是一次将事情进一步扭曲的尝试（虽然这显得比较沉重）？后者可能更为可信；但是前者也不能完全排除，因为还是对《第二绝密谕示》的接受有不确定性。

〔83〕　Ibid., pp. 42-3.

〔84〕　关于金奇乌斯（Kinckius）参见 Benzing, *Die Buchdrucker*, p. 251.

〔85〕　但是，在1627年《三句格言》（*Ad Aphorismos Tres*）的上面的印刷是"Aput Johannem Kinckium"，1627年对另外两个版本的再版却没有提供这样类似的细节；《绝密谕示》的再版有"Hagae Comitis"这样的印刷符号，但是《第二绝密谕示》却没有地方来这么印。这些都是被打包一起出售的，这可以从约翰·卡辛（John Cosin）拥有的三个册子的系列中看出来：Durham University Library, pressmark Cosin L. 4. 23/2-3.

第　四　章

《第二绝密谕示》在英格兰的传播

如果我们对《第二绝密谕示》在英格兰的传播与接受度所知
甚少的话，那么文本的内容可能告诉我们为何如此：尽管有些讽
刺性的笔法，但是这个文本公开鼓动反对国王。英国的图书销售
者们并不敢去推销这样的作品，也没有人会想在英国的土地上去
再版这种书。[1]即便没有关于叛国这样的内容，这对书商而言依
然是一个烫手山芋。自从三十年战争爆发以来，王室出台了一系
列的公告，其主要目的就是要压制那些对"秘密"外交政策的评
论。在 1620 年 12 月由培根起草的《反对在国事问题上无节制的
言论的公告》(*Proclamation against Excess of Lavish and Licentious
Speech in Matters of State*) 中明确要求詹姆斯的臣民"一定要注意，

---

〔1〕 按照伊丽莎白第 23 号法令的规定，出版或传播任何"策动骚乱或者鼓动革
命和叛乱"的书籍都是重罪，应该受到斩首或者绞刑的惩处：参见 S. A. Baron, "The
Guises of Dissemination in Early Seventeenth-Century England：News in Manuscript and
Print", in B. Dooley and S. A. Baron, eds. , *The Politics of Information in Early Modern Eu-
rope* (London, 2001), pp. 41-56, here p. 46.

无论他们听说过任何对国内或国外国家大事、帝国秘密的言论"都应该在 24 小时以内向政府部门报告。1623 年 9 月《反对不当的出版、言论、书籍和宣传册子的公告》(*Proclamation against the Disorderly Printing*, *Uttering*, *and Dispersing of Books*, *Pamphlets*, *& c.*, 其主要针对的是出版业，比如司各特的作品，反对西班牙和亲) 发布，公告还抱怨说"有些出版工作部分是在海外完成的"；在 1624 年 8 月《反对骚乱、关于教会制度、新教书籍以及政治小册子的公告》(*Proclamation against Seditious*, *Popish*, *and Puritanicall Bookes and Pamphlets*) 中命令，任何有关"宗教、教会组织或者国家"的书籍和小册子，无论是英格兰印刷还是英格兰进口，都必须得到约克和坎特伯雷大主教 (Archbishops of Canterbury and York)、伦敦大主教 (Bishop of London) 或者牛津与剑桥的副校长的许可。[2] 在 1621—1624 年之间，政府执行了新书和政治文本的日常审查工作，在 1627 年 2 月出版物应该得到（在国务大臣的监督之下）正式许可，这"经常引发对其重要盟友和朋友的作为和成就的不利的和有丑闻性质的报告"。[3] 一封来自康伯里奇·唐·约瑟夫·米德 (Cambridge don Joseph Mead) 的信件中的相关段落显

----

〔2〕 J. F. Larkin and P. L. Hughes, eds., *Stuart Royal Proclamations*, 2 vols. (Oxford, 1973-83), i, pp. 495-6, 583-5, 599-600. 希拉·兰伯特 (Shelia Lambert) 对这些措施的评价并不高 ["Coranto Printing in England: The First Newsbooks", *Journal of Newspaper and Periodical History*, 8 (1992), pp. 1-33, esp. pp. 7-8]；但是正如希迪亚·克莱格 (Cyndia clegg) 指出的，这些确实构成了其政策的一部分，这些政策旨在限制在外交政策和国家事务方面进行评论的出版物 [*Press Censorship in Jacobean England* (Cambridge, 2001), pp. 177-85]。

〔3〕 Clegg, *Press Censorship*, pp. 181-2 [弗兰西斯·科廷顿 (Francis Cottington) 在这一时期批准许可了 93 份出版物]；BL, MS Add. 72439, fo. 1r [爱德华·康威 (Edward Conway) 向文具公司提交的，1626 年/1627 年 2 月 15 日 [/3 月 7 日]；其批准者是康威的秘书格奥尔格·鲁道夫·韦克赫林 (Georg Rudolf Weckherlin) ——关于他的信息参见下注 26]。

示出，这些措施是被相当严格地执行的，至少一开始是这样：在
1623 年的公告发布一个月之后，他报告说："在我得到它们之前两
本《德比新闻》(*Mercurius Gallo-Belgicus*) 就被要求审查了。据称，
它们包含了我们的国王对其贵族所说的东西，即国王的目的是将王
子送往西班牙并且他同意天主教这样的错误和不实的信息。"[4]

与此同时，禁止这些包含丑闻的作品也带来这样一个后果，
即人们反倒更想得到这些作品。少量的《第二绝密谕示》的印刷
品进入了国内：正如我们前面看到的，前面的报告中显示出至少
有两个副本在伦敦有售，并且这个复印的版本可能价格极为昂贵。
在今天英国的一些图书馆里面也保留了几个样本（虽然其中的一
个是阿克顿勋爵（Lord Acton）的私人收藏，这个本子可能是在
19 世纪通过大陆的一个书商被带到英国的）。[5]可能一些副本是
在不知情的情况下被带到国内的：马蒂厄·德·莫古斯在法国对这
个小册子的传播情况加以评论，他说法国的书商从法兰克福市场回
来的时候惊奇地发现他们购得的书中被插入了这个小册子。[6]如果
政治领袖提供经费，这些出版商最初就是采取这种办法来出版小册

[4] [T. Birch, ed.,] *The Court and Times of James the First* [revd. by R. F. Williams],
2 vols. (London, 1848), ii, p. 421. (跟米德的秘密通信 [Dr Meddus?] 是在 1623 年
10 月 24 日的伦敦。)

[5] 在网站 www.copac.ac.uk 上，它收录了 24 个学术图书馆以及不列颠图书馆
(BL)、威尔士国家图书馆和苏兰拉图书馆的内容（NLS），《第二绝密谕示》在 BL、曼
彻斯特大学图书馆和 NLS 的目录上，而《第三绝密谕示》在 BL 和 NLS 的目录上。阿
克顿的图书目录并未收录在上述网站（copac）上而是在剑桥大学图书馆 [pressmark
Acton d. 34. 596 (31)]。杜尔汉（Durham）的 1627 年的版本信息并没单独收录在该
网站（copac），而是被杜尔汉大学图书馆作为 1627 年《绝密谕示》的一部分被编目。
不过，当今的馆藏确实对于查明 17 世纪的出版物的分发情况不是一个好的引导。

[6] [De Morgues,] *Advis d'un theologien*, p. 15. 莫古斯也说明了其他的文件散
发方式，就是在法国的情报人员先向小册子的作者提供信息，然后以地下的方式组
织他们的作品传播；有一些地下渠道可能不在德·莫古斯的考虑之中。

63

子的，但是随着发现这些小册子有利可图，利益驱动也是其中一个重要的原因。从英国得来的证据显示这里确实是有利可图的，但是最让其获利的还是那些对最新事件的专门评论以及新闻方面的稿子。

正如一些现代研究所证明的，这类文书的传播在 17 世纪的英国政治文化传播领域具有重要意义。[7]在这类现象中最为重要的是专业的新闻通讯作者，他们的作品通过对群众散发而传播到全国，这些消息来源于各种渠道——口头的、手稿的和印刷的。作为高产的抄写员（以及/或者他们的雇佣者），新闻通讯作者同样也写那种称之为"单篇稿件"（separates）的东西，那些关注议会演讲、政治议题和讽刺性文章的文件、短篇作品等。[8]这可能是有利可图的生意：在 1628 年，这些标准的议会报告的单行本的售价在 6 便士到 2 先令之间，一个新闻通信作者约翰·波利（John Pory）在 1631 年向他的一个客户提供了各种外交事务的"文献"，售价为 10 先令每份（这可能是来自黎塞留、神圣罗马帝国的君主们的抗议，等等）。[9]既然新闻通讯作者和印刷商以及出版商有

---

〔7〕 尤其参见 F. J. Levy, "How Information Spread among the Gentry, 1550 – 1640", *Journal of British Studies*, 21 (1982), no. 2, pp. 11–34; R. Cust, "News and Politics in Early Seventeenth-Century England", *Past and Present*, 112 (1986), pp. 60–90; H. Love, *Scribal Publication in Seventeenth-Century England* (Oxford, 1993), pp. 9–22, 73–89, 191–217; I. Atherton, "The Itch Grown a Disease: Manuscript Transmission of News in the Seventeenth Century", in J. Raymond, ed., *News, Newspapers, and Society in Early Modern Britain* (London, 1999), pp. 39–65; Baron, "The Guises of Dissemination".

〔8〕 在注释 7 中列举的作者都讨论过这些单篇稿件；其细节部分可以参见 W. Notestein and F. H. Relf, eds., *Commons Debates for 1629* (Minneapolis, 1921), pp. xx-xli, and D. Zaret, *Origins of Democratic Culture: Printing, Petitions, and the Public Sphere in Early-Modern England* (Princeton, 2000), pp. 126–32.

〔9〕 Cust, "News and Politics", p. 64; W. S. Powell, *John Pory, 1572 – 1636: The Life and Letters of a Man of Many Parts* (Chapel Hill, NC, 1977), p. 56. 关于其中高昂的价格问题，参见 Ralph Starkey in I. Atherton, *Ambition and Failure in Stuart England: The Career of John, first Viscount Scudamore* (Manchester, 1999), p. 154.

着相当密切的联系，那么对他们来说，必然知道最近的各种新闻和流言，他们也能够知道这些小册子和文献材料是不可能获得许可的（确实，它们也被禁止了）；自然地，这些东西最能挣钱。印刷商和出版商也同样非常擅长以他们自己的方式生产这些稿件的副本。正如在 17 世纪 20 年代早期一个匿名的消息提供者写给国务卿的一封信中所言："有一些书店的老板肯定听说过这些书，虽然它们没有得到政府方面的许可，但是他们总会想尽办法将它们搞到手，并且雇佣一些年轻人去抄写这些文件，再把它们卖出去，他们做这些事情并没有花什么钱。"〔10〕并且，如果获得这些"材料"的成本过高，那么就不太好理解一个高度专业的副本怎么能产生出那么多其他的、非专业的副本，这些通过借阅或者通过他们的朋友就能搞到手了。

关于《第二绝密谕示》在英格兰存在的第一份报告出自一封信，这封信的日期标注的是 1627 年 2 月 2 日［/12 日］，它是出自约瑟夫·米德的一个伦敦的通信者［可能是他的朋友和伙伴牧师詹姆斯·梅杜思博士（Dr James Meddus），他和米德一样对这些新闻极为渴求］：

> 这个广受关注的小册子，可能是来自法兰克福，它写在四张纸上，命名为《弗里德里克的绝密谕示》（*Instructio Se-cretissima Frederico*），其作者是对我国不怀好意的某个耶稣会士。它有意在他的君主和波西米亚的女王之间制造嫉妒之心，

---

〔10〕 PRO, SP 14/118/102（fo. 139r）. 这封信的日期是没有标注的；但其与 1623 年的书（Clegg, *Press Censorship*, p. 186.）保持了一致意见，作者强调了其经济方面的动机（"我认为销售这些书籍并不是一件成本很高的事情，只要花点精力研究这些事情，就能通过它们取得私人利益"），并且讲述了这么一件事情，他让书商去做了司各特的《人民的声音》（*Vox populi*）的 12 个副本。

就像国王自己的丈夫有意采取冒险行动涉足王国内部事务，并且他有大量的清教徒和公爵的敌人准备帮助他这么干；他们说，这些下流的诽谤会被当众销毁。[11]

65   不太清楚是否真的公开焚毁，不过这显然激发了公众的兴趣。但是这个兴趣迅速传播：几乎就在同时，米德的朋友西蒙斯·迪尤斯爵士（Sir Simonds D'Ewes）也了解了这件事情，几天之内米德就看到了这个稿件。在2月10［/20］日约瑟夫·米德从剑桥写信给他在萨福克（Suffolk）的通信伙伴马丁·斯图维尔爵士（Sir Martin Stuteville），并附上了他们共同的朋友迪尤斯的一封信，提及下面的事情："我在周日［2月4（/14）日］晚上收到了一封来自西蒙斯·迪尤斯的信件，这封信是给你的并且没有启封……你可以想像一下这个书中所包含的内容，如果我有足够的时间我会抄送一份给你，这样你就知道了：我并没有原书，但是我看过并誊抄过其中的两三页。"这个节录部分是米德抄写的，并且随附其信件发出的就是《第二绝密谕示》中的第23节和24节。[12]米德是否看过这个副本（或者是印刷本或者是手抄本）的情况并不清楚，但是在他5个月之前邮寄给斯图维尔的信件中却指明了他采取的方法：医学博士英格里西曼（Dr Eglisham）在这个有恶名的小册子的评论中指责白金汉公爵囚禁了詹姆斯一世，米德写信说："最

---

〔11〕　［T. Birch, ed.，］*The Court and Times of Charles the First*［revd. by R. F. Williams］，2 vols. (London, 1848)，i，p. 190. 虽然有些断章取义，但是很清楚地可以看出这指的就是《第二绝密谕示》，它由四张纸构成，并且鼓励弗里德里克去"涉足"英格兰事务。詹姆斯·梅杜思是非常支持巴拉丁的，并且在1620年和身处海德堡的弗里德里克的顾问冯·普勒森保持通信关系，参见 J. Kočí, J. Polišenský, G. Čehová, eds.，*Documenta bohemica bellum tricennale illustrantia*, 7vols. (Prague, 1971–81)，ii，pp. 224–5.

〔12〕　BL, MS Harl. 390, fos. 201r (letter), 203 (extracts).

近有朋友从我这里路过给我看过了英格里西曼的评论，它被分成了三个部分，我让我的学生将其誊写下来，我现在寄给你，如果你愿意，你看完之后可以交还给我。"[13]

我们不太清楚迪尤斯是在哪里见过《第二绝密谕示》的，但是在他的自传里面提供了一个有趣的信息。在 1627 年 2 月他去了剑桥郡和萨福克，并且在 1 月 24 日［/2 月 3 日］在马丁·斯图维尔爵士（Sir Martin Stuteville）家盘桓。不久后他即返回伦敦，在那里他说："我和我亲密的朋友艾伯塔斯·约奇米（Albertus Joachimi）爵士在一起，他是大不列颠国王的外交官；我们一起为帝国的糟糕处境感到遗憾。"[14]他写给斯图维尔的信是在接下来的四天内完成的。这样看上去丹麦大使（他和迪尤斯一样都极为同情巴拉丁的事业——他们的首次见面是在贺拉斯宫廷，维尔勋爵（Lord Vere）在 1620 年组织了一次保卫巴拉丁的虽然最终失败的军事行动）告知了迪尤斯《第二绝密谕示》的情况，或者甚至有可能给他看了一个副本。[15]在哈利收藏的迪尤斯的图书馆中有大量的手稿，其中就有《绝密谕示》和《第二绝密谕示》的很多副本。[16]后者（而非前者）掌握在阿尔夫·斯塔基（Ralph Starkey）的手中，他是多产的单行本的出品人，一个伦敦商人和古董商；

66

---

〔13〕 ［Birch, ed. ,］*Court and Times of Charles*, i, p. 149（16 ［/26］ September 1626）. 关于米德对这些消息的掌握情况参见 D. Randall，"Joseph Mead, Novellante: News, Sociability, and Credibility in Early Stuart England"，*Journal of British Studies*，45（2006），pp. 293-312.

〔14〕 BL, MS Harl. 646, fo. 104v ［printed in J. O. Halliwell, ed. , *The Autobiography and Correspondence of Sir Simonds d'Ewes, Bart, during the Reigns of James I and Charles I*, 2 vols.（London, 1845），i, pp. 351-2］.

〔15〕 BL, MS Harl. 646, fo. 87r（迪尤斯、约奇米和维尔是在 1626 年 3 月 2 ［/12］日会面的）。

〔16〕 BL, MS Harl. 252, fos. 75-98r（"Secretissima Instructio"），99-110r（"Altera secretissima instructio"）.

迪尤斯在 1628 年从他的遗产执行人那里获得了他全部的手稿和图书收藏，但是有证据表明从 1623 年开始他时常使用斯塔基的图书，因此极有可能在 1627 年从他那里购买了《第二绝密谕示》的一个副本。[17]

在这个文本上标注的下一个日期是由阿尔夫·斯塔基自己做的。在一封从伦敦发出的写给他的一个客户约翰·斯库达莫尔爵士（Sir John Scudamore）的信中，他写道：

> 爵士，我已经向您寄送了您想看的图书目录，由于对方担心时间方面的问题，我并没有及时得到它，如果您没有看到过《绝密谕示》，那么我可以为您购买一个手抄本，但是印刷本就比较困难了，大概这些书有两种类型，第一种是1620 年出版的，第二种是 1626 年出版的，后一种印刷本不太好购买，我理解您想获得它的愿望，在卡里尔（Caryere）返回途中可以带给您，这是 30 先令的，这样就能万无一失了。[18]

最后一句话的措辞有点模糊（30 先令的价格指的是《第二绝密谕示》手抄本的价格还是两个文本加在一起的价格呢？），这么高昂的价格确实可以证明需求是非常旺盛的。[19] 另一个令人吃惊

---

[17] 参见 A. G. Watson, *The Library of Sir Simonds D'Ewes* (London, 1966), pp. 24-5, 238, 322.

[18] PRO, C115/108/8578（日期只有 1627 年 5 月）。斜体部分在 MS 中是用来强调的。

[19] 有一个证据表明印刷本的价格在荷兰也是非常昂贵的：卡辛的《绝密谕示》《第二绝密谕示》和《三句格言》（参见前面第 3 章注释 85）是附有价格 "5Rd"（三个本子加在一起）（杜尔汉大学图书馆，Cosin L. 4. 23/2-3）。在 1626—1628 年这大概值 1 英镑 2 先令［参见 J. J. McCusker, *Money and Exchange in Europe and America*, *1600-1775*: *A Handbook* (Chapel Hill, NC, 1978), pp. 44, 52, 63］。在这个时期，一个大开本的书大约不会超过 10 先令，而一个英格兰的学校老师的年收入是 10 英镑。

的事实是《绝密谕示》和《第二绝密谕示》是捆绑在一起兜售的；这可能是在欧洲大陆上重印最新版本带来的一个后果，但也有可能是重新出版而非继续出版的陈旧版本才符合像斯塔基这样的出版商的企业家精神，他决心从最近的版本中榨取利益，因为确实值得如此。正如前面提到过的，迪尤斯得到了两个文本的手抄本；但是是否是同时得到就不得而知了。也没有证据表明这个匿名版的《第二绝密谕示》的英文翻译的具体日期，其文本整洁有序，专业的誊写员便用了这个出自普通秘书的手抄本。[20]

在英格兰对《第二绝密谕示》的收录最为完整的纪录是由国务大臣约翰·柯克爵士的文献档案编目提供的；这些绝大多数并未标明日期，其中只有一封信标注的是 1627 年 8 月 4 ［/14］ 日，其他的很明显都与它相关。这里主要的证据是一个《第二绝密谕示》的未完成的抄写本，它只写到了第 17 节的开头部分：后面的就是空白页，但是足以写完剩下的文本内容，因此它可能是在工作完成一半的时候被获取的。在柯克的图书记录的背书上是这么写的："约翰·贝尔是一位普通法律师，他定居在埃莫森（Amersam），他将这个书的副本交给了约翰·韦德（John Waade）去手抄一本。贝尔是从一个名为内森尼尔·巴特（Nathaniel Burt）的书商那里得到的，他住在保罗大道附近，然后他花钱雇人抄写了一本。这是贝尔对韦德说的。"[21]这里的表述有一点模糊（"这本书"可能指的是这个文本，而不是那个未完成稿），但是整个事 68

---

［20］ BL, MS Sloane 3938.

［21］（这一摞纸一共有 8 页，其中第二部分有 4 页是空白的；这种组织方式就忽略了前面 3 个空白页，最后一页的概要和附注标注的是 "94"）我非常感谢皮特·比尔博士让我注意柯克文献中的这个条目。"埃莫森"（Amersam）就是位于白金汉郡的埃莫斯汉（Amersham）；"斯多克"（Stoke）可能是斯多克·伯吉斯（Stoke Poges），它位于埃莫斯汉南 8 公里处。保罗大道是一条从南穿过圣保罗的街道。

情的过程非常清楚：内森尼尔·巴特借给了贝尔一个文本的副本——像在剑桥的米德一样——雇佣了一个"写手"抄写了这个文本，然后结果是将其借给了约翰·韦德，因此他可能从这个文本中获得了一个副本。

韦德提到的那个被叫做"内森尼尔·巴特"的人，在官方认定中称之为内森尼尔·布特（Nathaniel Butter），他是一个知名的书商，他对当时的国内事务非常熟悉。[22]进一步的研究表明，除了借给贝尔一个手抄本之外，布特还卖出了两个印刷本，并且把它算作是第三个。在 1627 年 8 月 4 [/14] 日他写给约翰·柯克爵士的一封信中，布特这样来解释自己：

> 希望这件事情能让阁下感到高兴，书商内森尼尔向我提出了一个问题，是关于一本叫做《绝密谕示》的书。如果上帝愿意的话，我这里必须如实交代。内森尼尔·霍尔（Nathaniel Hall）先生，一位绅士，他在托马斯·凡肖（Thomas Fanshawe）的官署工作，这个人在充分利用那些最糟糕的书记方面的诚实和能力是众所周知的，他研究古代，并续写着我们国家的故事，这里萨米尔·丹尼尔（Samuell Daniell）先生基于其私人目的希望能得到一些稀有的手稿或其他的东西。他希望我能为他购买一些前面提到过的书籍，两个月之后，经过多番询问，我终于为他买到了。他因此给了我前面所说的那些语言不太完善的手稿版本，这现在还在我的书店里面，

---

〔22〕 关于布特（1664 年去世）的信息可以参见 H. R. Plomer, *A Dictionary of the Booksellers and Printers who were at work in England, Scotland and Ireland from 1641 to 1667* (London, 1907), pp. 40-1; J. Raymond, *The Invention of the Newspaper: English Newsbooks, 1641-1649* (Oxford, 1996), pp. 8-9, 12-13, 93-4; J. Raymond, *Pamphlets and Pamphleteering in Early Modern Britain* (Cambridge, 2003), pp. 132-4, 149-50.

我把他仅仅当做是浪费纸张。有一个人来到我的书店，到处看，想读这本书。我经常拒绝他，并告诉他这个书写得不好，但是他并不明白这是一本臭名昭著的书，并不适合每个人阅读这一点；尽管他还写来信件，我依然拒绝了他，大概三个月之后他自己又来了，并坚持要看，他最后还是如愿读了这本书，并在一周后还给我了，但是他并没有遵守之前的承诺。对于这三个印刷本，我在韦克林（Wakerlins）的文件中发现了，希望他能够为了罗伯特·高尔登爵士（Sir Robert Gouldon）出借两到三天，并许诺将其归还。这些就是我所做的与前面提到过的书有关的事情。[23]

这个后来坚持要借书的人（显然他在伦敦之外）可能就是白 69
金汉郡的律师约翰·贝尔。但是这里给出的印刷本的相关细节显示，在地下传播的情况与政府部门的人员之间有着相当密切的关系。托马斯·凡肖爵士长期服务于皇室，他后来被提升到查理一世的首席监察官的位置；事实上，他的雇员内森尼尔·霍尔买了两个副本意味着这些热切地被搜求的书籍最后送给了托马斯爵士。[24]
罗伯特·"高尔登"爵士（Sir Robert "Gouldon"）可能指的就是罗伯特·戈登爵士（Sir Robert Gordon），他是一个苏格拉的贵族（萨瑟兰十三世伯爵的监护人和叔叔），并得到了皇室的支持。[25]

---

〔23〕 BL, MS Add. 64892, fo. 59r. 我非常感谢托马斯·科格斯韦尔教授让我注意这个材料。虽然布特给出了《绝密谕示》的标题——考虑到其日期以及与其被抄没的手稿之间的明显的联系——参见但是毫无疑问的是这就是《第二绝密谕示》。

〔24〕 关于凡肖的事迹简介辞典中的条目 S. M. Jack in *the Oxford Dictionary of National Biography* (www. oxforddnb. com)；霍尔推进了丹尼尔的写作事业，但最终没有出版（丹尼尔的两卷本中世纪英国史只写到了爱德华三世统治时期）。

〔25〕 在这个时期没人叫做罗伯特·高尔登（Goulden）爵士［或者高尔德（Gould）、高尔丁（Golding），诸如此类］，但是有两个人叫做罗伯特·戈登爵士，其

最令人吃惊的是这位借给布特印刷本的人是格奥尔格·鲁道夫·韦克赫林（Georg Rudolf Weckherlin），他是一位政府官员，在1627年被任命去进行出版审查许可工作。[26]这些细节告诉我们，管理这类事务绝不是非黑即白那么简单，有时候会牵扯到一些在守门者和偷猎者之间的相当复杂的利益关系。

在这个场合下，布特在这件事情上的密切联系显然不能使他免责。可能约翰·柯克爵士认为他仅仅把这个手抄的副本当成在他书店中的"废纸"的说法只是假装的；保留这样的一个副本显然是用它来挣钱的，而布特也非常可能在兜售这两个印刷本。如果这个文本确实有引发丑闻的性质，那么对布特施以一段时间的监禁的惩罚就不足为奇了。布特向柯克提交的两个未标明日期的请愿书都被保留下来了，它们都是在监狱中完成的。在第一个请愿书中，布特将自己描述为"根据阁下的要求一直待在西边的监狱中，已经有16天时间了，因为售卖了两个标题为《绝密谕示》的文本"。[27]他继续写道：

> 其他的一些说法是与请求印刷和售卖这些未经许可的书籍

中一个可以不考虑，因为他当时正在海上进行远征。另一个是伯爵十三世（以及十二世的弟弟）的叔叔，他出生于1580年，去世于1656年；他得到过詹姆斯四世和一世的资助，并且在二者的议会中担任职务，并在1609年被授予爵位，在1625年被册封为诺瓦·司各提亚男爵（Knight Baronet of Nova Scotia）。虽然他的侄子一直在苏格兰，但是罗伯特爵士从1624—1629年一直待在英格兰和皇庭 [参见 Sir William Fraser, *The Sutherland Book*, 3 vols. (Edinburgh, 1892), i, pp. 192 - 205；P. Hume Brown, ed., *The Register of the Privy Council of Scotland*, ser. 2, vol. iii, for 1629-30 (Edinburgh, 1901), p. 292；Sir James Balfour Paul, ed., *The Scots Peerage*, 9 vols. (Edinburgh, 1904-14), viii, p. 345]。

〔26〕 参见前注3。关于韦克赫林的情况参见 L. W. Forster, *Georg Rudolf Weckherlin: zur Kenntnis seines Lebens in England*, Basler Studien zur deutsche Sprache und Literatur, 2 (Basel, 1944).

〔27〕 BL, MS Add. 69911, fo. 87r.

相矛盾的，这他也不否认；但是，可以肯定的是他从未出版这类书籍，但是基于他自己、他的亲戚和盟友的荣耀和其所坚持的信仰，除了前面提及的两本书，如果阁下能够回忆起请愿书内容的话，他希望能以拉丁语的方式来寻求对他所犯过错的谅解，他并不知道你所言的两本书的真实意图；也不知道有相反的看法，这样他就能合法和安全地去卖同样的书籍了。[28]

布特声言他"没有听说过"他不能安全和合法地出售它们，这是不真实的：他很有可能知道 1623 年和 1624 年的公告，这两个公告的目的就是针对进口这些书籍的。他说他完全不知道这个文本的内容也是不能让人信服的：如果他自己不能阅读拉丁文，那么也不缺人给他提供一个简短的拉丁文摘要，在任何情况下，这个文本收取的高昂的价格都证明他是明知故犯。（他自己也在写给柯克的信中说，这是一些"有问题的书籍"。）但是他的声明的某个部分是相当正确的：他确实是在"未获许可"的情况下印刷和售卖书籍的。在 1621 年他同样要求向柯克的前任乔治·卡尔弗特爵士（Sir George Calvert）请愿，由于他"出版了与帝国事务有关"的印刷品，那时他已经被坎特伯雷大主教监禁了一月有余。[29]并且这同样是对的，正如他在请愿书中提到的，布特——像大多数在英格兰从事这些小册子和新闻出版的人一样——确实

---

〔28〕 Ibid. , fo. 87r.

〔29〕 W. W. Greg, *A Companion to Arber* (Oxford, 1967), pp. 209-10. 格雷格（Greg）将这个小册子当成是 *A Plain Demonstration of the Unlawful Succession of the Now Emperor Ferdinand the Second, because of the Incestuous Marriage of his Parents*（"The Hague", 1620）. 他被监禁到 1622 年；这一点在格雷格的书中被纠正了，参见 Clegg, *Press Censorship*, pp. 184, 262-3（n. 92）.

热情地支持巴拉丁选帝侯（国王的亲属）的事业和"真正的宗教"。[30]

布特在他的第二个请愿书中说他在监狱中被国务人员严格检查，并且抱怨说他依然（他付出了极大的代价，心身俱疲）被"最严格地限制"。他坚持认为"因此阁下可能会怀疑，您是否在其监督之下；或者散布了这些提及到的书籍；他坚持认为他从未如此追究；也未见到过那么多从您那里得到过的任何这种书籍类型"。[31]这里的申辩是否真实亦或其他的说法是否无法成立有待考证；但是，柯克认为事情就是如此。还是无法知晓布特到底必须在牢房里待多久。

在这个时期有多少《第二绝密谕示》的本子在英格兰，这里不可能看出来。除了从约翰·韦德那里抄没而得到的的不完整的手稿本外，迪尤斯得到的是斯塔基的本子，还有一个本子（在剑桥大学图书馆里收录在一个系列之中）在这个时期是在英格兰抄写完成的；其中也附上了《绝密谕示》的一个本子，都同样是以手抄的形式。[32]［在牛津大学图书馆中收录有理查德·罗林森（Richard Rawlinson）的藏书，其中有两个文本的手抄本；但是采取的却是意大利语，由此这是否能确定其在17世纪20代在英国流传就颇

〔30〕 关于在出版市场的情况与巴拉丁事业之间的关系参见 M. Frearson, "The Distribution and Readership of London Corantos in the 1620s", in R. Myers and M. Harris, eds., *Serials and their Readers, 1620–1914* (Winchester, 1993), pp. 1–25, esp. pp. 2–4; and Baron, "The Guises of Dissemination", p. 44.（请注意布特在他的出版系列的标题页中身着巴拉丁选帝侯的军队的制服。）

〔31〕 BL, MS Add. 69911, fo. 89r.

〔32〕 Cambridge University Library, MS Ee. 4. 13, fos. 1–25r (*Secretissima instructio*), 26–46 (*Altera secretissima instructio*). 我非常感谢彼得·比尔博士的建议使我注意到了这个问题。

值得怀疑了。]〔33〕其他的《第二绝密谕示》的本子收录在英格兰 72
的一些其他手稿藏本之中没有引起注意。将这三个（或者说两个
半）遗留下来的手稿与霍布斯的翻译进行比较可以得知，霍布斯
进行翻译的拉丁本可能是来自斯塔基的，也可能是斯塔基用的底
本，亦或者是韦德用的原初底本，但是绝无可能是来自剑桥的副
本或者底本。有一些片段性的证据显示霍布斯采用的版本可能部
分与韦德使用的底本相对应——因此，可能霍布斯采用的版本是
来自内森尼尔·布特的手抄本。〔34〕

　　无论霍布斯翻译的版本是否流传过还是依然保留（以完整的
形式而非原初的版本）在文献档案之中，这些都没法搞清楚了；

---

　　〔33〕 Bodl., MS Rawl. D 624, fos. 437-464r, 465-98. 同样，大不列颠图书馆
有《绝密谕示》的一个本子，这个本子与卡拉夫（Carafa）家族有关，以意大利语
写成，可能是来自 17 世纪的意大利（MS Add. 8296, fos. 312-23）；这是高尔福德勋
爵（Lord Guilford）在 18 世纪获得的。MS 中存有的另一个版本显示出《绝密谕示》
在意大利也引起了人们相当的兴趣 [其中一部分收藏在罗马的国家图书馆里（Bib-
lioteca dell'Academia nazionale dei Lincei）]：参见 L. G. Pélissier, "Inventaire sommaire
de soixante-deux manuscrits de la Bibliothèque Corsini（Rome）", Centralblatt für Bib-
liothekswesen, 8（1891）, pp. 176-202, 297-324, here p. 179, referring to MS 677（press-
mark 35 B 6）, fos. 366-85.

　　〔34〕 霍布斯版本和印刷的拉丁版本在一个地方有所差异，这就是第 19 节里删
掉了一个问号（注释 228）；这在斯塔基和剑桥版本中也被删掉了（韦德的版本在这
一节就结束了）。剑桥版本在第 8 节中删掉了单词 "Bojum"（"巴伐利亚人"，或者
"巴伐利亚"），但是保留了一个空白之处（可能是因为在手抄本原来的地方读起来比
较困难）；霍布斯将其正确的翻译为 "Bauiere"。剑桥版本在第 9 节中写的是 "causa
Caesarum" 而不是 "causa causarum"。韦德的版本在第 9 节中删掉了单词 "Passom-
pirium"（霍布斯将其修改为正确的 "Bassompier"）（注释 103），但是却没有留下空
白之处，这可能是有一点跳跃。韦德的版本在两个特征上与霍布斯采用的版本有对
应关系。在第 6 节，他错误地把 "regiè" 当成了 "Regiae"（注释 61）；"Regiae" 在
这里是没有意义的，霍布斯将这个单词直接删掉了。在韦德的版本中把最后一段的
斜体修改成了正常字体（注释 118）；同样，霍布斯也认为这个地方不是出自引用的
内容。这里值得注意的是这三个版本所作的删除都没有在霍布斯的翻译中出现（除
了前面我们提到过的那个问号）。

去搜寻这些文献已经证明都不成功。但是可能性也确实非常低。因为那个发出指令来从事翻译工作的人曼斯菲尔德子爵后来成为这些流传的新闻事件的坚决的批判者，无论是印刷本还是——尤其是——手抄本。在 17 世纪 50 年代初期呈递给查理二世的一个建议中，他审查这些出版在国内和国外发行的报纸中的信息时说："这些都应该被禁止……正如罗森格曼上尉（Captin Rosingame）罗辛汉一样应该为向有些人提供这些报纸被罚款 500 镑一年，这些造成了巨大的损害，他胆敢如此，就要严厉禁绝，如果其这么做应该接受严厉惩罚。"[35] 在 1626 年早些时候，他在写给国务卿的一封信中讨论他处理这件事情遇到的困难，并在诺丁汉郡启动了议会额外征税动议（"benevolence"），他抱怨说人们总是"被坏的先例引导……上帝让他们看到事实而没有让他们接受理智的指导，坏事不会总是一而再再而三发生"。[36] 如果他对日常的新闻报刊都有这么强烈的感受，那么不难想象当他看到《第二绝密谕示》中的叛国倾向和玩世不恭时会作何感想。[37]

---

〔35〕 S. A. Strong, ed. , *A Catalogue of Letters and Other Historical Documents exhibited in the Library at Welbeck* (London, 1903), p. 220.

〔36〕 PRO, SP 16/33/126（fo. 180r）: Mansfield to Lord Conway, 27 August〔/6 September〕1626.

〔37〕 当然，我们应该知道霍布斯之所以从事翻译工作是因为受到德文郡的指令（他对于这类新闻传播的态度——尤其是基于对米加佐信件的判断——是相当不同的），并且这些都是通过曼斯菲尔德交给他的。但是，这里要注意曼斯菲尔德得到的版本就是霍布斯的原来的手抄本。如果原初版本到了曼斯菲尔德的手里，那么这里所做的关于他不太可能使用这个版本的论证可能就需要一个新的版本来加以解释了。

第五章

巴拉丁政治：卡文迪什、
曼斯菲尔德和霍布斯

在整个 17 世纪 20 年代，英格兰社会的舆论界极度关注巴拉
丁事件，甚至有时达到痴迷的状态。任何能够从事出版和撰写新
闻的人，或者与议会和法院有联系的人都密切地关注巴拉丁选帝
侯命运的起伏（当然多数时候是命途多舛），他们对詹姆斯一世
和查理一世对选帝侯提供的那些没有实质效果的帮助是颇有微辞
的。这对霍布斯而言尤其如此，因为他与杰出的政治人物卡文迪
什勋爵有密切关系，并且卡文迪什非常同情巴拉丁的事业。在一
封信中卡文迪什的态度进一步证实他对巴拉丁事业的同情态度——
当然也有关于他沉重的债务负担的事情，这封卡文迪什勋爵写给
枢密院贵族的信是回应他们所写的一封命名为"邀请我去为保卫
巴拉丁做些事情"的回信：

　　我希望我已经给出了证明，您不会相信我是您坚强的后

盾……但是，如果我的所为有些益处（比之前更为慎重），您应该相信我，因为这就是我目前的情况……我希望您能够记住我目前所能采取的手段：因为我并不担心您怀疑我的好意，这我之前已经证明过了，我出过钱提供过帮助并且在我的国家为这件事情辛勤工作，我也为此请求过高级外交大使唐那男爵（Baron of Dona）。[1]

从这里可以看出，卡文迪什勋爵在 1620 年早些时候为其提供资金方面是不遗余力的，就是在这个时候巴拉丁的大使阿卡修斯·冯·多纳（Achatius von Dohna）被准许为英格兰的一支小股军队筹集捐款，这支军队的任务就是去保卫巴拉丁。

卡文迪什勋爵对于巴拉丁事务的兴趣也可以由其他的事情证明。在 1615—1628 年之间他收到威尼斯修士富尔吉佐·米加佐（他是保罗·萨皮的助手）的一系列信件——霍布斯翻译了这些信件，而这些信件的手抄本当时也在广泛流传。[2]在还幸存的 75 封信件中有 37 封提到或者讨论过巴拉丁选帝侯及其领地问题。米加佐对哈布斯堡是充满敌意的——对教皇和耶稣会团体也是如此，因此，更一般地说是对在欧洲中部的新教地区重建天主教势力的整个过程充斥不满——这就使我们确信他是巴拉丁事业的坚定支持者和英格兰政策的批评者。他对詹姆斯一世的批评通常以外交辞令的方式予以修饰，并以政治小说的方式进行包装，说国王制定的战略如此有远见以至于一般的观察者不能指望能理解其逻辑。有时候，他仅仅只是报告其他人作出的批判性评论（"对我而言，

---

[1] PRO, SP 14/117/75（fo. 136r），15［/25］November 1620；这封信一直在卡文迪什自己手里。

[2] 参见前面第一章注释21。

我总是不厌其烦地听着他们将其归结为犹豫不决"）。[3]但是时不时地他也会难以抑制住自己的沮丧情绪。在评论 1620 年 6 月维尔远征的军事行动时（这是由多纳而非国王以官方的形式召集的），他说："这是一件多么不可思议的事情啊，各种事情盘根错节，在联盟、血亲、宗教、利益和事业之间，这些士兵毋宁说是相机行事而非受法令之约束。"[4]并且两年之后，在讨论詹姆斯正在谈判的停火协定的时候，他惊呼："现在英国正在坚持的停止军事行动，如果生效了，那么上帝都会让西班牙立即臣服于德国的势力之下，如此另一方就会彻底毁灭了。"[5]针对西班牙的行动，詹姆斯一世对此事的所作所为让米加佐陷入绝望之境，他原先伪装起来只是转述他人的批评意见，现在他的痛苦变得显而易见了："我以前对别人说的没有什么比摧毁国教和血亲联系更为糟糕的事情，但是国王有他自己的秘密目的，他会倾其所有去追求，而非一般人所认为的他只不过是沉迷于享乐和放纵。"[6]

　　卡文迪什勋爵是否公开表示同意过这些观点，我们不得而知，因为他写给米加佐的信件无一留存。米加佐偶或做的评论（卡文迪什在这些评论旁边做了注解）显示卡文迪什尽力去证明或者至少是为其君王的政策开脱。因此在 1621 年的时候米加佐提到了《关于阁下所言的在波西米亚事件中的独立态度的三个考察》（*The 3 Considerations Whereuppon Your Lo^p. Sayes was Built the Neutrality in ye Matter of Bohemia*）一文，并认为这些法律上的论证可以用于法庭的法律争论，但是在"各个君主之间采取的相互颠覆

76

---

[3] Micanzio, *Lettere*, p. 109.

[4] Ibid., p. 112. "令人钦佩的"（Admirable）在这里的意思是"不可思议的"（to be wondered at）。

[5] Ibid., p. 172.

[6] Ibid., p. 233.

的事情上"却毫无分量，卡文迪什的注解中写道："在我的信件中审查了国王在波西米亚事件中保持中立的理由。"[7]也是在这一年卡文迪什似乎也给出了一个英格兰政策的理由，如果不是为其辩护的话，米加佐评论说："在我看来阁下对于这项事业急需资金支持这一点正好证明了您其实在其他事项上想要的更多。圣经中认为这会引起上帝的愤怒。"[8]在 1622 年夏天，米加佐写道："阁下讨论过国家事务和法律事务，我想您在解释这些事情上是极其精明的……您对于国家的治理而言只是履行自己的职责。"[9]但是，关键的事实是卡文迪什传播了这些信件，在这些信件中米加佐旗帜鲜明地批评了英格兰的政策；即使米加佐的信中包含了某些论述显示出卡文迪什并不赞同其所有观点，但这还是让卡文迪什成为了这些批评的积极鼓动者。

有一件事情是清楚的：多年来，卡文迪什一直密切关注巴拉丁地区以及周边事态的发展情况，并且也关注与之相关的政策争议。在霍布斯从 1627 年或者 1628 年为其编订的图书馆目录中我们可以找到进一步的证据。这包括条目 "Gallobelgicus 9 peeces"，它指的是一本名为《德比新闻》的书，这是一部新发表的著作，它总结了在欧洲近期发生的政治与军事事件；"State-pamphlets. Vox populi etc."，这里包括很多涉及托马斯·司各特攻击西班牙军事行动的内容以及其他的类似作品；"Massacro de'Valtelinesi"，这是对一个激烈反对哈布斯堡的小册子的翻译〔它的作者可能是苏黎世的神学家卡斯帕·维泽（Caspar Waser）〕，此书出版于 1621 年；"Cancellaria Anhaltina，Hispam etc."，这部分收集了从 1621—

〔7〕 Micanzio, *Lettere*, pp. 126, 128.

〔8〕 Ibid. , p. 146.

〔9〕 Ibid. , p. 164.

1622 年相关的文献材料；还有一个标题为"关于波西米亚的王位之争"（Controuersiae de Regno Bohemiae）的文献集合，里面收录了大量哈布斯堡政治宣传的材料，包括《波西米亚权力的继承》（*Jus Haereditarium et Legitima Successio in Regno Bohemiae*，n. p.，1620），《波西米亚状态的基本讯息》（*Informatio Fundamentalis Super Hodierno Bohemiae Statu*，Frankfurt，1620），以及对它的一个回应性的文章《波西米亚的选举统治》（*Bohemiae Regnum Electivum*）：也就是《波西米亚国事件的一般和真实的关系》（*A Plaine and True Relation of the Proceedings of the States of Bohemia*，n. p.［London］，1620）。[10]

卡文迪什勋爵不仅是这些事件的观察者和读者，而且同时深度介入了政治过程，他在 1610 年、1614 年、1621 年、1624 年、1625 年和 1626 年在议会的下议院担任议员。（在 1626 年的议会中他先是担任下议院的议员，后来在 3 月初在继承了德文郡的爵位后又去上议院担任议员。）在 17 世纪 20 年代早期，他当时是由南安普顿伯爵（Earl of Southampton）领导的政治团体中的关键性人物，这一团体的主要目的就是运作支持反哈布斯堡的外交政策，

---

　　[10]　Chatsworth, MS Hobbes E. 1. A. 关于瓦尔特林的文本是 *Vera narratione del massacro degli evangelici fatto da' papisti e rebelli nella maggior parte della Valtellina*，*nell'anno* 1620，tr. V. Paravicino（n. p.，1621），C. 维泽（attrib.）的版本是 *Veltlinische Tyranney, das ist*：*ausführliche…Beschreibung dess grausamen…Mordts so in dem Landt Veltlin gemeinen dreyen Pündten gehörig*，*Anno* 1620（n. p.，1621）. 而匿名的《波西米亚权力的继承》被佩德罗·希梅内斯（Pedro Ximenes）列入某些现代文献目录之中；《波西米亚状态的基本讯息》被认为出自奥古斯丁·施密特·冯·施米德巴赫（Augustin Schmid von Schmiedebach）（Gebauer, *Die Publicistik*，p. 111）；约瑟夫·博利森斯基（Josef Polišenský）认为《波西米亚的选举政治》出自托马斯·罗伊（Thomas Roe）之手［*Anglie a Bílá Horá*（Prague，1949），pp. 122‐4］，这些文献都没有被 J. Lacaita *Catalogue of the Library at Chatsworth*，4 vols.（London，1897）列举；但是在 MS Hobbes E. 1. A 中其他文献确实是真实的。

并且相应地强烈支持巴拉丁选帝侯的事业。[11] 在下议院中的其他重要成员还有埃德温·桑蒂斯爵士（Sir Edwin Sandys）（他是最为杰出的成员）和达德利·迪格斯爵士（Sir Dudley Digges），在1621 年的议会里他们围绕这一主题做了慷慨激昂的演讲：正如桑蒂斯在 5 月 29 日 [/6 月 8 日] 的演讲中说的，"在波西米亚、巴拉丁以及法国，宗教信仰被彻底根除了……我与其沉默地背弃我的祖国，不如说出来。"[12] 五年后当卡文迪什勋爵在议会演讲中讨论 1621 年的辩论时，他赞扬下议院在支持巴拉丁事件中作出的"议会从未作过的最为勇敢的保护"，并对桑蒂斯和南安普顿因为"在波西米亚女王的事情上的激进做法"而被投入监狱的事情进行冷嘲热讽。（他还说查理王子前往马德里去寻求西班牙军事行动让"世界感到惊慌并给所有诚实的人带来了恐惧"，这样的表达意味着他和米加佐在这个问题上的感受是一样的。）[13]

---

〔11〕 关于南安普顿的事情见 R. E. Ruigh, *The Parliament of 1624: Politics and Foreign Policy* (Cambridge, MA, 1971), pp. 124 - 7; Adams, "The Protestant Cause", p. 286; T. K. Rabb, *Jacobean Gentleman: Sir Edwin Sandys, 1561 - 1629* (Princeton, 1998), p. 215.

〔12〕 W. Notestein, F. H. Relf, and H. Simpson, eds., *Commons Debates 1621*, 7 vols. (New Haven, 1935), iii, p. 345; 其演讲内容是桑蒂斯在 4 月 30 日的演讲 (v, p. 119) 和迪格斯在 11 月 26 日演讲 (ii, p. 445; iv, p. 437; v, pp. 210-11). 而关于巴拉丁事件在议会的重要性的文献参见 S. Adams, "Foreign Policy in the Parliaments of 1621 and 1624", in K. Sharpe, ed., *Faction and Parliament: Essays in Early Stuart History* (Oxford, 1978), pp. 139-71; T. Cogswell, "Phaeton's Chariot: The Parliament-men and the Continental Crisis in 1621", in J. F. Merritt, ed., *The Political World of Thomas Wentworth, Earl of Strafford, 1621-1641* (Cambridge, 1996), pp. 24-46.

〔13〕 W. B. Bidwell and M. Jansson, eds., *Proceedings in Parliament, 1626*, 4 vols. (New Haven, 1991-6), ii, pp. 114-15, 120-1 (24 February 1626). 这里的"保卫"（protestation）指的是议会在 1621 年 6 月 4 [/14] 日作出的决议，如果詹姆斯一世的外交措施失败了，那么他们就会动用他们所有的力量、金钱或者财富，去在战争中协助他 [R. Zaller, *The Parliament of 1621: A Study in Constitutional Conflict* (Berkeley, 1971), p. 137].

南安普顿、桑蒂斯、迪格斯和卡文迪什勋爵在弗吉尼亚公司中都是非常活跃的人士，并且将哈布斯堡（当然也有西班牙）当作是商业和宗教问题上的威胁；这里虽然很难精确地确定宗教认同和经济利益的具体情况，但是还是可以公平地说，相比于彭布洛克伯爵（Earl of Pembroke）领导的"清教"团体而言他们对国际加尔文主义并没有多大热情。从本性上说，卡文迪什勋爵自己确实不是什么清教徒。在他写的一篇文中，他嘲笑那些人的虚伪，他们"在演讲和自然表现上都没有品味"，而他在自己早期的生活中在男女关系上放荡不羁，总是欠下了大量的债务并且还不还钱，他总是沉迷于购买各种珠宝、陶瓷器和其他的奢侈品。[14]但是他确实是一直强烈反对天主教的：在 1621 年的议会中他支持了一个行动来清除那些渗透到议会中的天主教徒，并且在 1624 年的议会中，他被任命去召开一个专门处置反国教人士的会议，他自豪地宣称议会不能让天主教人士在德比郡有任何公共职务。[15]

在 1624 年南安普顿去世之后，他开始接近（像南安普顿群体的其他成员一样）彭布洛克。政治上的阵线在这个历史阶段变得越加复杂，对西班牙军事行动失败遭到羞辱一事使得白金汉成为西班牙哈布斯堡势力的残酷的反对者；但是，白金汉的政治政策在帮助巴拉丁选帝侯的事情上看来收效甚微，这也可能是为什么彭布洛克持续地对白金汉怀有敌意的原因。在 1626 年 2 月，卡文迪什是在下议院中对白金汉进行攻击的发动者；在卡文迪什于不久后的一个月升任到上议院的议员之后，白金汉的一个工作人员

〔14〕　Chatsworth, Hobbes MS D 3, p. 21（"Of Affectation"）；这本书中也有记录：Wolf, *Die neue Wissenschaft*, p. 145. 关于他的放荡不羁（在他结婚之前，据说他和很多自己继母的女伴有亲密关系）与他欠下的债务都在议会的信用档案中留有记录（参见第一章注释 12）。

〔15〕　这些讨论的细节在议会的信用记录中都被存档了（参见第一章注释 12）。

对下议院中彭布洛克的事情做了分析报告，他认为："作为上议院议员的卡文迪什勋爵是分裂势力的策动者。"[16]这里当然有非意识形态的因素、个人利益和个人关系在起作用：比如，卡文迪什就和彭布洛克的首要委托人詹姆斯·富勒顿（James Fullerton）关系密切，并且这里还存在一种关联，即他在德比郡的两个敌人都是得到白金汉资助的。[17]然而事实上，卡文迪什的政治盟友会让他去和诸如彭布洛克这样的人接触，对他来说巴拉丁选帝侯的事情一直受到持续的关注；并且如果支持巴拉丁会让一个人更加倾向于持反对白金汉的立场，那么相反的情况也是一样的。在巴拉丁的游说过程中，白金汉一直被当做是敌人看待：巴拉丁的外交大使鲁斯道夫（Rusdorf）认为白金汉策动了 1627 年对他的驱逐行动，并且路德维希·卡梅拉留斯对白金汉的作为（他的信件被截获了，并且在 1627 年被哈布斯堡王朝公开了）进行了激烈的批评，称查理一世指使自己的外交人员将其从通信名单中清除出

---

〔16〕 C. Russell, *Parliaments and English Politics*, *1621-1629*（Oxford, 1979），p. 280；PRO SP 16/523/77，在 1626 年 3 月詹姆斯·巴格爵士（Sir James Bagg）写给卡文迪什的信中，"Candish" 在 17 世纪的发音就是 "Cavendish"。

〔17〕 关于富勒顿可以参见 Sir Robert Ayton, *The English and Latin Poems*, ed. C. B. Gullans（Edinburgh, 1963），p. 46 n.（但是这里对关系的描述出了一点错误：富勒顿是卡文迪什妻子的继父），在未公开议会的信用报告的材料中有关于他在 1602—1629 年的记录（by V. C. D. Moseley）。我感谢议会的文献档案让我看到这篇文字的手稿。在 1628 年 6 月富勒顿还是作为亲戚和朋友愿意以偿还德文郡伯爵的债务来从他那里收回地产；而这个合同的见证人正是霍布斯（Nottinghamshire Record Office, Nottingham, DD P 114/69）。彭布洛克（Pembroke）的其他的委托人与卡文迪什有联系的还包括议员弗兰西斯·斯图尔特爵士（Sir Francis Stewart）、威廉·科里顿（William Coryton）以及萨米尔·特纳博士（Dr Samuel Turner）：参见 V. A. Rowe, "The Influence of the Earls of Pembroke on Parliamentary Elections, 1625-41", *English Historical Review*, 50（1935），pp. 242-56；Russell, *Parliaments and English Politics*, p. 289 n. 关于当地与白金汉的委托人〔弗兰西斯·里克爵士（Sir Francis Leek）和约翰·柯克爵士〕之间有竞争关系的情况，参见 Dias, "Politics and Administration", pp. 303-8.

去了。[18] 德文郡伯爵是否和鲁斯道夫（正如和其前任多纳一样）有联系这里已经无法查明了；但是我们确实可以从米加佐的信件中得知他与乔万尼·弗朗西斯科·比昂迪相熟识的，他是鲁斯道夫的一个极力支持巴拉丁势力的朋友。[19]

另外，德文郡伯爵的表亲曼斯菲尔德子爵在 17 世纪 20 年代的议会中几乎是隐形的（因为他夫人的健康问题，他有时候缺席）。也不清楚他对巴拉丁的事业是否有积极的兴趣——除非人们将他在 1626 年接待年轻的巴拉丁选帝侯卡尔·路德维希（Karl Ludwig）和他的兄长鲁珀特（Rupert）的事情当做头等大事，按照他一直寻求国王对他的宠信来说，有些事情就可以被解释了。与他的表亲形成鲜明对比的是，曼斯菲尔德是白金汉的追随者：在 1621 年和 1626 年，他两次离开议会，但是他还是找人代替他给白金汉投票。[20] 同时德文郡伯爵在地方上的对手都是白金汉的委托人，曼斯菲尔德在地方上的敌对力量也同时是白金汉的敌人，而在他的支持者中很多都是从白金汉那里得到资助的受益人，如查沃斯（Chaworths）和纽瓦克（Newark）的塞西尔（Cecils）。[21] 他是王室特权的坚定的支持者，在 1626 年后期，当很多人（包括

---

〔18〕　参见 E. W. 〔"E. G."〕Cuhn, ed. , *Mémoires et negociations secretes de Mr. de Rusdorf*, 2 vols. (Leipzig, 1789), i, pp. 804, 807–10 (Rusdorf to Frederick, 18/28 January 1627); 〔L. Camerarius,〕*Ludovici Camerarii I. C. aliorumque epistolae nuper post pugnam maritimam in Suedica naui capta captae a victore polono* (n. p., 1627), p. 5（在这里卡梅拉留斯评论说，如果他是为了西班牙国王这么做的话，那么他就不会为了西班牙的事情做更多事情了）; Roe, *Negotiations*, p. 678 (Conway to Roe, 8 〔/18〕 September 1627).

〔19〕　Micanzio, *Lettere*, pp. 158, 176, 186, 214, 217, 239, 283.

〔20〕　G. Trease, *Portrait of a Cavalier: William Cavendish, First Duke of Newcastle* (London, 1979), p. 49; Russell, *Parliaments and English Politics*, p. 286 n. 后来当委托投票成为一个有争议的问题之后，曼斯菲尔德就自己去投票了。

〔21〕　Dias, "Politics and Administration", pp. 310–15.

81　德文郡伯爵）反对强制借款的时候，曼斯菲尔德却竭力进行借款活动。在他以上议院资深议员的身份做的一个报告中，他说他必须说服诺丁汉郡的人民接受借款的安排，因为"保卫上帝的真正信仰和共和国的福祉就应该接受这样的安排"。[22]虽然以"捍卫真正的宗教"为名可能会打动那些热衷于支持巴拉丁政策的人，但是还是没有证据表明相比于他对国家福祉的热心而言，曼斯菲尔德对所谓的真正的宗教有任何热情。[23]如果考虑到宗教方面的事务，从内心深处来讲他是非常不喜欢清教的主张的；他认为宗教只是在维持社会和政治秩序上具有重要的价值，而且他对那些维护该种秩序的天主教和贵族才有好感，而非那些清教徒，因为他们的目的往往是颠覆这种秩序——或者那些认为外交政策只能来自神坛的人。因此，虽然德文郡伯爵和曼斯菲尔德有着良好的私人关系，但是公平地说，他们代表了完全不同的政治立场和态度。一方是那种反对政治的积极阐释者，这与国际的新教主义伟大事业以及殖民地的特殊利益结合在一起；另一方则是王权的坚定支持者，对传统和秩序充满热情，并且对宗教的理想主义无动于衷，仅仅将宗教视为一种工具。可能人们会错误地认为，前者是辉格党（Proto-Whig）的原型，而后者是托利党（Proto-Tory）的原型。

　　在这一点上进行比较的意思不是说曼斯菲尔德对《第二绝密谕示》有兴趣，因为他是同情哈布斯堡势力的；这里也没有任何对其表达同情的证明，而且这里在文本中也没有发现任何有对其

---

　　〔22〕　R. Cust, *The Forced Loan and English Politics, 1626-1628*（Oxford, 1987），p. 119.（在注释102中也专门讨论了德文郡伯爵对此事的抵制问题。）.

　　〔23〕　参见女王宗教事务的官员对于其宗教事情的不热心态度评论，转引自论文 *Portrait of a Cavalier*, p. 65.

表示兴趣的东西（正如西蒙斯·迪尤斯对巴拉丁的支持在文本中是显而易见的）。这里也不能推论出曼斯菲尔德对这个文本毫无兴趣，因为毕竟这个文本的翻译工作是在他表亲的要求下做出的；既然德文郡伯爵是一个好的语言学者并且对塔西佗的拉丁语文风十分熟悉，那么他就完全不用麻烦找人翻译那个他自己就能阅读的拉丁文本了。（一个更为可靠的说法是德文郡伯爵自己先想要一个拉丁文本，然后提供给他的表亲，这位表亲自己希望将其进行翻译——但是任何这样的设想都是值得怀疑的。）毋宁说在巴拉丁的问题上或者类似的议题上，托马斯·霍布斯对政治采取了两种完全不同的方法。但是，哪种方法更接近霍布斯自己的呢？

遗憾的是能够让人回答这个问题的证据付之阙如。确实，直到霍布斯的长篇政治论著《法律要义》——这部著作是极力赞扬曼斯菲尔德主张的（这是在纽卡斯尔伯爵时期）——完成之时也没用什么直接的证据来表明霍布斯的政治观点，而从被保留下来的间接证据来看，这些证据要么模糊不清，要么难以下定论。新近的一个重大发现是霍布斯参与了 1627 年的强制借贷行动。[24]但是这也不能作为直接或者间接的证据来表明霍布斯的政治态度，他只是作为德文郡伯爵的秘书来从事其本职工作，况且德文郡伯爵当时最开始的时候还是强制借款的积极反对者。[25]

在能算作是间接证据的这个范畴中也不能使我们得知霍布斯进入的圈子和结交的朋友的政治态度。令其引以为傲的是霍布斯参与了卡文迪什爵士和其盟友以及积极支持巴拉丁的朋友圈子，

---

〔24〕　J. P. Sommerville, *Thomas Hobbes: Political Ideas in Historical Context* (Basingstoke, 1992), p. 170 n. 15; Skinner, *Reason and Rhetoric*, p. 224.

〔25〕　德文郡伯爵在 1626 年是借款的反对者，但是在年末的时候就放弃了立场；他同时也拒绝给枢密院借款（Cust, *The Forced Loan*, pp. 84-5, 102 n. , 106）。

在这个过程中他肯定与这些人在弗吉尼亚公司里有所交往，并且在与卡文迪什会面的过程中讨论过他们议会中的这类事务。另一个对霍布斯具有重要影响的人物是弗兰西斯·培根（Francis Bacon）——卡文迪什勋爵早就知道他并且对他十分崇敬，但是他却与卡文迪什及其朋友参与的反政治活动非常疏远。（直到1621年他丧失权力之后，培根才逐渐对皇室政策开始表示认同；随后，他竭尽全力去赢得皇室的喜爱与薪俸，他更为热烈地依附于其赞助者白金汉宫——尽管，他采取的接近南安普顿的手法相当孤立而且显然不成功。）[26]在针对西班牙的行动失败之后，培根开始为实施一个更积极的反西班牙政策开始游说，并草拟一些论述西班牙军队不堪一击并说明参与战争的理由的文件和建议。[27]在1624年他写作的一篇短论《对西班牙战争的若干思考》（*Considerations Touching a War with Spain*）（这是写给查理王子的）之中，他列举了以下理由："巴拉丁的势力已经恢复。对颠覆我们公共事业的担忧。对颠覆我们教会和信仰的担忧。"[28]他主要强调的是第二个理由：西班牙热切希望建立普遍的统治秩序从而威胁到了英国的利益。第三个理由是第二个理由的一个派生理由：西班牙计划推翻甚至是终结英国的新教势力，因此对西班牙发动先手战在当前而言是极为必要的。针对第一个理由，培根是追随詹姆斯一世政府的官方看法，即认为弗里德里克在波西米亚采取的行动是没有正当理由的，以他的名义采取的干涉行动的目标只能为复

83

---

〔26〕 Bacon, *Works*, xiv, *passim*（Buckingham）; p. 454（Southampton）.

〔27〕 在这些材料中间有一篇名为《对英国和西班牙的简短评论》（*A Short View to be Taken of Britain and Spain*）的文章（ibid., xiv, pp. 22-8），但是其日期被错误地认为是在1619年，即使其清楚明白提到了将其作为一件发生的事情的西班牙行动的谈判内容。

〔28〕 Ibid., xiv, p. 470.

辟巴拉丁服务。[29]培根本人远非支持巴拉丁的死硬派；他对选帝侯的支持是有自己的主张的，他对在欧洲中部地区推动新教运动并没有特别的兴趣，他主要考虑的还是如何维护英国的国家利益。但是，他现在与卡文迪什及其盟友站在一边争论说对西班牙发动战争是有利且正当的。

　　针对这些煽动战争的倾向，曼斯菲尔德在霍布斯已经进入的圈子中起到了一些消极的影响；但是，也有一个例外，这个圈子中并没有很多人与曼斯菲尔德的看法一致。这个例外就是诗人本·琼森，对他而言曼斯菲尔德是一个慷慨的资助人。琼森在17世纪20年代创作的作品中显示出他在巴拉丁问题和公共舆论关心的事情上面是曼斯菲尔德主张的坚定支持者。在他的作品《占卜师的面具》(*Masque of Augurs*，1622）中，他高度赞扬詹姆斯一世的不干涉政策；在《为自我和荣誉而辩的时代》(*Time Vindicated to Himself and to His Honours*，1623）一文中，他说那些觉得急于开战的人最好还是从事打猎这种活动更有益身心；并且在他的很多作品中他讽刺那些新闻造谣者以及政治上的自以为是的人——对于他们，他在《阿勒比恩归来的海神凯旋》(*Neptune's Triumph for the Return of Albion*，1624）中说："除了国家理性并无新见。"[30] 他对外交新闻极为不屑地公开宣称："对我而言法国的目的为何呢，到底是去还是不去取得瓦尔特林？"这种态度与卡文迪什相去甚远，卡文迪什认为来自米加佐的信表明了其对瓦尔特林命运的持

84

---

〔29〕　Ibid. , xiv, pp. 471-4.

〔30〕　Jonson, *Works*, vii, pp. 623-47, esp. pp. 643-7; pp. 649-73, esp. pp. 670-3; pp. 675-700, esp. p. 689; cf. S. Pearl, "Sounding to Present Occasions: Jonson's Masques of 1620-5", in D. Lindley, ed. , *The Court Masque* (Manchester, 1984), pp. 60-77; M. S. Muggli, "Ben Jonson and the Business of News", *Studies in English Literature*, 32 (1992), pp. 323-40.

续关注。[但有趣的是，在琼森的一本名为《发现》(*Discoveries*) 的书的封面页中找到了这些信件中的一封的几个片段，这本书是一个散文汇编，是在他去世之后才得以出版的平庸之作]。[31]除了琼森之外，这里我们还要提到一个人，霍布斯让他来审定自己在1628年对修昔底德的翻译稿，这个人就是——罗伯特·艾顿爵士(Sir Robert Ayton)。如果琼森代表的是曼斯菲尔德观点的话，那么无论是从私人关系上（他是卡文迪什夫人的亲戚，并且还是其继父詹姆斯·富勒顿的朋友）还是政治立场上艾顿肯定是站在另一边的。他的拉丁文诗歌《波西米亚的画谜》(*De Rebus Bohemicis*) 也以英文翻译的形式在流传，并且极其辛辣地攻击詹姆斯不干涉的外交政策，其在结尾处说："这位正义的君王就是这样被抛弃的；但是人们则终究将忍受残酷之命运。"[32]

霍布斯周围的环境就存在这两种持有不同看法的人，但是两者都认为自己在论辩中占有明显的优势。不过，环境是否就必然决定人们如何思考则犹未可知。还有一些间接的证据对我们了解霍布斯的态度提供了一些信息：在一些写给霍布斯的信中，我们可以从其内容和语气中推论这些信件的作者是如何认定霍布斯态度的。在这些信件中最为重要的一封是霍布斯的朋友罗伯特·梅森（Robert Mason）在1622年12月写给他的。梅森是剑桥大学圣

---

〔31〕 Jonson, *Works*, viii, p. 219, "An Epistle answering to one that asked to be Sealed of the Tribe of Ben", ll. 31–2; p. 592, ll. 938–47; Micanzio, *Lettere*, p. 135, ll. 13–21 (letter of 14 May 1621); cf. A. Shillinglaw, "New Light on Ben Jonson's *Discoveries*", *Englische Studien*, 71 (1937), pp. 356–9. 这些篇章不仅有关于外交事务的新闻，而且还有米加佐对培根的赞扬。琼森的笔迹与霍布斯的是不同的。因此看上去是采用的是原始的意大利语。

〔32〕 Aubrey, "*Brief Lives*", i, p. 365; Ayton, *English and Latin Poems*, pp. 58, 241. （艾顿与巴拉丁选帝侯是有私人交情的，并且在1609年还一度执行过官方的访问。）

约翰学院的研究员，他对这些新闻的热情如同约瑟夫·米德对基督教的热情一样。他显然将霍布斯当作是政治消息的恰当来源，并且他对这件事情的评论不仅显示出这些信息是极度敏感的，而且这些信息对政府的政策是具有批评性质的，"我希望我是自由的就像你和我在一起的时候一样，"他写道，"正如你总是安全地将消息送到我这里，我也希望能够将我的想法反馈给你。"[33] 梅森对于近来在巴拉丁地区发生的军事行动的评论是有着明确的批评性的，在巴拉丁贺拉斯·维尔勋爵被迫放弃了曼海姆城（city of Mannheim）并准许和他剩下的部队行军到海牙。在霍布斯回复给他的最后一封信的回信中谈到了这个消息，梅森写道："我很高兴地得知贺拉斯·维尔勋爵越过了敌人的围追堵截，我也希望他能够绕开国王的不快……一个人要想击败一个在背后对其有所牵制的敌人是非常艰难的。"这里对詹姆斯政策的不赞同是显而易见的；梅森对于这个政策的基本前提是不屑一顾的——也即是，皇帝可以被外交官所说服去放弃他和他的盟友通过武力所占领的东西。"这些人祈望那种宗教启示一样的仁慈，他们希望皇帝一旦占领了巴拉丁的所有地方，就会一股脑儿全部把占领的土地交出来……对于所谓的许诺和誓言就像他们的所作所为一样，他们完全指望在天主教和异教徒之间那种毫无分量的义务一样，只要挡了他们通往伟大或财富的大道，都会被弃置一旁。"[34]

梅森未对这些信件中霍布斯所表达的观点做任何直接的评论。但是，他确实这样写道："我相信我们都没有滥用作为诚实而忠诚的臣民的自由……很多事情，正如在您的信件中所提及的，看上

85

---

[33] Hobbes, *Correspondence*, ii, p. 356.
[34] Ibid. , i, p. 1.

去我们确实是被无视了。"[35]可能霍布斯采取了一种策略性的说法（这是他从米加佐的信件中学到的）来说明国王确实有比较长远且深思熟虑的计划而不希望普通臣民对其妄加揣测；通过这种方式，他要么是有意地采取一种比较隐蔽的方式批评国王的政策，要么是比较审慎地与梅森自己的批评性言论保持距离。但是，如果我们认定——正如这封信的笔调促使我们如此推测——霍布斯是非常同情他的观点的话，我们这里可以得出结论认为，在1622年霍布斯是属于支持巴拉丁阵营的。但是，梅森绝不是支持巴拉丁的极端主义分子；他讨论这些事件的方式并不涉及任何宗教狂热成分。相反，他对于当前的政治情势进行了相当冷静而充满犬儒主义色彩的分析，他褒扬西班牙大使贡多马在操纵英国的预期时所采取的手腕，并且说"很多优秀的新教徒"是非常欢迎西班牙军事行动的，因为他们认为通过西班牙皇室的官方行动会使得巴拉丁得以复辟。而宗教问题对于政治权力而言是第二位的。这就不难让我相信为什么在写完这封信的两年半的时间之后，梅森就去为白金汉公爵服务了。[36]

还有一个间接的证据来自1629年11月，当时霍布斯已经离开了德文郡伯爵家族，并与年轻的小杰维斯·克里夫顿待在欧洲大陆。这封信是出自阿格里昂比先生［可能就是乔治·阿格里昂比（George Aglionby）］，他显然是在给年轻的伯爵夫人（原来霍布斯的地方）当家庭教师。这封信并没有对国际政治事件作出评论；只是漫不经心地并用大家所熟知的笔调讨论了一些国内政治问题，这显然假定了其读者与他具有相同的政治立场，并且对当时的政治问题采取了一个非常明确的立场。这一立场会让曼斯菲

---

〔35〕 Ibid., i, p. 3.

〔36〕 Hobbes, *Correspondence*, ii, p. 856.

尔德（他的资助人阿格里昂比也会非常高兴）非常满意，但是却会激怒德文郡伯爵二世，在那个时候他依然健在。在这封信中，阿格里昂比挖苦那批上议院和下议院在前一年的权利请愿书问题上站在一边的人——正如德文郡伯爵以前所做的："尊敬的阁下，对我来说参与这件事情对他并无好处，也就是说臣民们的自由。"艾塞克斯伯爵（Earl of Essex）是强制借贷的坚决反对者，他一直在鼓吹采取军事手段帮助巴拉丁选帝侯复辟，阿格里昂比这样刻画他："他是一个身负利剑的人，和平对他而言并无用武之地，但是他更喜欢用陈旧的甲胄来保卫自己。"并且，令人可憎的是他蔑视议会议员和医生萨米尔·特纳博士（Dr Samuel Turner，另一个政治盟友，他是彭布洛克的追随者，并且在他临终时刻在德文郡见证了遗嘱的订立），称之为"一个坚定的煽动分子特纳博士，他不遵守任何规则，无法无天；也从来不像一个文明人那样行事"。[37] 如果阿格里昂比正确地认为霍布斯发现这些观点与他意气相投，那么我们就能推断至少在 1629 年霍布斯彻底改变了他原来的服务对象的立场，从而倒向了曼斯菲尔德的政治观点。

　　这样的一个推断也确证了霍布斯在翻译修昔底德时的基本印象，译稿是在 1628 年送去付印的。在作为前言的一篇论文《论修昔底德的生平和历史》（*Of the Life and History of Thucydides*）中，他特别关注在人群汇聚的政治鼓动中造成的消极影响：

　　　　因为他的观点涉及如何治理一个国家，他是最不喜欢民主的，这一点是极为明确的。并且在不同的场合，他指出在

---

〔37〕　Ibid., i, pp. 7–8. 康拉德·罗素（Conrad Russell）将德文郡伯爵描述为议会中权利请愿书的"最为强大的支持者之一"：*Parliaments and English Politics*, p. 370. 而特纳和卡文迪什在议会中是盟友关系，参见 Bidwell and Jansson, *Proceedings in Parliament*, *1626*, ii, pp. 129–30.

煽动者中间存在对名誉、智慧的名声的争夺和竞争；他们之间的相互对立摧毁了公共生活；由于目的以及在公开演讲中言辞力量的不同导致追求目的的差异；受到奉承的建议而想去获得东西并采取的绝望的举动，或者抓住已经获得的权威以及在普罗大众之间的摇摆不定。[38]

这里所谓"绝望的举动"在修昔底德的历史中当然就是指灾难性的军事远征活动。霍布斯指出任何一个有智慧的政治家之所以反对军事行动乃是因为如此行事总是惹得普通人民的不快："他们的主要观点都是关于他们自己的权力的，能够尽其一切手段来获取他们所能得到的，这只不过是在动摇群体的力量，他们被看成是有智慧的世界共和国的好公民，这样就把他们置于最危险也最为绝望的事业之中。"[39]当霍布斯写下这些词句的时候，要求采取军事征服活动重新占领巴拉丁，这已经是之前几个时代英国政治的一个鲜明特征了；这样很难使我们相信在霍布斯的观念里就只有古代历史。在其他地方他又表达了和曼斯菲尔德一致的观点：在第二卷的伯里克利（Pericles）的葬礼上的演讲文章的页边空白处所做的注释中，他对雅典的政治投机和胡乱散布谣言行为进行了冷嘲热讽："在雅典没有人比政治人物惨淡……所有的雅典人都把时间花在了到处散布和传播谣言上。这就是没有被认真对待的政治家的遭遇。"[40]由于对议会政治的不屑，对外国事务的不信任以及对这种新闻传播文化的不欣赏：基于这些观念的影响，霍布斯直到1628年他的雇主去世的那一年，都与他的雇主及其朋

88

---

〔38〕 Thucydides, *Eight Bookes*, sigs. a1v-a2r.
〔39〕 Ibid. , sig. a1v.
〔40〕 Ibid. , p. 103.

友的政治圈子保持距离。这篇关于修昔底德的论文是在德文郡伯爵去世之后才完成的；但是翻译这个文本的工作应该在前几年占用了霍布斯不少的精力和时间，这也使我们很难相信，在这段时间内霍布斯会对修昔底德的敬仰之情发生巨大的转变，从而改变事情本身的基础及其性质。这件事情是我们在这个时期所能得知的关于霍布斯自己的政治主张和看法的最为切近的证据了；这里同样也可以说明如果霍布斯在这个时期赞同他的雇主的观点的话，那么在17世纪20年代中期到后期他就开始转变到曼斯菲尔德的方向上去了。[41]

　　其他从这个时代还残留下来的证据也说明《法律要义》的写作也倾向于与这种看法一致。在17世纪30年代他在欧洲大陆写的信件中，霍布斯展现了一种对这些信件中试图提供的最为重要的东西——政治新闻——敷衍的、甚至是轻蔑的态度。在动身出发之前，他告诉他的前雇主杰维斯·克里夫顿爵士说会给他一些自己获得的新闻，却又补充说"但是你不用太在乎这些"，这样一个说法如果正确的话，它就反映了在克里夫顿和曼斯菲尔德之

---

[41]　还有一个证据可以帮助我们来理解在1628年的霍布斯的想法。霍布斯在1640年离开英国的时候，奥布里写道："他告诉我在曼沃宁（Manwaring）的理论中关于宗教的内容，因为这件事情和其他的事情一起，他会被送进塔牢里关起来。然后他就离开了英国，前往法国去了。"（"*Brief Lives*", i, p. 334.）这里的历史顺序有一些错误；不太明白到底是霍布斯还是奥布里，但是奥布里更可能犯错，因为在禁令发布之前他只有两岁。罗杰·曼沃宁（Roger Maynwaring）在1627年制造了一个丑闻事件，并在1628年因为其布道中散布国王有在议会之外的征税权力而被议会关起来了（强制借贷）；后来被国王赦免了，并被任命为圣·大卫主教（Bishop of St David's）。作为劳丁主教（Laudian Bishop）在1642年被捕了（这可能是奥布里的混淆）；但是霍布斯显然指的是1628年的事情。当然可能是霍布斯是在这个日期很久之后才去完成其政治理论的，所以这就被当做是曼沃宁了；但是在心理上更容易相信为什么曼沃宁的被捕对霍布斯造成了这样的影响，在这个特定时期他是认同曼沃宁的观点的。

间观点上的相似性。[42]刚到达巴黎，霍布斯就向克里夫顿致歉说

89　他没有给他写什么信而是有意地评论说："如果我对这些新闻有兴趣或者我有时间写信，你应该经常收到我的信。"[43]在他的其他信件中的证据表明缺乏必要的兴趣是主要原因。另一个可以对霍布斯的政治态度提供一点线索的是他在 1636 年在巴黎写的一封信，在信中他表达了想看一下那些反安息日的论文，但是他又补充说了他的担心："他们会把这样的思想向普通大众传播，这些对他们的生活是没有好处的。因为当他们得到了十诫（正如其所是，如果教会不对其进行修改的话）中的一个关于作为人类之正义的权利的时候，那么他就还想看另外九个。"[44]担心"普通人"本性上的自利性和神学问题上的确定的真理结合在一起，这二者最好应该予以分离或者换一个方式，神学原则最好进行细心拣选而不能基于其自身所具有的真理性，而是要基于他们对安定与和平的倾向性。这也引发我们关心霍布斯在写作《法律要义》之前的一个时期的某个证据：也就是在萨米尔·哈特利布（Samuel Hartlib）日记记录表中第一次提到了他。在 1639 年 3 月 9［/19］日之前的一个短暂的时期，他在记录表中写道他得到了关于霍布斯的第一个信息："一个有着政治意识的头脑。杰出的自然哲学家，他和笛卡尔（Descartes）在同一时期发现了很多东西。他不愿意将神学上的东西和人类事务混为一谈。他在神学事务上也要求严格的证明；否则他什么也不相信。他就像圣·阿曼德（St Amend）先生一样

---

〔42〕　Hobbes, *Correspondence*, i, p. 21. 关于克里夫顿和曼斯菲尔德之间的密切关系参见第一章注释 53。

〔43〕　Ibid., i, p. 26.

〔44〕　Ibid., i, p. 30.

关心神学事务。"[45]不过遗憾的是，关于阿曼德先生的神学思想的内容没有被保留下来。[46]针对霍布斯不愿意将"神学问题和人类事务混为一谈"，他后来的著作也可以给出很好的解释。当然，我们也可以在他对修昔底德的翻译中发现一些蛛丝马迹：比如，在页边处他对异教徒的言论的模糊性和不可琢磨性所作出的评论，他说"无论他们是否在和魔鬼亦或是在和人类玩弄欺诈，但是这些都显示出"一个清晰的偏好，即将神学假设从古代历史研究中剥离出去。[47]但是，这样的证据的基础过于薄弱以至于难以得出

90

---

[45] Hartlib, "Ephemerides", 1639: Sheffield University Library, Hartlib Papers (CD-Rom, 2nd edn.; Ann Arbor, 2002), 30/4/5B: "Ist ein Wacker Politischer Kopf. Ein treflicher Naturalist welcher viel sachen zugleich mit de Cartes erfunden. Er kan nit leiden das man divina vnd Humana zusammen tractire. Will lauter demonstrationes in Theologicis haben. Sonst will er nichts glauben. Er ist mit dem St. Amand sehr modo divino…[*marginal reference*:] Hobs. "

[46] 约翰·圣·阿曼德 (*c.*1593—1664) 在哈特利布的"星历记录表"(E-phemerides) 中被提及多次。因为我对他的生平一无所知，我非常感谢议会的信用历史档案中提供的在 1602—1629 年那个章节 (沃特森编辑) 中的有关他生平内容；我非常感谢议会档案能够允许我查阅这篇文章的手稿。(同样参见 Ruigh, *Parliament of 1624*, pp. 144-5.) 他是在剑桥三一学院接受的教育 (1609—1613)，后来担任基普·威廉斯勋爵 (Lord Keeper Williams) 的私人秘书，威廉斯是林肯大主教，他后来让他参与议会在 1624 年的中期选举；在 1625 年再次被选举，就在这一年他参与了格雷的组织 (Gray's Inn)。他在 1629—1632 年陪同年轻的伦诺克斯公爵 (Duke of Lennox) 一起游历在外 (法国和西班牙)。他其他的生平就不得而知了，我们可以推断他是非常了解当时的事情的 (1639—1941)，并且在内战中是一个保皇主义者。他的遗嘱具有强烈的宗教色彩。他在 1638—1643 年期间，和哈特利布以及新教徒约翰·杜里 (John Dury) 保持通信关系，并在信中要求对圣经的解释采取一种"分析"的方法，在其中还提供了一个格罗斯泰特 (Grosseteste) 关于信仰、道成肉身和圣经解释的一个摘要 [Hartlib Papers, CD-Rom edition, 2/6/8B (Dury to Hartlib), 6/4/49A (Dury to St Amand), 9/1/83B (Dury to Hartlib), 45/6/14A-19B (St Amand to Dury, with Grosseteste extract), 45/6/1A-12A (St Amand to Hartlib); G. H. Turnbull, *Hartlib, Dury and Comenius: Gleanings from Hartlib's Papers* (London, 1947), pp. 20, 179, 186, 194-5, 202-3, 207, 212, 224, 305].

[47] Thucydides, *Eight Bookes*, p. 65.

任何实质性的结论。从 1639 年开始，这里能够被确定的是，霍布斯并没有把政治思考建立在宗教的基础之上，也没有认为宗教是去发动战争的理由，更没有证据表明他在 17 世纪 20 年代的思考有任何不同。

然而，德文郡伯爵支持巴拉丁的立场与他的表亲曼斯菲尔德子爵的观点之间的差异也不应该被夸大。虽然德文郡伯爵比其他人在政治上更为积极，但是也没有理由认为他在支持巴拉丁问题的立场上是非常极端的：他对英格兰天主教的敌视态度，也不意味着他是从对新教运动的支持态度中推论出他的外交政策的。他和米加佐之间的通信可能是被反教皇的热忱所推动的而不是他自己的态度；但是，更为重要的是主导米加佐分析的是这样一个假设，即支持天主教一方的宗教动机只不过是个幌子，其目的乃是追求世俗的利益。不是宗教而是"国家理性"才是理解这些事情的关键。德文郡伯爵认为这样的假设是合适的，这不仅是因为他传播的霍布斯翻译的米加佐的信件，而且还因为——从他的图书馆目录和作品中——他深度介入了早期现代塔西佗主义的政治文化。如果我们认定在 17 世纪 20 年代霍布斯也同样受到了对政治的这种态度的影响，那么我们就能更加容易地理解霍布斯后来在他的作品中所表达出来的政治立场。但是为了探索这一主题，我有必要更进一步考察这个历史时期的"国家理性"理论——这个理论在《第二绝密谕示》中是以一种极端的，并且在某种程度上是以模仿的方式进行表达的。

91

第 六 章

"国家理性" 与霍布斯

第一卷在其标题中包含了"国家理性"（ragion di stato），其 中关涉其主题的其他相当有影响力的很多卷帙都是由前耶稣会士乔万尼·博泰罗（Giovanni Botero）于 1589 年发表的。在他的一首献诗中，博泰罗也提及了他近些年来多次出访的经历，并且朝觐了很多君主和王侯们。

在我所观察的事物中，我经常被国家理性这一经久不息地被讨论的主题和来自尼克罗·马基雅维里（Niccolò Machia-velli）与克奈里乌斯·塔西佗（Cornelius Tacitus）的经常被引用的观点所震惊：前者谈及对于人民的治理及其规则，而后者生动地描述了罗马皇帝提比略在获取和维持其在罗马地位中所采取的手段……我感到的不是欢喜而是愤怒，我发现这些野蛮的政府模式居然获得如此的成功，而他们竟然毫无羞耻地违背了神法，以至于人们经常谈及那些被国家理性所准许的事情，而有些也被良知所许可。[1]

在此书的其他章节，博泰罗更为细致地调整了他对国家理性的论点：国家理性可能是什么，它到底应当如何。但是这些严肃的公开论述检验了一些简单而重要的事实："国家理性"这一术语已经广为流布；它和马基雅维里主义及塔西佗主义纠缠不清；在表面上，它也被用来解释那些与"神法"或者道德原则相违背的政治行动。从 17 世纪早期的情况看，还有其他的证据表明此概念已经相当流行；但是在 17 世纪，"国家理性"已经相当风行（毫无疑问，这也得之于博泰罗和其他思想家著作的刺激），并持续到了下一个世纪中叶。[2]在 1621 年，维也纳思想家洛多维科·祖科洛（Lodovico Zuccolo）写道：甚至"引车卖浆之流在其商店和聚会之地也能对国家理性的理论加以评论并争论不休，他们装作他们知道基于国家理性能做什么和不能做什么"。[3]的

---

　　〔1〕　G. Botero, *the Reason of State*, tr. P. J. Waley and D. P. Waley（London, 1956）, pp. xiii-xiv〔G. Botero, *Della ragion di stato*, ed. C. Morandi（Bologna, 1930）, pp. 3-4："tra l'altre cose da me osservate, mi ha recato somma meraviglia, il sentire tutto il dí mentovare Ragione di Stato, e in cotal materia citare ora Nicolò Machiavelli, ora Cornelio Tacito: quello, perchè dà precetti appartenenti al governo, e al reggimento de' popoli; questo, perchè esprime vivamente l'arti usate da Tiberio Cesare, e per conseguire, e per conservarsi nell'Imperio di Roma…Ma quel, che mi moveva non tanto a meraviglia, quanto a sdegno si era il vedere, che così barbara maniera di governo fosse accreditata in modo, che si contraponesse sfacciatamente alla legge di Dio; sino a dire, che alcune cose sono lecite per ragione di Stato, altre per conscienza"〕.

　　〔2〕　其他更早的证据参见 K. C. Schellhase, "Botero, Reason of State, and Tacitus", in A. E. Baldini, ed., *Botero e la "ragion di stato"*: *atti del convegno in memoria di Luigi Firpo*（Florence, 1992）, pp. 243-58, esp. pp. 246, 248-9.

　　〔3〕　L. Zuccolo, "Della ragione di stato", in B. Croce and S. Caramella, eds., *Politici e moralisti del Seicento*（Bari, 1930）, pp. 23-41; p. 25: "i barbieri…e gli altri più vili artifici nelle boteghe e nei ritrovi loro discorrono e questionano della ragione di stato e si dànno a credere di conoscere quali cose si facciano per ragione di stato e quali no".

确，在这一历史时期，国家理性的理论大行其道与对国家事务的公共利益的增长有着千丝万缕的关联，尤其是外交事务，这绝不是偶然：这里有一个看待政治事件的方式使得他们对待此类讨论更为开放，因为它能为其提供一个解开迷局的钥匙，同时为他们提供了一些简单易行的规则去破解政治事件的来龙去脉。[4]

只要研究一下博泰罗及其后继者们所发展的理论，就会在其作品中被他们采取各种方法所精细处理的一种更能为人所接受的"国家理性"的版本所吸引。因此，我们应该在一开始就要牢记在心里的是，他们采取了一种与公共论辩相反的主张，公共论辩中对国家理性范畴的运用过于简单。这也可以用来解释一种最为直截了当的区分，也就是我们在道德理论中尤为常见的区分："honestum"（良善的或正当的）和"utile"（有用的或有利的）。[5]当一个统治者做了一些不正当的事情（与其宗教义务不相一致的事情——比如，和异教徒或者无神论者结成联盟以反对他自己的教友），但是这对其国家是有利或有好处的，这就被认为是按照"国家理性"来行事。这一概念就在某种意义上被当作是一种描述性的概念（以显示统治者如何行动，政治如何运 94

---

〔4〕 参见马塞尔·戈谢（Marcel Gauchet）极为有价值的论文，"L'État au miroir de la raison d'État: la France et la chrétienté", in Y. C. Zarka, ed., *Raison et déraison d'état: théoriciens et théories de la raison d'État aux XVIe et XVIIe siècles* (Paris, 1994), pp. 193–244.

〔5〕 这一区分可以在西塞罗和塞涅卡或其他的人的著作中找到，在启蒙运动时期的欧洲被普遍承认。让·博丹（Jean Bodin）建议历史读者们当要评价和指称行为的时候使用"honestum""turpe（honestum 的反义词）""utile"或"inutile（utile 的反义词）"，使用"C. T. U"这一程式，这就代表着"consilium turpe sed utile"（邪恶但是有好处的计划）：*Method for the Easy Comprehension of History*, tr. B. Reynolds (New York, 1945), pp. 35–6.

作）；但是，与此同时，它也提供了一种准规范性的、有价值的自我证立方法——不是一种道德价值，但是却能在另一个基础上运作（利益和效用），当其与道德相冲突时则更为明显。

自 16 世纪后期以后，效用（utility）或者收益（profit）的概念逐渐被包装成另外一个概念，那就是"利益"（interest），此概念比"国家理性"这个表述更为久远，甚至成为政治词汇中不可剥离的部分。当法国政治分析家勒内·德·卢辛热（René de Lucinge）（博泰罗的一个朋友和拥趸）在他 1588 年的颇有影响力的论著中使用这一概念时，他必须解释这个概念的意思到底为何。他指出所有君主的活动都是基于荣誉和利益，而前者通常服从于后者："我们应该考虑对自己有收益的事情，我们把它叫做'利益'（interest）。"[6] 博泰罗在分析政治基本原则时对"利益"概念的使用最终使其流行起来，他在《国家理性》（Della Ragion di Stato）一书中写道："毫无疑问，君主在作出决策时利益总是超越了其他各种论证；因此在与君主交往过程中不应该信任友谊、亲缘关系、协议或其他的关系，这些都没有以利益为基础。"[7] 九年之后，博泰罗总结自己之前对此观点的论述时说："国家理性只不过是基于利益的理性（reason of interest）而已。"到现在为止，此概

〔6〕 R. de Lucinge, *De la Naissance, durée et chute des estats*, ed. M. J. Heath（Geneva，1984），III. 7，p. 222："Nous nous attacherons donc seulement au proffit, que nous pouvons nommer interest". On de Lucinge's connections with Botero and their mutual influence see A. E. Baldini, "Botero et Lucinge: les racines de la *Raison d'État*", in Y. C. Zarka, ed., *Raison etdéraison d'état: théoriciens et théories de la raison d'État aux XVIe et XVIIe siècles*（Paris，1994），pp. 67–99.

〔7〕 Botero, *Reason of State*, p. 41（Botero, *Della ragion di stato*, p. 62："Tenga per cosa risoluta che nelle deliberationi de Prencipi l'interesse èquello che vince ogni partito. E per ciò non deve fidarsi d'amicizia, non di affinità, non di lega, non d'altro vincolo, nel quale, chi tratta con lui, non abbia fondamento d'interesse"）.

念的意义已经被很好地确定了。[8]到 17 世纪 20 年代，它被黎塞留时期的宣传家密集地使用，而到 17 世纪 30 年代，杰出的胡格诺·亨利（Huguenot Henri）和德·罗恩公爵（Duc de Rohan）使其成为颇有影响力的著作《君主的利益》（*L'Interest des princes*）中的基石性概念（在此著作中公开宣称："君主统治人民，利益统治君主"），而在地缘政治家的分析中，如果不用这个概念，他们甚至都无法思考问题了。[9]同时，这一概念的吸引力还源自于它自身的模糊性，因此"描述—规范"的界限就被轻易跨越了：正如博泰罗所做的一样，君主可以说其采取的行动是基于利益的，并且声言利益构成了其行动的理由。不像全然的欲望，利益可以按照客观的标准予以研究：毕竟，一个人可以因其行动不能满足其利益而受到批评。[10]这种论证究其本性显然是非道德的（甚至在很多情况下是不道德的）：当"公共善"总是充当了传统道德理论家和神学家的傀儡["公共善"（bonum commune）]时，"公共利益"或"国家利益"则提供了一种截然不同的考量，因此可以以一种不同的标准对它们予以评判。

95

---

〔8〕　G. Botero, *Aggiunte di Gio. Botero Benese alla sua ragion di stato*（Pavia, 1598）, fo. 34v: "ragion di Stato èpoco altro, che ragion d'interesse". 博丹也经常使用"利益"（interest）这一概念，但是对于利益概念的早期发展迄今还付之阙如。

〔9〕　参见 R. von Albertini, *Das politische Denken in Frankreich zur Zeit Richelieus*（Marburg, 1951）, esp. pp. 176–8; E. Thuau, *Raison d'État et pensée politique à l'époque de Richelieu*（Paris, 1966）, e.g. p. 180; Church, *Richelieu and Reason of State*, pp. 116–18; H. de Rohan, "*L'Interest des princes*", in his *Le Parfait Capitaine*（n. p., 1639）, pp. 261–364, here p. 269. 在德·罗恩的影响下，对这个概念的使用的后续发展可以参见 J. A. W. Gunn, " 'Interest will not lie': A Seventeenth-Century Political Maxim", *Journal of the History of Ideas*, 29（1968）, pp. 551–64; J. A. W. Gunn, *Politics and the Public Interest in the Seventeenth Century*（London, 1969）.

〔10〕　利益只能作为在理性和利益之间折中的方法，对此的经典研究可以参见 A. O. Hirschman, *The Passions and the Interests: Political Arguments for Capitalism before its Triumph*（Princeton, 1977）.

政治应该通过追求利益的概念而被理解，这一观念得到了关于人性和人的行动的更为一般的观念的支持，这种想法源自奥古斯丁神学传统（他们认为人具有与生俱来的邪恶本性）和各种被描绘为启蒙自然主义的流行思想。他们的共同之处在于，他们都假设人不会自然而然地遵循良知命令或"正确理性"而行事，他们会按照有利或不利这种更为狭隘的方式来理解"什么是善好"并采取行动；由此，他们彼此之间的活动就可能经常发生冲突，社会或政治的共存依赖于机巧和纪律而非自然的和谐。在现代政治理论文献中，这些观点被马基雅维里及其追随者［历史学家圭恰迪尼（Guicciardini）也是如此］所鼓吹；马基雅维里的影响力对于国家理性这一传统而言是根本性的。[11] 当启蒙运动后期的人文主义者在古代世界中钩沉权威理论和模式的时候，我们可以在塔西佗的作品中找到可与马基雅维里教导并驾齐驱的理论；并且，在塔西佗的时代，罗马帝国与马基雅维里描绘的小城邦、独立共和国、政治城市组成的世界大异其趣，后者看上去更像是一个君主国相互交织、城邦林立的世界。塔西佗著作所提供的是对亚里士多德文本传统和基督教虔敬道德主义的激进的替代方案；它们让政治看起来像是一种复杂而无情的游戏，在这个游戏中间，其参与者是受自身利益所引导的，而权力就是最后的奖赏。从这一观点看来，普通民众，虽然极其希望拓展他们原始的利益，但是他们都是愚蠢而易于被欺骗的；野心勃勃的煽动家欺骗他们，使他们相信他们会增加自己的利益，而实际上只不过是为这些煽动者服务而已，煽动家们使普通民众意识到一种不可知的权力，通过给他们制造自由的幻觉而使他们感到心安理得。这种统治的

---

〔11〕 参见弗雷德里希·梅内克（Friedrich Meinecke）十分有价值的著作: *Die Idee der Staatsräson* (Munich, 1924).

技艺包括了各种各样的欺骗:这些国家治理的秘密很容易在马基雅维里的君主的工具箱中找到。[12]

在塔西佗主义的很大一部分政治文献中,它们的吸引力就在于提供给读者一种破解国家秘密(同样颇具吸引力的是从对"国家理性"的分析中获得的启示)的方法:政治由此被解码,也更容易被辨识。但是,针对这种国家治理术的讨论,各方对此的看法则各执一词,莫衷一是,到底是提醒人民小心统治者的伎俩,还是教育统治者如何更有水平地欺骗人民(或者,至少是在给某些人解释这样的统治术是必要的和正当的):有些经典的研究基于此就将这一时期塔西佗主义者区分为"红色主义"和"黑色主义"——共和主义派和君主主义派。[13]然而,对于不同的塔西佗主义者而言都接受这一前提,即关于政治和治理的本质的看法是一致的。即使其中争议最大者也同意这一主张,宗教是被当做政治治理的手段。对未知权力的恐惧在人类心理上也具有无可估量的影响〔近代早期的塔西佗主义者和在卢克莱修(Lucretius)作

97

----

〔12〕 关于这种辨认方法参见 R. de Mattei, *Il problema della "ragion di stato" nell'età della Controriforma* (Milan, 1979), pp. 46 – 7; M. Behnen, "'Arcana—haec sunt ratio status.' Ragion di stato und Staatsräson: Probleme und Perspektiven (1589-1651)", *Zeitschrift für historische Forschung*, 14 (1987), pp. 129 – 95; P. S. Donaldson, *Machiavelli and Mystery of State* (Cambridge, 1988), pp. 110-40. 关于塔西佗更一般的讨论参见 J. von Stackelberg, *Tacitus in der Romania: Studien zur literarischen Rezeption des Tacitus in Italien und Frankreich* (Tübingen, 1960); E. -L. Etter, *Tacitus in der Geistesgeschichte des 16. und 17. Jahrhunderts* (Basel, 1966); G. Spini, "The Art of History in the Italian Counter Reformation", in E. Cochrane, ed., *The Late Italian Renaissance* (London, 1970), pp. 91-133 (esp. pp. 114-33); K. C. Schellhase, *Tacitus in Renaissance Political Thought* (Chicago, 1976); P. Burke, "Tacitism", in T. A. Dorey, ed., *Tacitus* (London, 1969), pp. 149-71, and "Tacitism, Scepticism, and Reason of State", in J. H. Burns and M. Goldie, eds., *The Cambridge History of Political Thought, 1450-1700* (Cambridge, 1991), pp. 479-98; and R. Tuck, *Philosophy and Government, 1572-1651* (Cambridge, 1993), pp. 31-136.

〔13〕 G. Toffanin, *Machiavelli e il "tacitismo"* (Padua, 1921).

品中发现的伊壁鸠鲁（Epicurean）的宗教心理学携手并进]。对于统治者而言，他们更有理由小心翼翼地处理和掌控宗教事务：因为宗教可以强化权力；因为如果宗教事务可能跳脱其权力控制，则极有可能被煽动家和叛乱者利用来反对他们；也正如马基雅维里所论证的，宗教对于人的行为具有强大的影响力，一种错误的宗教类型可能对人民有害，同时也对国家之整体力量不利。

一旦过分强调被很多讨论"国家理性"的论者所承认的塔西佗主义者对人和政治本性的认识的话，那么塔西佗主义者（以及马基雅维里主义者）对宗教工具化的处理就会深深地侵犯到他们。博泰罗所声言的论述国家理性的这一类论著都是为欲望所驱动去反对这一论证逻辑的；确实，很多这些著作的作者都是耶稣会士，如果人们接受他们所从事的论证，他们则会认为他们在反宗教改革的浪潮中从事的将是政治理论基督教化或者更准确说是天主教化。[正如博丹（Bodin），这些政治思想家感到非常焦虑，在法国宗教战争时期的经历使他们不得不去宽容宗教的少数派以寻求和平；耶稣会士的思想家将马基雅维里主义看成是让宗教事务服从国家管理，由此对之加以猛烈的抨击。][14]然而，当他们认为他们是与马基雅维里-塔西佗主义者的理论直接对抗时，事实上只不过是他们分享了很多马基雅维里-塔西佗主义者的共同理论前提，这也意味着他们的论证是与后者保持了高度的平行关系，甚至是强化了后者的论证。反对马基雅维里主义所宣称的基督教是极其无力的，任何持有与宗教应该成为国家工具的观点相对立的看法

---

[14] 对于认可这些概念的具有价值的研究可以参见 R. Bireley, *The Counter-Reformation Prince*: *Anti-Machiavellianism and Catholic Statecraft in Early Modern Europe* (Chapel Hill, NC, 1990)；而从一个更为宽广的视角的研究，参见 H. Höpfl, *Jesuit Political Thought*: *The Society of Jesus and the State*, *c. 1540-1630* (Cambridge, 2004), esp. pp. 84-139.

的人，他们所希望的是基督教应该成为国家的基础，只有国家建立在真正的宗教基础上才是卓然有效和有好处的。[15]因此，西班 98
牙的耶稣会士佩德罗·德·里瓦德内拉（Pedro de Ribadeneyra）认为最为稳固的国家是一种建立在真正基督教基础上的国家，他花费了一个章节的笔墨证明基督教是有能力成功地对外输出军事领袖的。[16]当博泰罗将宗教主题引入其政治著作之中的时候，他和马基雅维里主义在论证上就保持了高度一致：

> 在政府之中，宗教的力量是极其重大的以至于国家缺乏如此坚实的基础则始终是不稳固的。因此，所有那些试图去建立帝国的人只不过是在寻找新的信念，并且瓦解了传统的信仰……

他还补充说：

> 没有什么宗教比基督教律法对统治者更有好处，根据基督教律法，不仅人民的人格和财富而且灵魂和良知都是服从于统治者的：他们的情感和思想就如同他们的手足一样被牢固地联合在了一起。[17]

---

〔15〕 参见 H. Lutz, *Ragione di stato und christliche Staatsethik im* 16. *Jahrhundert* (Münster, 1961), pp. 41-2.

〔16〕 P. de Ribadeneyra, *Tratado de la religion y virtudes que deve tener el Principe Christiano, para governar y conservar sus estados* (Madrid, 1595), pp. 1-258, 494-504.

〔17〕 Botero, *Reason of State*, p. 66, adapted (Botero, *Della ragion di stato*, p. 94："È di tanta forza la Religione ne' governi, che senza essa, ogni altro fondamento di Stato vacilla: cosí tutti quelli quasi, che hanno voluto fondare nuovi Imperi, hanno anco introdotto nuove sette, o innovato le vecchie...Ma tra tutte le leggi non ve n'è più favorevole a Prencipi, che la Cristiana; perchè questa sottomette loro, non solamente i corpi, e le facoltà de' sudditi, dove conviene, ma gli animi ancora, e le conscienze; e lega non solamente le mani, ma gli affetti ancora"). 对 "legge" ["法"（law）] 这一概念的使用就出现在马基雅维里主义传统（同时也包括阿维诺伊和帕多瓦的亚里士多德传统）的论证中。

123

由此，那些坚决反对将宗教工具化的人只不过是在建议以基督教为基础，这样就有益于统治者的统治。

为了强调他们和他们的反对者之间的差异（正如他们所认为的），有一些反宗教改革的理论家论证说，存在两种不同的国家理性类型：一种是可以接受的，即基督教的类型，另一种是无法接受的，即马基雅维里主义的各种类型。就像佩德罗·德·里瓦德内拉所言："国家理性不是单纯的一个类型，而是两种：一种是明显错误的，而另一种是坚实而真切的；一种是欺骗和邪恶的，而另一种是确定而神圣的。"[18] 锡耶纳（Sienese）神学家和原教皇派（反维也纳派）的思想家文图拉·文丘里（Ventura Venturi）同样区分了"受祝福"的国家理性和"受谴责"的国家理性：前者与真正的宗教相一致，而后者违背了神法和自然法。[19] 当然，这一概括是很容易做出来的；确实也可以通过这样一种简单的方式予以表述，如同"utile"（有益的）和"honestum"（正当的）之间的对立。正如博泰罗的一位朋友弗拉切塔（Frachetta）所言：

> 在治理国家方面，君主要么考虑对其有利的，要么将有利的和有德性的综合考量。如果单纯考虑有利的情况，并且理性而明智地深思熟虑，选择能带来好结果的恰当手段，这样一来他就可以被认为是谨慎而有智慧的，并且，他所采取的技艺就被称之为国家理性，也可以叫做错误的慎思，或者叫做慎思的影子或折射物。但是如果君主综合考虑有利的和

---

[18] De Ribadeneyra, *Tratado*, sig. ††7r: "esta razon de Estado no es vna sola, sino dos: vna falsa y aparente, otra solida y verdadera; vna engañosa y diabolica, otra cierta y diuina".

[19] W. J. Bouwsma, *Venice and the Defense of Republican Liberty: Renaissance Values in the Age of the Counter Reformation* (Berkeley, 1968), pp. 381, 447.

有德性的，按照理性和好的建议行事，他才被称为是真正的的慎思，他的行事之道才能被认为是真正符合德性的慎思。前者被阉割了德性，而后者与德性联姻。[20]

当然，问题是在很多情况下现实并不与这条原则相一致：一般而言，就长期来看，跟随道德而行动可能是有益的，但是短期而言，严格地和道德保持一致是没有好处的，而且我们会经常发现一个长期的道德战略可能会被那种并没有什么德性的策略所强化。事实上，这些反宗教改革的国家理性的理论家们的一个目标就是揭示这些非道德和欺骗的手段是与他们整体的道德安排并行不悖的：比如，博泰罗就建议可以在异教徒的民众中间派遣间谍和特工来煽动他们之间的不信任，而德·里瓦德内拉则同意其君主不仅可以信誓旦旦地（正如天主教的诡辩家一样），而且可以偷偷摸摸地施以欺骗。[21]但是，他们对好的和坏的国家理性做了简单二分法，前者预设了只要依从德性行事就能自然得到好处，这一点并没有解释他们的理论所带来的实际效果，而对于一个当代的读者而言，他们理论的吸引力很大程度上是源自他们将其融合进一个在行使政治权力时的务实态度之中。而这一看法在理论

100

---

〔20〕 G. Frachetta, *Seminario de' governi di stato et di guerra* (Venice, 1613), discorso 12, p. 79: "nel gouerno de' Stati, ò il Prencipe riguarda l'vtile solo, ò l'vtile congiunto con l'honesto. se l'vtile solo, procedendo con ragione, & sauiezza, & eleggendo i debiti mezzi per conseguir questo vtile, si dirà accorto, & sauio; & l'Arte si chiamerà Ragione di Stato, & si potrà dir falsa prudenza, ò ombra, ò imagine di prudenza. ma se il Prencipe riguarda l'vtile congiunto con l'honesto, procedendo con ragione, & con buon consiglio, si dirà veramente prudente: & l'habito si appellerà vera prudenza ciuile. l'vna non èvnita con le virtù morali, l'altra sí". 弗拉切塔在其著作的其他地方也谈及错误和正确的国家理性。弗拉切塔有用一个较低的职衔，他为一些红衣主教担任秘书。

〔21〕 Botero, *Della ragion di stato*, V. 7, p. 154 (*Reason of State*, p. 108); de Ribadeneyra, *Tratado*, pp. 291-2.

上的困难丝毫没有因为他们将"好的"国家理性刻画为一种政治慎思的一般原则而得以缓解——一种在原则上运用于所有政府活动的实践判断。[22]一个卓越的统治者需要从经验中汲取辨别力、判断力和统治的技巧,这是毫无疑问的。但是,一旦要将"国家理性"吸收进某种无所不包的实践知识体系中,那么理论就只能跳脱出那些产生这一概念的特殊而诡谲的具体情境了。这样的危险[正如"红色的"塔西佗主义者特拉亚诺·博卡里尼(Traiano Boccalini)和"黑色的"理论家所抱怨的]就导致了一种国家理性的版本竟然如此干净以至于成了一个毫无用处的概念了。[23]

很多理论家采取了一种不同的方法,这种方法远没有反宗教改革的理论家那么神学化。这种替代方法的提出者是佛兰芒(Flemish)人文主义者贾斯特斯·利普修斯(Justus Lipsius)(塔西陀作品的编者),他的政治学论著《政治与公民理论六书》(*Politicorum Sive*

---

　　[22] 博泰罗将国家理性界定为一般的统治技艺,而将慎思作为这种技艺的核心要素: *Della ragion di stato*, I.1, II.1-10, pp.9, 53-77(*Reason of State*, pp.3, 34-53);弗拉切塔将政治慎思和真正的国家理性等而视之。[参见他的 *Il prencipe*(Venice, 1599), pp.13-14];德·里瓦德内拉将慎思看成是对德性的引导,并将其与"好的"国家理性当成一回事。(参见 *Tratado*, pp.405-6,以及 Höpfl, *Jesuit Political Thought*, pp.165-7)。我认为,当毛里奇奥·维罗里(Maurizio Viroli)将这种"慎思"与一种新的、非道德主义和国家理性相等同,并且将其与传统的(亚里士多德主义的)政治观念进行对比,这样是错误地进行了论证: *From Politics to Reason of State*: *The Acquisition and Transformation of the Language of Politics*, *1250-1600*(Cambridge, 1992), p.278.

　　[23] 参见 de Mattei, *Il problema della "ragion di stato"*, pp.67-87; J. Freund, "La Situation exceptionelle comme justification de la raison d'Etat chez Gabriel Naudé", in R. Schnur, ed., *Staatsräson*: *Studien zur Geschichte eines politischen Begriffs*(Berlin, 1975), pp.141-64. 对于这种趋势的一个有趣的例外是西皮奥内·阿米拉托(Scipione Ammirato),虽然他很大程度上分享了耶稣会士理论家的反宗教改革心态,但是却比他们更深地浸淫于塔西佗主义;而论述他把国家理性看成是一种比普通法律更高的原则的著作,参见 R. de Matter, *Il pensiero politico di Scipione Ammirato*, *con discorsi inediti*(Milan, 1963), esp. pp.124-9.

Civilis Doctrinae Libri Sex）曾一度产生非常重大的影响，这部著作以相当优雅的方式从古典文献中引经据典并予以巧妙编排。[24]像很多耶稣会士的思想家一样，利普修斯也认可了某些马基雅维里主义和塔西佗主义关于政治本质的根本性假设；但是，他又有所不同，他并不认为（甚至在理论上）存在构造一种完美无瑕的国家理性的可能性，反倒是接受了统治技艺中不得不向邪恶妥协的部分。根据他对政治和统治的理解，存在三个欺骗的层次：一般的（包括掩盖和隐藏自己的意图）、中等的（包括主动的欺骗，贿赂导致的腐败以及敌视）、重大的（包括对协定的背弃）。他认为第一种是可以被劝谏的，第二种是可以被宽恕的，而第三种是不可接受的。他用一个类比的方式，简单明确地亮明了自己的立场："一旦在酒里兑水了，酒就不再是酒了；一旦在慎思里面掺入欺骗的因素，慎思也就不再是慎思了。"但是，更重要的是他补充道，如果欺骗的目的是为了公共善，那么欺骗就是可以被原谅的；任何欺骗只要不是为了公共的目的就是罪恶的。[25]

对公共善的强调展现了一种可能性，国家理性可以塑造成为一种比耶稣会士所声言的更为有说服力和更为一致的理论，这是一种更接近自然法的理论图景，是一种层级体系，其中较低位阶的价值的运用是可以被更高阶的价值秩序所调整和修正的。但是在实践上，这条道路并没有被采纳。利普修斯的国家理性的看法就是某种比野心勃勃的反宗教改革的各种变种更为温和与务实的版本。

---

〔24〕 关于利普修斯及其影响参见 G. Oestreich, *Neostoicism and the Early Modern State* (Cambridge, 1982), pp. 13-117; A. McCrea, *Constant Minds: Political Virtue and the Lipsian Paradigm in England, 1584-1650* (Toronto, 1997), *passim*.

〔25〕 J. Lipsius, *Politicorum sive civilis doctrinae libri sex* (Leiden, 1589), pp. 204-16 (p. 204: "Vinum, vinum esse non desinit si aquâ leuiter temperatum; nec Prudentia, Prudentia, si guttulae in eâ fraudis").

利普修斯的国家理性概念是一种"综合慎思"（mixed prudence），他将其刻画为"真诚"（honesta）和"利益"（utilia）的综合。[26]正如他的英国追随者罗伯特·达灵顿（Robert Dallington）所言：

> 所有的道德家认为坚持无所取益，这是不诚实的。有些政治家颠倒了这一顺序，通过转变词语也改变了其中的意思：坚持不诚实是没有好处的。但是前者看上去严格，而后者则太过随意。因为在二者之间好的政治家可以采取一条中间道路。[27]

这些道德主义者可能包括这些耶稣会的思想家（如果不考虑在实践上的具体细节，至少在他们的理论的一般情况下就是如此），而政治家却滑稽可笑地模仿马基雅维里的传统。但是在事实问题上，从利普修斯所采取的方法而言，他对马基雅维里的信念是非常忠诚的，即认为统治者可以因为国家的善好而有义务去做坏事。

从更宽泛的角度而言，利普修斯所呈现出的论证传统部分源自马基雅维里，并被其像吉罗拉莫·卡达诺（Girolamo Cardano）这样的读者更为广泛地传播出去了。利普修斯坚持认为，明智而有德的人应该学会根据愚蠢和罪恶盛行的情景来调整自己的外在行为；不同智慧程度的人以及那些地位最高的人绝大部分都是内在地如此。[28]这种态度是与启蒙运动时期的新斯多亚主义者（Renaissance neo-Stoicism）相一致的，而利普修斯是其出类拔萃者；

---

〔26〕 Ibid., p. 203: "vtilia honestis miscere".

〔27〕 R. Dallington, *Aphorismes Civill and Militarie* (London, 1613), book V, aphorism 19, p. 314.

〔28〕 参见 G. Procacci, *Studi sulla fortuna del Machiavelli* (Rome, 1965), pp. 77-106.

随后，这一态度被另一个颇具影响力的思想家皮埃尔·查伦（Pierre Charrow）所发展，他对利普修斯充满敬意，他将新斯多亚主义的元素和公共领域/私人领域相分离的蒙田主义思路予以整合。[29]另一个被广泛阅读的作者弗兰西斯·培根也展示出一种类似的思想模式（虽然对斯多亚主义持有相当模糊的态度），他也受到了利普修斯的影响，他的论文《论伪装与掩饰》（*Of Simulation and Dissimulation*）就是对利普修斯的"综合慎思"的明显取用。[30]

在理论上，在反宗教改革和利普修斯的国家理性之间是存在巨大差异的。后者更接近法国宗教战争时期的"政治"愿景：一个被良好统治的国家的平安与否是通过公共标准而被判断的，而这只要有外在的一致性就可以满足了。而前者认为只有外在的一致性是不充分的，人民必须既要从灵魂上（正如受教会的指引一样）也要从身体上私下和公开地支持国家。（和博丹一样，利普修斯也承认宗教上的一致性可以使国家根基更为稳固，并建议铲除那些挑战世俗权力的异议者；不然，他的论证就是为寻求政治和平的宗教宽容辩护了。）[31]

但是，一旦关于教会和国家关系的讨论转移至世俗统治的日常事务，那么事实上在两种国家理性理论之间就会存在相当大的相似性。二者都理所当然地认为，普罗大众是暴躁、变化无常和缺乏远见的，并且政府在治理他们的过程中应该与卓越的智慧保持一致，然则这种智慧却不能指望他们能够完全理解。二者都承认，统治者应该适当地在他们的臣民和其他国家面前掩饰自己

---

〔29〕 参见 Ibid., p. 100, and R. Kogel, *Pierre Charron* (Geneva, 1972), pp. 50-77, 127-33.

〔30〕 Bacon, *Essayes*, pp. 20-3; McCrea, *Constant Minds*, pp. 87-96.

〔31〕 参见 Bireley, *Counter-Reformation Prince*, pp. 89-90.

（隐藏他们真实的想法、感受与意图）；而反宗教改革的思想家们在理论上却非常不情愿伪装什么（也就是说积极主动的去表达出他们根本没有的想法、感受和意图），但是在实践上他们也确实经常发现如此作为是有空间的。[32]

当然，关于这些主题，马基雅维里的著作始终具有深刻的影响力。在他的《君主论》（*The Prince*）那一个备受污名化的第十八章中，马基雅维里论述了在观念上拥有某些品质和实际具有某些品质之间的相对价值——也就是"看上去是"和"事实上是"的区别。而且，虽然大多数国家理性的理论家们坚持实际上如此（诸如有德性的、虔诚的和勇敢的等）从长期看是更好的，但是他们作品中有一个非常明显的特征就是他们在看起来是这一问题上耗费了大量的精力。这里的关键概念就是"声望"（reputation）。博泰罗在他的关于国家理性的论著中宣称"爱与声望"是"所有治理和统治中的两个最基本的要素"。[33]他解释说，统治者的权威要么基于爱，要么基于恐惧，要么基于声望；而声望自身就是爱与恐惧相结合的产物。爱本身就是最好的，但在实践上也是最不可靠的，因为人从本性上是变化无常的；声望本身比爱或者恐惧单独来说是更好的，因为"能够从爱中获得的是统治者和其臣民之间的联合，而从恐惧中获得的是他们的臣服"；但是，在构成声望的要素中，恐惧占据着更大的比重。在任何情况下，无论如

104

---

〔32〕 针对伪装这一理论的神学上面的限制以及如何避免它们的各种方法，参见 J. P. Sommerville, "The 'New Art of Lying': Equivocation, Mental Reservation, and Casuistry", in E. Leites, ed., *Conscience and Casuistry in Early Modern Europe* (Cambridge, 1988), pp. 159–84; P. Zagorin, *Ways of Lying: Dissimulation, Persecution, and Conformity in Early Modern Europe* (Cambridge, MA, 1990).

〔33〕 Botero, *Reason of State*, V. 9, pp. 113 - 14, adapted (*Della ragion di stato*, p. 162: "essendo due fondamenti dell'Imperio, e del governo, l'amore, e la riputazione").

何分析，声望都依赖于"人民对于其统治者的信念和看法"。[34]
弗兰切塔也同意这种看法，他在其论著中花费一章的篇幅论述
"对于统治其国家的君主而言声望是如何地重要"；英国的耶稣会
士托马斯·菲茨赫伯特（Thomas Fitzherbert）也强调了声望的重
要性，并且声称"对于外在的善好而言，它是至为关键的和最为
珍贵的"。[35]利普修斯同样对此主题格外着意：他注意到，所有
的统治取决于被统治者的"一致同意"（同意和赞同），而这种同
意是从他们对统治者的看法中得到的："这种同意一旦被剥夺，
那么他的王国也就被剥夺了。"[36]（这个评论是来自"论傲慢"
这一章——如果君主对于其人民失去了威望，那么他们的人民就
会对其君主采取一种傲慢的态度。）很多后来的关于国家理性的论
著也都赋予声望以特殊的重要性。比如，德·罗恩公爵就强调其
对内政和外交事务的重要性（评论道，如果一个君主由于其广泛
的情报网络而享有盛誉，那么其他的君主就不敢轻易地实施阴谋
诡计来反对他），并且总结说："看似是一个空洞的事物，但是却
能带来实质的结果。"[37]并且黎塞留在他的著作《政治信约》
（Testament Politique）中也将其视作不能打破协议的首要理由，
因为这样的撕毁协议的行为会深深地伤害统治者的威望："他背
信弃义，则必然丧失其威望，因此失去作为主权者最为强大的力

---

[34] Botero, *Aggiunte*, fos. 42–4（fo. 42r: "nell'opinione, e nel concetto, che il
popolo ha di lui"；fo. 44r: "ella prende dell'amore l'vnione de' sudditi col Prencipe, e dal
timore la soggettione"）.

[35] Frachetta, *Il prencipe*, pp. 21–6（p. 21: "Quanto importi al Prencipe la Ripu-
tatione per il gouerno dello Stato"）；T. Fitzherbert, *The First Part of a Treatise concerning
Policy, and Religion*（n. p.［Douai］, 1615）, p. 271.

[36] Lipsius, *Politicorum libri sex*, p. 194.

[37] De Rohan, "De l'Interest des princes", p. 277（"C" est vne chose vaine en
apparence, mais qui produit de solides effets）.

量。"[38]

从上面的例子可知，对"看上去是"的要求可能导致"实际上是"的结果。当然，也存在其他的方法来培育威望（以及爱）所带来的真实而实际的后果。其他的一些著者也特别注意如何让统治者不仅增强其国家实力而且还通过发展商业和工业来培育臣民的爱戴的各种方法。[39]博泰罗更是从更一般意义上论述"他希望能够让臣民满意和宁静，这就需要去保卫他们的财富、正义、和平以及各种确定无疑的自由"；正如鲁道夫·德·马太（Rodolfo de Mattei）已经指出的，很难搞清楚是否这就是博泰罗将此类事物当做实现成功统治的基本手段，或者这些事物就是君主最为珍视的东西。[40]在"同意"这一概念周围还环绕着类似的模糊性，不仅是隐含在关于威望的一般论证中，而且被诸如利普修斯（正如前面引述的）、弗兰切塔（他说统治者需要人民的同意，无论是直接的还是间接的，公开的还是默认的）和西班牙耶稣会士胡安·德·玛丽安娜（Juan de Mariana）（她相当细致地组织自己的论证说，"君主不要试图在国家中从事那些臣民不同意之事"）所公开表述。[41]这是否是一种实现有效统治的方法，还是说获得同意某种意义上就是一种道德义务？国家理性的论者们并没有去寻求

---

[38] 引自 von Albertini, Das *politische Denken*, p. 185: "qu" il ne peut violer [*sc*. sa parole] sans perdre sa réputation et par conséquent la plus grande force des souverains.

[39] 参见 Bireley, *The Counter-Reformation Prince*, p. 129.

[40] G. Botero, *Relatione della repubblica venetiana* (Venice, 1605), fo. 74r ("chi gli vuole tener contenti, e quieti, deue procurare loro l'abbondanza, la giustizia, la pace, & vna certa honesta libertà"); de Mattei, *Il problema della "ragion di stato"*, p. 56.

[41] Frachetta, *Seminario*, *discorso* 6, p. 30: "hanno bisogno del consentimento del popolo, ò immediato, ò mediato, ò espresso, ò tacito"; J. de Mariana, *The King and the Education of the King*, tr. G. A. Moore (Chevy Chase, MD, 1948) [tr. of *De rege et regis institutione* (Toledo, 1599)], p. 345, cited in J. A. Fernández-Santamaría, *Reason of State and Statecraft in Spanish Political Thought*, *1595–1640* (Lanham, MD, 1983), p. 99.

一种论证以达到获得对此问题的一个明确答案的目的。最后，因为国家理性理论并非一种完整的政治哲学；它只是给出了一些技巧及假设，但是并没有直接处理涉及政府和法律的最基本原则的论证。这或许是为什么关于国家理性的流行趋势最后消亡的原因。一旦这些技巧被吸收后，他们就不再有什么新东西能提供出来了；那么理论兴趣就开始向其他类型的政治理论思考转移了，进而锚定在更为抽象和一般的政治原则中的若干假设上去。

根据对国家理性传统简单而必要的形象刻画，有一些评论就应该附加到《第二绝密谕示》性质的讨论上去，以及关于这一文本与卡文迪什和霍布斯的可能关系的考虑上去。《第二绝密谕示》与国家理性之间的关系是不言自明的，即便对于漫不经心的读者而言也是如此：文本自身提到"伟大的原因，作为原因中的原因，国家理性"。[42]但是，再详加考察，这部作品对于国家理性理论的运用方式却是相当模糊的。这一带着讽刺和模仿性质的作品，某种意义上却又被相当严肃地予以对待；这个被看成是"绝密"的谕令却相当广泛地被阅读。若以最为极端的方式来说，它提供的只不过是国家理性的单纯仿效版本，一个被反宗教改革理论家所宣称的极端糟糕的关于"坏的"或"错误的"国家理性的实例："你不仅要使用暴力和谋略，而且其作为只不过是那些违背神法的犯罪行为以及诸如此类的东西。对此，我可以给出第一、第二甚至成千上万的意见。"[43]虽然这种说法显而易见是去推翻或者驳斥国家理性的，但是很多论证细节对于那些熟悉国家理性的人来说并没什么说服力。这两句话转引自巴拉丁选帝侯的建议信，他的目的是在其敌人中间煽动不信任和不团结——此事与博泰罗

---

〔42〕 第九节。
〔43〕 第三十一节。

的建议所表达的在异教徒臣民中间鼓动纷争并无二致。在其他地方，此作者也建议弗里德里克去买通其对手的顾问们；利普修斯同样是如法炮制的，他将这一策略归为"欺骗"手段（"medium" fraud）这一范畴。[44]改变自己信仰的这一建议也被归为利普修斯的范畴，因为利普修斯本人也不止一次地改变了自己的信仰。[45]被这位作者刻画为欺骗的此类行为并不必然要遭受谴责；同样被利普修斯使用的概念被同时用在他所赞成的和他所反对的事情上去。正如为了强调这一点，作者在其关于欺骗的建议后面附上的一段评论，而读者们可以在利普修斯的《政治六书》（*Politicorum Libri Sex*）一书中找到最为马基雅维里式的句子："一旦狮子的皮损害了，就把狐狸的皮套上［*sc.* skin］。"[46]

作者是否在暗地里讽刺或者是完全不信任利普修斯的国家理性理论呢？如果是这样的话，那么他就是相当不公平的，因为他删去了利普修斯的关键性条件（即任何欺骗都应该对公共利益负责），而仅仅当成是为了弗里德里克个人安全和利益的事情了。但是，依然没有充分的证据表明作者具有任何清楚明白的道德目的。

107 在这一点上，他相当不以为然地去评论那种和异教徒结盟的看法，并且以最真诚的反宗教改革的姿态警告说，宗教的诫命最终必然获得胜利："我担心这样不虔敬的做法，会导致其所追求的刚好是其所毁灭的。因为在政治策略方面，宗教是最后被诉诸的，它看上去就如同某种能够巩固最高执行官的君王式的权力手法，并对正确与错误加以裁判。"[47]但是，这种告诫是尤其值得注意的，

---

〔44〕 第十九节。

〔45〕 第二十一节。

〔46〕 第十九节（注释 224）。对另一句话的使用也可以在第二十五节（注释 261）中找到。

〔47〕 第十四节。

在文本中它是如此突出，风格迥异。另一个指涉到上帝的句子来
自这一段评论，"对于经验的顽固抵制就是对上帝的伤害"，它看
上去仅是一种强调世俗经验之重要性的修辞方式。[48]有些宗教动
机是归因于路易十三的（"宗教是令人敬畏的，它认为反对上帝
是一种深重的罪孽"）；但是他对被开除教籍的恐惧可以被其实
实在在的世俗后果所解释（"他说他不会去反对教宗和他的朋友；
他害怕被开除教籍。这样的后果就是对其君王的叛乱"）。纵观
整个文本，所有的人类行动都可能通过自利的概念而被判断；转
换成一个疑问句的修辞方式，"是否每一个人都最爱他自己？"其
答案是毫无疑问的。[49]此文的一部分都是在进行一系列的案例研
究，作者所要说明的是选帝侯的联盟者们，无论其关系在血缘上
还是在友谊上如何亲近，也无论当时宣誓时多么严肃而强烈，一
旦统治的利益与其存在分歧，那么他们会迅速地抛弃他。人们很
少询问博泰罗这一段评论的实质细节，"在君主做决定的时候，利
益是比任何论证都来得有说服力的；所以他不应该在诸如友谊、
血缘关系、协定或其他的联系中寻得信任，因为它们对于利益而
言于事无补。"[50]作者不仅说明了他们如何追随自己的利益，而
且还指出，为了这样做他们所采取的各种欺骗伎俩。[路易十三欺
骗了他的盟友；克里斯蒂安四世通过欺骗占领了不莱梅（Bre-
men）。][51]同样，如果说此文的第一部分的分析是相当令人信服
的（正如其目的也确实如此），那么很难让我们忽略其在第二部
分中不证自明的带有讽刺意味的建议。作者似乎在和国家理性理

---

〔48〕 第二节。
〔49〕 第二十一节。
〔50〕 参见前注 7。
〔51〕 第八和第十一节。

论玩一个游戏：因为它既让人相信同时又是为人所不齿的，同时

寻求既建立起可信度又发觉其声名狼藉。国家理性在此延展，但是并未达到其转折点。

另一个值得被考察问题：在何种程度上此文的写作和出版可以被当成是国家理性的运用？在此，事情并非如其一出现那样直截了当。作者在"国家理性"这一论题上的建议和基本要求必然以伪装的办法采取一种秘密的形式；有智慧和富有经验的顾问在他们的条约缔结中同样要执行重要的任务，这样的顾问应该可以指望其不仅在他所获得的敏感信息中而且对其给予统治者的建议都要保守秘密。因此，乍一看出版"最为绝密的谕令"看上去就是对国家理性的颠覆——如若不是因为明显的事实，那么在此立场上建议自身就是颠覆性的和半讽刺性的，其目的就不是去增强其建议的说服力而是弱化它了。然则，真实的情况确实是此文本中包含着明确的政治信息，而且是那种一般读者特别愿意获得的信息。并且确实有很多论述"国家理性"的论者也对其君主声言，他们并无意图让普罗大众去深究政治的"秘密"（arcana）。（吊诡的是，这样的建议确实在关于这些"秘密"的书中被发现了，这些秘密被大量售卖给了普罗大众。）一个现代的历史学家总结道，在"国家理性"的历史文献中，"重要的原则是被秘密处理的，而不是付诸宣传"，他以保罗·萨皮作为这一原则的例外——他既兜售自己的小册子，同时也将其建议的核心原则卖给威尼斯的元老院。[52]

但是，这就对国家理性理论的要求采取了一种过于狭窄的视

---

〔52〕 De Vivo，"Paolo Sarpi and the Uses of Information"，p. 45. （德·维沃指出，萨皮对元老院的建议意味着这在原则上比让人民对国家事务保持无知要好，但是如果有些事情破坏了其出版，这也必然导致抵制这一行为。）

角；也就无视了"声望"这一理论的广泛应用，而此理论能够积极地辅助政治宣传的实践。正如这些论者所强调的，声望不仅在正常情况下对国家内部的稳定是非常重要的，而且用弗兰切塔的话说，"在战争中声望对于统治者的作用不亚于其在和平状态中的作用。"[53] 在国内冲突的任何情况下，统治者声望的提升都能被计算进其力量的增长部分之中（正如它能够抵御其敌人并能吸引其盟友）；因此，同样地，一种有效的消减其对手力量的方法就是去降低他们的声望。这样一种有抵御性质的宣传行为并不必然就是伪装和谎言；去揭开对手的伪装和掩饰可能是相当奏效的，因为它阐明了什么是真实的。（正如针对法国君主而言的基本原则，德·罗恩公爵会提出一种揭露西班牙和教宗对天主教的滥用的政治策略就是为了"使天主教徒理解那种被隐藏的立场"。)[54]《第二绝密谕令》的作者理解什么是真实和什么是谎言，这就能产生良好的宣传效果。并且为了达到其目的，他也非常乐于去利用公众对"秘密"信息的渴望以及公众希望看到国家理性的著作被彻底暴露出来所获得的快乐。

　　这些读者中就包括托马斯·霍布斯，我们能够假设他对"国家理性"的理论文献是相当熟悉的。直到他为哈德威克起草图书目录的 1627 年或 1628 年，目录已包括卢辛热的《论增量》(*De Incrementis*，这是他 *De la Naissance…des Estats* 的拉丁语翻译本)；博泰罗的作品全集，包括他的《国家理性》、《伟大城市论集》(*Treatise Concerning the…Greatnes of Cities*)、《普遍关系》(*Relationi*

---

〔53〕 Frachetta, *Il prencipe*, p. 150: "Non importa meno la riputatione al Prencipe nella guerra che nella pace." 引自《政治家》第 17 节："战争依赖于名声。"

〔54〕 de Rohan, "L'Interest des princes", p. 280: "faire comprendre aux Catholiques le venin caché la dessous").

Universali)、《基督教原则》(*Principi Cristiani*) 和《回忆录》(*Detti Memorabili*);弗兰切塔的《普伦西普》(*Il Prencipe*);利普修斯的《政治六书》;玛丽安娜的《王国制度论》(*De Rege et Regis Institutione*);查伦的《论智慧》(*De la Sagesse*);达灵顿的《格言集》(*Aphorismes*);菲茨赫伯特的《政策与宗教论集》(*Treatise Concerning Policy and Religion*)。[55]它也包括了马基雅维里的《论李维》(*Discorsi*)(拉丁文和英文的翻译本)以及他的《佛罗伦萨史》(*Florentine History*)(英文本);圭恰迪尼的一些作品(英文本和意大利文本);保罗·萨皮的《塔兰托议会史》(*Historia del Concilo Tridentino*)以及他反对威尼斯禁令的论战史;以及博卡里尼的《诗坛万相》和《完美的彼得拉》(*Pietra del Paragone*)。[56]当近代的法国思想家出现的时候〔诸如德·拉·诺(de la Noue) 和博丹〕,意大利人以其他地方语言构成了当时的焦点,这是相当引人注目的;这也意味着在 1614—1615 年间在威尼斯停留期间可能对于霍布斯和卡文迪什(他的意大利语水平确实高于其他语言)来说是其思想的形成时期。虽然确实存在一些意大利文学上的花里胡哨,但是意大利思想家在政治史、塔西佗主义和国家理

---

〔55〕 Chatsworth, MS Hobbes E. 1. A. 在某些地方詹姆斯·马布(James Mabbe)的反宗教改革的"国家理性"传统的西班牙作品是一些不完整的手稿, Juan de Santa María's *Tratado de república y policía cristiana para reyes y príncipes* (Madrid, 1615):Chatsworth, MS Hardwick 49. 这些手抄本可能在翻译本出版之前就已经被得到了。[*Christian Policie*:*Or*, *The Christian Common - wealth*:*Published for the good of Kings*, *and Princes* (London, 1632)];但是这个手稿依然没有被开列在哈德威克图书馆目录(MS Hobbes E. 1. A)之中。(这个手稿是一个合订本,包括了为了翻译准备的足够稿纸,但是只有前面几页被使用过,并有题献诗和第一到四章;可能是在得知这个翻译本要被出版或者可能已经被出版的情况下,这个完整的抄誊部分就被取消了。)On de Santa María's work see Fernández-Santamaría, *Reason of State and Statecraft*, pp. 101-4.

〔56〕 Chatsworth, MS Hobbes E. 1. A.

性等领域是异常突出的。霍布斯可能负责购买了他们的很多书籍。[57]但是这一模式也可以用来确认霍布斯自己写给德文郡伯爵二世（the second Earl of Devonshire）的话："针对他的学习，很大部分最好是从伟大的人物、历史和政治知识中获取，不要引导其阅读表面知识，而是要指向如何管理自己的生活以及公共善。"[58]

将注意力完全集中于塔西佗著作的编辑和评论是这个图书收集工作的另一个值得注意的特征：而且，历史和政治知识被结合在了一起。在这份书单中，我们发现了"Ammiratus in Tacitum"［Scipione Ammirato, *Dissertationes politicae, sive discursus in C. Tacitum*（"Helenopolis"，1609 年），他的拉丁文版的 *Discorsi sopra Cornelio Tacito*（佛罗伦萨，1594 年）］；"Lipsij opera"（它包含了利普修斯对塔西佗的注释）；"Tacitus English"［*The Annales of Cornelius Tacitus*，由 R. 格林维（R. Greenuey）翻译，伦敦，1598 年］；"Ammirato. Discorsi sopra Tacito"；"Tacito Lat. Italian by Dati. 2. vol."［*C. Cornelij Taciti opera latina, cum versione italic*，法兰克福，1612 年，它包括 G. 达迪（G. Dati）的一个翻译本，并于 1563 年在威尼斯出版］；"Tacito Ital. by Politi"［*Annali, et istorie, di G. Cornelio Tacito*，由波利蒂（Politi）翻译，威尼斯，1615—1616 年］；"Tacitus wth Aphorismes in Spanish"［*Tacito español, ilustrado con aforismos*，由 B. 阿拉莫斯·德·巴里恩托斯（B. Alamos de Barrientos）翻译，马德里，1614 年］；和 "Tacitus in french"［*Les Oeuvres de C. Cornelius Tacitus*，由 C. 福谢（C. Fauchet）和 E. 德·拉·布朗什（E. de la

---

〔57〕 参见前面第一章注释 31。

〔58〕 Thucydides, *Eight Bookes*, sig. A1r.

Planche）翻译，巴黎，1584 年］。[59]

卡文迪什的《论塔西佗的开端》（*Discourse upon the Beginning of Tacitus*）一文的写作可能是得益于霍布斯的某些帮助，它和卡文迪什的其他论文及文章在 1620 年被一起出版，这显示的不仅是对罗马历史学家细致研究的丰硕成果，而且也意味着他对国家理性的传统是颇为熟悉的。自我利益是被视作根本性的："大多数人都是以自己来评断他人，也倾向于认为，所有的人采取行动都是以自己的目的为优先考虑，而不是真理或其他人的利益。"[60] 人类都是愚蠢而自欺的："当人们仅仅考虑自己所希望的东西时，人类一般而言都会有这种弱点；他们犯错误，沉迷于其希望的毫无益处的思虑之中；这样的印象确实可以在其想象中制造快乐之事。"[61] 掩饰具有相当的重要性：阿格里帕（Agrippa）的失势就在于他缺乏一种"凭借正义事业的能力，去克制和掩饰自己的激情和目的；而这被认为在统治艺术中是至关重要的"，相反，提比略则"洞悉所有人都知道如何去隐藏自己的罪恶"。[62] 并且声望的重要性也是被承认的，霍布斯在一个段落中首先以赞赏的姿态同意传统的正义战争的方向，但随后就补充道：

> 但是针对德意志的战争是为了捍卫罗马帝国的荣光，这是必要的，不是因为伟大人物以荣誉为名的好奇心和美好的目的，或者那些伟大的国家，罗马的绝大多数，而是为了真切而实实在在的破坏（有些人可能将其他的东西仅仅当做阴

---

[59] Chatsworth, MS Hobbes E. 1. A.

[60] Hobbes（attrib.），*Three Discourses*, pp. 40–1.

[61] Ibid., p. 62.

[62] Ibid., pp. 57, 64.

暗的），这些都是以忽略其阴暗面为前提才得到保证的。[63]

另一个进一步从传统理论中获得的理由也是这样说道："除此之外，奥古斯塔斯（Augustus）以其伟大而积极的精神在战争中获得商品，这些商品虽然可以在国内被生产出来，但是却会使人们对其权威产生偏见"；这一点也正像博泰罗这样论述"国家理性"的思想家一样，他评论说对外战争如同一个颇有用处的安全阀，由此臣民们内心不安的激情就能得以发泄。[64]

在此论域的作者也能以某种方式同情塔西佗对罗马共和国的怀念之情。一方面，他细心地解释共和国是"通过正当的权威和自由而被建立的［在塔尔坎国王（King Tarquin）被驱逐之后］，不是因为奴役总是与君主制为伍的"，也不是那些掌握君位的人滥用了君主制。[65]另一方面，他反复提及转变为三头制或者执政官制乃使罗马或者人民丧失了自由。[66]论及奥古斯塔斯巩固其权力一事，他写道："这些侵犯国家自由的行为在以前从没有希望有人去反对之；但是，现在坚定的爱国者们却已经被根除了。"[67]并且，更令人吃惊的是，他观察并道：

112

---

〔63〕 Ibid., p. 59. 转引自德·劳恩二十年后所做的评论："这看上去是一个毫无意义的事情，但是确实得来了实实在在的后果。"（前注 37）

〔64〕 Ibid., p. 59; Botero, *Della ragion di stato*, III. 3, pp. 110–11（Botero, *Reason of State*, p. 77）. 这样的观点也能在马基雅维里那里找到"这种对外使用暴力的野心既不是法律也不允许在国内使用却能够消弭国内的麻烦"。[N. Machiavelli, *Opere letterarie*, ed. A. Borlenghi（Naples, 1969）, p. 154: l'ambizion contra l'esterna gente |usa il furor ch'usarlo infra sestessa | né la legge né il re gliene consente; | onde il mal proprio quasi sempre cessa'].

〔65〕 Hobbes（attrib.）, *Three Discourses*, p. 33.

〔66〕 Ibid., pp. 34, 36, 38.

〔67〕 Ibid., p. 46.

正如其他的美德，尤其是深沉的智慧，伟大而卓越的勇气，这些在任何政府之下，更别提在自由的国家之下，都是令人激赏的；但是在一个君主制的国家，作为臣民，服从才是最为伟大的美德……现在他们就只不过是在研究如何下命令，因为从此之后，这对于罗马的良善之人而言就是必要的……但是，将自己全然投身于服从，则奉承就是最为重要的事情了。[68]

虽然这一段落中有着霍布斯的散文风格的影响，但是从作者采取的整体立场上看，这是与我所知的卡文迪什勋爵的政治态度相一致的：这是一个对红色分离势力采取同情态度的塔西佗主义者（倾向于认为，在英格兰 17 世纪 20 年代的坚定的爱国者有义务去抵制那种外在于议会的征税所带来的侵害），他采取一种坚定的国家理性的方法去处理国际事务。这样的人或许会认为对外战争是有理由的——正如为了捍卫其声望和对哈布斯堡王朝的保卫而发动先手战——这些理由与那些清教牧师在讲经坛上所说的是截然不同的。

正如我们所看到的，在 17 世纪 20 年代，没有什么证据能让我去准确判断霍布斯在这些政治事件上所采取的立场。但是，还是存在一些线索让我们能够获知无论他的判断是什么都是受到了塔西佗主义和"国家理性"思考方式的影响。他和卡文迪什的亲密关系以及哈德威克图书馆的证据我们前面都提到过。我们不要忘记在 1622 年由梅森写给霍布斯的一封颇具塔西佗主义色彩的信件［它用来自塔西佗《历史》（*Historia*）第一卷中的文字来说明

---

[68] Ibid., pp. 60-1.

英格兰,并且调用了塔西佗"统治策略"(arcana imperii)的概念]。[69]我们也可以在霍布斯对修昔底德的翻译的前言部分找到一些指引。在写给读者的前言中,霍布斯将修昔底德的作品称为"最伟大的政治历史编纂著作"。在早期现代的英语中,"politique"或"politic(k)"在谋略、行为或者理解政治方面有机巧和精明的意思,但是"policy"(政治策略)在马基雅维里的意义上只是强调了权宜之计以及对与道德、宗教针锋相对的世俗利益的追求。[70]为了拓展同一主题,霍布斯写道修昔底德善于使其读者"去追溯那些身在其位者的建议":换言之,他能够绕开那些公开的借口和官方性质的解释,去辨认那些人通常隐藏起来的动机。[71]在一篇名为《论修昔底德的生平和历史》(*Of Thelife and History of Thucydides*)的文章中,霍布斯为修昔底德辩护(反对狄奥尼修斯和哈利卡拉索斯的批评)说,作者的方法是"将政治的宏大叙事放在首位,并且在其真实的和内在的动机之后,声明了战争的原因",他评论说:"没有理由是不会有战争的。这个理由通常是受到了侵犯,或者假装可能会受到侵犯。因为内在的敌意只不过是臆想出来的,比如对其他国家实力强大的嫉妒,或者恐惧可能受到侵害。"[72]若以国家理性的历史文献为指引去考察发动先手战就有根据了,并且也会将这种理由隐藏起来。霍布斯也认为修昔底德就是那种将自己藏在伪装后面的人:在他的著作的

113

---

〔69〕 Hobbes, *Correspondence*, i, pp. 1-4.

〔70〕 Thucydides, *Eight Bookes*, sig. A3v. OED "politic", adj. 2:"对人来说,去寻求政治策略就是精明、谨慎和狡猾的;而对行为和事物而言就是技巧的、权谋的和有办法的。"这个概念的运用的典型范例就是本·琼森使用在《福尔蓬奈》(*Volpone*)一书中的一个命名"Sir Politick Would-be"。

〔71〕 Thucydides, *Eight Bookes*, sig. A3v.

〔72〕 Ibid., sig. a4r-v.

公开讨论中，时时刻刻都关切着人自身，它提供了对被隐藏起来的或者是不常想到的人类的激情的思考。[73] 但是虽然修昔底德看穿了所有的伪装，他的著作仍然相当机智地尊重"国家理性"原则，而普通民众是不可能真正了解国家的治理术的："马塞林说，他是有意搞得模糊不清的，这样普通民众就搞不懂他。但是，一个聪明人这样写的话，那么聪明人就会赞赏他。不过这种模糊性就不应该呈现在已经被做过了的事情的讲述之中，修昔底德是最有洞察力的。"[74] 在霍布斯早期的一篇论文的评论中，这个意思也被其部分地阐发过，对"秘密"这一个概念做过有趣的使用：霍布斯将修昔底德描述为"拥有清晰的叙事，讲明那些人们眼前的事件和方法，好的与坏的建议，这就能够悄悄地教导他的读者，而使用告诫的形式则能更好地达到效果。"[75] 这样一种"秘密的教导"像加密的信息一样从真正理解国家理性的作者那里被传导到读者那里，当政治策略的原因和结果一旦起作用了，读者就能够充分地理解它。这一评论的源头在他关于修昔底德论文的文末才被呈现出来，霍布斯提出"从尤斯图斯·利普修斯（Iustus Lipsius）那里对他最合适也是最真实的赞扬之词"，引用了希腊历史学家在《政治六书》一书中的颂文说："在他的判断中的言辞，无论在何处都秘密地教导和指引人的生活和行动。"[76]

如果回到霍布斯成熟的政治著作，我们就能发现大量的论题与论证似乎是与"国家理性"传统相呼应的。当然，除了这种一般的看法之外，霍布斯的态度与国家理性论者相似的事实也不能

114

---

[73] Ibid. , sig. a4v.

[74] Thucydides, *EightBookes*, sig. a4v.

[75] Ibid. , sig. a3r.

[76] Ibid. , sig. b1r.

认为他的思想是受到国家理性论者直接影响的。在霍布斯看来，人类在本性上相互冲突的，借助于人类的主动作为（以暴力为保证）去建立可行的政治结构，这就意味着霍布斯其实与这些论者共享了一系列的反亚里士多德主义的前提。然而，在此仍然有一个相似的模式值得关注。

人类将按照其认为的自己的利益而采取行动，这是霍布斯理论中的一条基本原则。"每一个人都是追求自己的利益和增益。"[77]然而，不幸的是"人类的激情往往比其理性更为强大"。[78]只有对理性的恰当运用才能指引人们寻找其利益所在，但是绝大多数人却不能运用其理性，因为他们只是受其激情的推动去追求短期的和眼前的利益："正如理性常常反对人，而人也常常反对理性。"[79]对政治秩序持续不断的威胁来自人民总是追求就连他们都不能充分理解的自己的"利益"——《比希莫特》（*Behemoth*）一书中的一个对话者这样说道："人民总是无视他们对于公共事业的责任，从来不借助任何中介性环节而是直接指向他们的特殊利益。"[80]他们所缺乏的正是霍布斯称之为"共同利益"或"公共利益"的东西；这其实也就是他的理论所致力于提供出来的。并且为了这样做，他也致力于说服他们接受君主制是最佳的政府形式，因为在君主制条件下，"私人（君主）的利益就与公共的利益相一致

115

---

〔77〕 T. Hobbes, *Leviathan* (London, 1651), p. 97. ［这个版本的页码也能在 J. C. A. 加斯金（J. C. A. Gaskin）、C. B. 麦克弗森（C. B. Macpherson）、W. G. 波格森·史密斯（W. G. Pogson Smith）和 R. 塔克（R. Tuck）编辑的版本中找到。］

〔78〕 Ibid. , p. 96.

〔79〕 T. Hobbes, *The Elements of Law*, ed. F. Tönnies (London, 1889), Epistle Dedicatory, p. xv.

〔80〕 T. Hobbes, *Behemoth*: *Or*, *The Long Parliament*, ed. F. Tönnies (London, 1889), p. 39.

了"。[81]

另一个霍布斯理论和国家理性传统之间的重要相似点就是二者都关注公共意见。正如我们所看到的，对国家理性的思想家来说，政治统治是依赖于声望的，被统治者对于统治者的意见是极其重要的。这一方法可以被看作是政治的激进心理学主张：政治统治的基础不在于自然的和谐，也不是军事力量、防卫以及财富，而是在于人们的内心。霍布斯的观点与以下所言是一致的：《比希莫特》中的一个对话者解释道，"至高无上的权力除了公共意见和人们的信念之外没有其他的基础。"[82]在他所有的政治论著中，他都强调说错误的意见和理论将瓦解正当统治的基础。[83]由此，主权者应该关注理论动向和公共意见，并且推动那些正确而有益的理论并对其他人进行控制："因为人们的行动都是从其意见中开端的；为了和平和一致性的目的，对意见的控制就自然包括了对人之行动的控制。"[84]

在考虑如何"对人的行动实施更好的统治"的地方，霍布斯的著作确实不如国家理性的思想家那样提供了大量的细节。正如他在《法律要义》中写道的"不要直接涉及政府统治技艺的某些部分，只要将主要原则归结在一起，那么这种技艺就自然被吸收

[81] Hobbes, *Leviathan*, p. 96. 在他第一部政治著作《法律要义》中，霍布斯并没有使用"利益"（interest）这一概念（这或许是因为他认为如果这样理解那么就会模糊真正的和假想的利益之间的区别，然而从其论证而言其实是一样的），他倾向于使用"好处"（benefit）或"收益"（profit）这样的概念。e. g. II. V. 1, p. 138："主权者和臣民的收益往往是相始终的"。参见滕尼斯（Tönnies）编辑的霍布斯《法律要义》的部分、章、节和页码。

[82] Hobbes, *Behemoth*, p. 16.

[83] Hobbes, *Elements of Law* II. VIII. 4-10, pp. 170-5; *De cive*: *The Latin Version*, ed. H. Warrender（Oxford, 1983）, XII. 1 - 8（*On the Citizen*, ed. and tr. R. Tuck and M. Silverthorne（Cambridge, 1998）, pp. 131-7）; *Leviathan*, pp. 168-72.

[84] Hobbes, *Leviathan*, p. 91.

进来了。[85]然而，还是有些关于"政府统治的技艺"的建议出现在他的著作之中，而其中的一部分确实与国家理性的思想家所言相一致。比如，在《论公民》（De Cive）一书中，霍布斯强调了派遣间谍和情报人员［"探秘者"（exploratores）］的重要性，这些人能够向国家提供关于有能力对国家造成伤害的那些人的"计划和行动"的相关情报。[86]同样地，他在《利维坦》（Leviathan）中解释道："要能够对国家提供他国事情的建议，就必须熟悉来自该国的情报和文献。"[87]确实，在讨论到对国家提供建议的重要性（这一点是他尤为看重的）时，他写到他们必须拥有关于"本国和邻国的国力、财富和地理情况以及可能以任何方式侵扰本国的外国意向和企图等"的丰富知识——这些信息和博泰罗在《普遍关系》（Relationni Universali）一书中所提供的一样。[88]在《法律要义》中，他赞扬"威尼斯贵族制"能够将"国家大事交付少数人决定"；这一观点在《利维坦》中进一步被拓展，他写道："审议公共事务时常有需要保持秘密的，许多人提出建议，尤其是聚议一堂时就很危险"。[89]

当考虑到统治者对其臣民的日常统治时，霍布斯在《利维坦》中将更多的精力关注在法律的公布和正确理论的灌输上，而对于如何增进商业，他的关注则相对较少；但他确实也对税收、公共福利以及如何"管理对外贸易"给出了一些建议。[90]在其早期作品之中，霍布斯也开列了一个相当系统的关于世俗好处的清

---

〔85〕　Hobbes，*Elements of Law* II. IX. 1，p. 179.

〔86〕　Hobbes，*De cive* XIII. 7，p. 145.

〔87〕　Hobbes，*Leviathan*，p. 135.

〔88〕　Ibid.，p. 134.

〔89〕　Hobbes，*Elements of Law* II. V. 8，p. 143；*Leviathan*，p. 136.

〔90〕　Hobbes，*Leviathan*，pp. 119，181.

117 单，这也是主权者有义务增进的责任，它包括四个方面：①人口；②生活条件；③和平与安宁；④针对其他国家的防御能力。[91]在《论公民》中这一清单有些不同："对于尘世生活而言，公民们能够享受到的好处可以分为四个方面：①抵御外敌；②保持国内安宁；③获取财富，这也包括公共安全；④享受无害的自由。"[92]最后一条总结与博泰罗的讲法是非常相似的（如我们前面所引述的）："他希望能够使得其臣民保有富足与安宁，则需要维护他们的财富、正义、和平以及一种确定的有德性 [此处"有德性的"（virtuous）可被翻译为"正直的"（honesta）] 的自由。"[93]对霍布斯而言，所有这些世俗的善好都能够被一句话所概括，即"人民自身的安全"（salus populi）；"安全"（salus）在此最重要的构成要素就是通过保卫和平而维护人民的生存，但是也包括其他形式的福利。"主权者的职责……就包括了为人民求得安全……但是此处的安全不仅单纯是指保全性命，而且也包括每个人通过合法的劳动、在不危害国家的条件下可以获得的生活上的一切其他满足。"[94]

　　这个拉丁语的句子来自这条原则，"让人民的安全成为最高的法律"（salus populi suprema lex exto）。这条原则经常被国家理性

---

　　[91]　Hobbes, *Elements of Law* II. IX. 3, p. 179.

　　[92]　Hobbes, *On the Citizen*, p. 144（De cive XIII. 6, p. 197: "Commoda ciuium quae hanc tantùm vitam spectant in quatuor genera distribui possunt. 1. vt ab hostibus externis defendantur. 2. vt pax interna conseruetur. 3. vt quantum cum securitate publica consistere potest, locupletentur. 4. vt libertate innoxiâ perfruantur"）. 在翻译上"innocent"从字面上看就是"无害"（harmless）的意思。

　　[93]　参见前注 40。博泰罗的"和平"的意思是与其他国家没有处在战争状态，而"正义"指的是国内和平的必要条件。

　　[94]　*Leviathan*, p. 175; cf. *Elements of Law* II. IX. 1, p. 179: "让人民的安全成为最高的法律；在此应该被理解为不仅保全其性命，而且也要包括他们的利益与好处。"

传统的思想家们所引用，它似乎表明这条原则［西皮奥内·阿米拉托（Scipione Ammirato）将其表达得最为清楚］：支持国家理性是能够超越一般法律和政策的更高规范。霍布斯尤其着重地指出，人民的安全与福祉（这是主权者应该予以保护和承诺的）必须超越一般的无论是道德还是法律的行为规范。霍布斯在《论公民》中讨论了"保卫人民"这个主题，他论证说"主权者可以采取任何手段通过暴力或者谋略去颠覆任何使其感到忧惧的外国政权"；这就囊括了利普修斯的"中介性"欺诈这个范畴，并且使用的"任何手段"还远远超越了此范畴。[95] 而确实在有些时候，霍布斯也准许了那种极端违背道德的行为，而它则远远超过了国家理性传统的范围（有一个可能的例外就是劳德对于颠覆政权的解释）：在《比希莫特》一书中，其主要的对话者解释说，内战是由于受到"长老会的议员们煽动"而引发的，并且估计说"大概有十万人"死于内战之中。霍布斯说道："这难道不是比那些长老会的议员们的煽动更好的结果吗？或许一千多人还未及祷告就惨遭杀戮。我承认这确实也是杀戮，但是杀死一万人不是更为惨痛吗？"[96]

118

在很多方面，我们有理由将霍布斯的政治理论和国家理性并置于一起：它们之间存在着一致性，有些地方也是相互认同的，以及在国家理性的一些奇怪的想法上也是如此。但是霍布斯著作

---

〔95〕 Hobbes, *On the Citizen*, p. 146（*De cive* XIII. 8, p. 198："Quibus etiam addi potest quicquid ad potentiam externorum à quibus metuunt, vel arte vel vi minuendam conducere videbitur"）.

〔96〕 Hobbes, *Behemoth*, p. 95. 理查德·塔克将《比希莫特》刻画为一部塔西佗式的作品，尤其是考虑到克伦威尔（Cromwell）的时候（"霍布斯与塔西佗"）；而对这一判断更有说服力的看法参见 N. Malcolm, "*Behemoth Latinus*: Adam Ebert, Tacitism, and Hobbes", *Filozofski vestnik*, 24（2003）, pp. 85-120.

的整体偏向却是不同的。正如他的著作中缺乏"政府统治技艺"的具体指导，同样也忽视了政治历史中的具体事例以及古希腊、罗马和当时欧洲的军事活动和策略，而这些是充斥在"国家理性"传统作者的书籍之中的。这不是一个风格的偏好问题；它反映了霍布斯关于政治理论之本质的基本看法。因为研究历史知识是为了从"经验"中获得一种"审慎"的能力。霍布斯承认"一个人对过去的事物的经验比另一个人多多少，他也就比另一个人谨慎多少，其预测失算的情形也就少多少"。[97]他说一个更高水平的审慎能力对于一个建议者而言是非常重要的，并且对于统治一个国家而言也是非常必要的。[98]但是最后，审慎只是提供了一种推测的基本形式，这种推测是通过将过去的事件和未来的事件加以连接而形成的："这种推测由于很难将所有的情况都观察周到"因而是"非常靠不住的"。[99]并且任何理论和信念一旦缺乏确定性，人们就会削足适履以使其适应他们的激情和利益：因此霍布斯公开反对那些假装懂得政治审慎的人（这些人也是被本·琼森所讽刺的那些业余的国家理性理论家们），霍布斯将他们比作国家中的寄生虫。[100]

霍布斯所致力于提出的不是审慎而是科学——一种系统的确定的知识。这种科学的目标不是关于政府的治理术的，而是一种证明政府存在之必要性以及确定政府所必备特征的理论。霍布斯也认为日常事务的管理确实需要审慎与实践技巧，这就好比网球比赛中的运动员一样。[101]但是，他观察说："创立和维持国家的技

---

〔97〕 Hobbes, *Leviathan*, p. 10.
〔98〕 Ibid., pp. 34, 134.
〔99〕 Ibid., p. 10.
〔100〕 Ibid., p. 174.
〔101〕 Ibid., p. 136.

艺正像算术和几何一样在于某些确定的法则,而不像打网球一样只是在于实践。"[102]霍布斯的"科学的"政治理论某种程度上是建基于定义及界定的基础上的:既然一个正义的行为是与已约定的契约保持一致的行为,一个行为被认定为非正义的就是它破坏了契约。同时,这些看上去是分析法学的范畴(包括权利和权利的转让)都奠基于对于人的行为及其行为结果的刻画;这种霍布斯式的"科学"的整体特性就是将本质性的要素("命名"的科学和"原因"的科学)加以分解,这些问题长期困扰着当代的霍布斯研究者。但是有一点非常清楚,霍布斯所致力于的事情远远超越了国家理性思想家们所做的工作。这一点也可以通过其政治理论中所使用的关键性法学概念予以佐证,诸如权利、契约和权威——而这些概念是很少出现在国家理性文献之中的,在那些文献中这些概念几乎全都是描述性的。

说霍布斯超越了国家理性思想家的思想畛域并不意味着霍布斯将其关注中心全然看作是不相干的。在某些方面,他的理论可以看成是在回答国家理性文献中所提出的问题。比如,"利益"这一相当不确定的概念经常摇摆在客观性和主观性之间。霍布斯制定了一个价值概念的体系,在其中诸如"好"和"坏"的这类简单的主观性道德概念的使用被承认了,但是依然有一个更好的价值序列(这些就和获得唯一的善相关,这也就是自我保存,而其他所有主观性的价值都应该让步)。这些加高的价值就被刻画在自然法、道德原则之中,这些就是客观的。虽然自然法会被基于自我保存需要的特定情形所压倒,但是自然法本身确实是不会改变

120

---

〔102〕 Ibid. , p. 107. "维持"在这里不是一般的日程政府事务,而是指使国家始终成其为国家——比如说,正如某些人忽略政治科学的本质性部分而将主权者的关键性权力转让出去。

的。一个人的"利益"尤其在于首要的和客观的部分（只要有东西能够增加其自我保存的机会，那么就是他真正的利益所在），同时也有其次要的和主观的部分（与获得主观的好处有关）。

霍布斯使用了"有利的"（utile）和"有损失的"（turpe）作为表示主观价值的词语，并且解释说传统的道德用语只是表达了自然法的诫命，而他给出了达至一个人的客观利益的中介性规则。[103]但是与此同时，霍布斯也讨论了违背自然法的情形（非道德的行动）是如何被证立的：在任何一种特定的情形之下，一旦自我保持受到了威胁，无论一个行为如何不被允许、如何与自然法直接相反，只要其对自我保存有需要就应该被采取。这样一种论证并没有直接运用于主权者和其对外关系，霍布斯并没有简单地将其推导到国家层面；霍布斯采取了一个更为复杂的论证模式以讨论主权者对自然法的义务。[104]但是却产生了同样的结果：一个价值序列体系解释了为什么一些一般的价值是要被突破的。与国家理性的思想家不同，霍布斯并没有在两个基础极端不同的价值天平上摇摆不定，而是展示了它们如何在一个单一的价值体系中准确定位。

同样，霍布斯对"同意"这种本质性因素的解释也解决了国家理性的思想家们的模糊不清。"同意"，对霍布斯来说不仅仅是一个主权者如何增进其利益的方式，而是主权者之权威的来源。[105]

121

---

〔103〕　Hobbes, *Leviathan*, pp. 24–5（霍布斯用"pulchrum"/"turpe"表示看上去的好/坏，以"utile"/"inutile"表示达到这些东西的手段）；pp. 79–80.

〔104〕　参见 Malcolm, *Aspects of Hobbes*, pp. 432–56.

〔105〕　Hobbes, *Leviathan*, p. 250："所有君主的权威都必须基于人民的同意。"对国家理性论者和霍布斯之间的区别的这个方面，将前者如何采取技术手段以维护统治者权力以及后者如何通过权威与服从这种互动模式的对比，参见 G. Borelli, *Ragion di stato e Leviatano: conservazione e scambio alle origini della modernità politica*（Bologna, 1993）.

霍布斯承认"公共意见"是极端重要的；但是，其重要性不是说臣民对君主采取什么行动和政策的意见（在任何时候他的声望都是其基础），而是臣民对于其权威之本质的看法。霍布斯对于"公共意见"这一主题的看法比国家理性的思想家们更为深刻，也更为宽泛。由此，他将所有可能影响臣民对主权者权威之本质的看法的因素都考虑进来了（包括但不限于宗教信念）。对人民信念的控制和管理对于霍布斯而言远比那些国家理性的思想家们所强调的更为重要。随后，霍布斯解释道，信念并不服从于意志，它不能被命令和强迫，只有通过对人民的长期教化和劝诫才可能达到效果。

基于政治上的便利，教化和劝诫以灌输信念（统治者所灌输的）是错误的吗？霍布斯明确地认为，在有些情况下就应当如此，并且确实可以带来好处。霍布斯指出"外邦开国君主和立法者们"已经这样做了，不仅是尊重宗教仪式［"鲁玛·庞贝利乌斯（Numa Pompilius）便假称他自己在罗马人中所制定的仪式是从水神伊吉利娅那里得来的"］，而且从更一般的意义上说，他们关注的是"去使人们相信，法律所禁止的事情就是神灵所不悦的事情"。[106]但是，在霍布斯讨论迷信、神职人员的伎俩和"黑暗王国"的地方有大量的证据显示他认为这种方法远不是最佳的：人民的脑海里被灌输了错误和荒谬的信念就极易被利益团体所控制并转而去反对他们的主权者。最佳策略就应该灌输关于政治统治规则之本性和必然性的正确信念——霍布斯所致力于建立的"科学"。因此，在讨论主权者义务的时候，霍布斯写道："让人民不了解或者错误地了解这些基本权利的根据和理由，都是违反他的义务的……

122

---

［106］ Hobbes, *Leviathan*, p. 57. 这一主题在马基雅维里的传统中相当常见（通常以鲁玛·庞贝利乌斯为例），关于宗教信念作用的类似看法参见霍布斯1636年的一个评论，参见第五章注释44。

这些权利的根据很需要确实地教示给人民。"[107] 当需要让难以驾驭的人民建立秩序的时候，高贵的谎言和善意的欺骗确实对建立一个国家是有好处的，但是从长期的和平以及稳定性来考虑，人民就应该被引导着去完整地理解权威的本质和根据。霍布斯因此提出了一个"公共原则"的理论（这一原则认为公众应该具备关于国家之本质和如何使用权力的正确知识）；而他针对人类所提供的长期规划就可以被刻画为人类启蒙的系统工程。[108]

当然，这并不是说霍布斯将"讲真话"提升到绝对的道德要求这一层面。霍布斯的政治理论中对公共/私人领域做了区分，并在此之外也坚持表达与写作等都要服从主权者的命令，还设想了一种要求掩饰和伪装的情形；甚至讲真话的哲学家，一旦涉及哪怕被权威所公开承认的宗教问题的讨论也会发现他们处于如此情状之中。[109] 更一般地说，无论是出于掩饰还是伪装，霍布斯对普通人所需求的具有表演性质的自我表现有着敏锐的洞察力；再者，在公共与私人领域之间存在着差别，人们脑海中形成的所有观念并不会全部都自由无碍对他人传达。[110] 依他的观点看，说出国家

〔107〕 Hobbes, *Leviathan*, p. 175.

〔108〕 参见 D. Johnston, *The Rhetoric of Leviathan: Thomas Hobbes and the Politics of Cultural Transformation* (Princeton, 1986); R. P. Kraynak, *History and Modernity in the Thought of Thomas Hobbes* (Ithaca, NY, 1990); J. Waldron, "Hobbes and the Principle of Publicity", *Pacific Philosophical Quarterly*, 82 (2001), pp. 447–74; Malcolm, *Aspects of Hobbes*, pp. 537–45.

〔109〕 关于这一问题的有价值的并将其与国家理性的思想家联系在一起的讨论（不过可能过分夸张地突出了霍布斯在这一问题上的哲学意义）参见 K. Hoekstra, "The End of Philosophy (The Case of Hobbes)", *Proceedings of the Aristotelian Society*, 106 (2006), pp. 23–60.

〔110〕 针对此主题的最早的论述参见 M. Brito Vieira, "Elements of Representation in Hobbes: Aesthetics, Theatre, Law, and Theology in the Construction of Hobbes's Theory of the State", Cambridge University PhD thesis (2005).

的本质和存在之必要性的真正道理对于维持国家的权威非常重要，123
当然这绝非唯一的办法，对一部分人民而言也可能不是最好的办
法：除了对惩罚的恐惧之外（如此臣民就应该理性地考虑自己的
行为可能带来的后果），一种确定性权力的展示也是需要的——这
就表现在能使臣民感到恐惧的"利维坦"的形象之中。在实际的
政府运作中对于秘密、伪装和掩饰的使用，正如我们看到的，霍
布斯也接受它们在特定情况下的价值。然而，他的"公共原则"
也蕴含着这样的意义，当人民逐渐被启蒙了并且更有能力接受国
家制定策略的道理的时候，掩饰和误导的作用就降低了：比如，
如果人民理解了基于政治原则而发动先手战是有道理的，就不需
要以什么借口向人民展开宣传了。在《第二绝密谕令》的世界
里，最为重要的政治原则是高度机密的，因为它们并不能被公开
宣称出来，当然霍布斯对此非常清楚。但是他的目标是用一个更
好的方法取而代之。

《第二绝密谕示》霍布斯译本

BL, MS Add. 70499, fos. 73-83

【备注】原著第 124~199 页以英文-拉丁文双语对照的形式列出《第二绝密谕示》全文，译者在此根据霍布斯英译本并参酌拉丁文原本译出，双语原文则不再保留。

124　　敬献弗里德里克五世的第二绝密谕示，由低地荷兰语译为拉丁文且为了最高公益而被披露。

元老院批准，1626 年，海牙

一

当你开始时，我帮助你；当你成长时，我为你欢呼；当你统治时，我指导你。在放逐途中，我追随你，我忠诚地守护你的踪迹。当财富飘摇不定，我心却恒久不变。[1]大部分人离你而去。

---

〔1〕 拉丁本原来有 "stat"，而不是 "stant"，"当运气捉摸不定时，忠诚却在胸中坚定不移。" 引自 Silius Italicus, Punica, XI, ll. 3-4："stat nulla diu mortalibus usquam, | fortuna titubante, fides"。

他们所追随的不是你，而是你的财富。我是你忠实的朋友（Acha-tes），我就是你的莫逆之交（Theseus）和亲密无间的朋友（Pyla-des）〔2〕；我对于你而言正是如此。当你扬帆远航时，我将自己的小船系于你的船尾，这样就能和你一起停靠同一个港湾，能随着波涛与你一起起伏。我不会撇开你去寻求自己的荣光。〔3〕我只有与你在一起才能摘取繁荣的果实，没有你，繁荣之花就会凋零。

二

这是我第六次召唤你〔4〕，这也不算太晚——如果以往失去的会被随之而来的获得所弥补，那么很容易就抛弃过往〔5〕——六年来你的希望一再落空，这使你一直需要你的指导者。他们过于高远以至于我的声音无法抵达，过于强大以至于你朋友的牺牲和奉献也不能改变。名声的巨大阴影使你夜不能寐，你错误想象的王国却如影随形。在他破产之后重新估算他的利益——借贷者掐着指头计算〔6〕——用他徒劳无益的虚构来取悦自己。继父布列塔尼（Brit-

---

〔2〕 这里提出的三个形象都是用来描述忠实的朋友：Achates 是 Aeneas 的朋友；Theseus 是 Pirithous 的朋友；Pylades 是 Orestes 的朋友。

〔3〕 "I shall not seek any glory in my affairs without you." Vergil, Aeneid, I, l. 278.

〔4〕 这个表达是令人困惑的，在《绝密谕示》的文本里出现了两次，作者显然意识到其中的一个。拉丁语的"sexto"意指"六次"（six times）；"对第六次"（for the sixth time）更为正确的表达是"sextum"。可能单词"anno"丢失了"在六年中"（in the sixth year）。

〔5〕 "It is easy to jettison the past, if the good prospects that follaw the loss with compensate for it." 这个句子似乎包含在维吉尔的怀旧诗中，Aeneid, II, l. 646: "fa-cilis iactura sepulchri".

〔6〕 贺拉斯的《抒情诗》（Epode）第二卷就是在讽刺自欺的借贷者 Alfius；"sollicitis articulis"这句话来自 Ovid, Ex Ponto, II. 3, l. 18. 拉丁语这里也暗示了Horace, Saturae, II. 3, ll. 18–19 里的一句话，"Postquam omnis res mea Ianum | ad me-dium fracta est"，"after all my business collapsed at the central arcade of Janus [a place where moneylenders had their stalls in the Roman Forum]".

anny）和姐夫，法国点头，瑞典许诺，丹麦教唆，萨瓦煽动。[7]
威尼斯富有，盖伯（Gabor）友好，土耳其你的保护人，布鲁斯威
克（Brunswickes）[8]，杜尔拉赫[9]和曼斯菲尔德人[10]的军队，
撒克逊人的力量，日德兰人（Juitlanders）[11]，布雷达（Breda）
的解放[12]，日内瓦的劫掠[13]，瓦尔特林的分裂[14]，瑞士的衰

---

[7] "Sauoyard"是对"Allobrox"的正确翻译。萨瓦公爵卡洛·埃马努埃莱一
世（Carlo Emanuele I）一度是巴拉丁事件的积极支持者，并在1619年为曼斯菲尔德
的军队支付费用，而且从1618年到1626年一直在各种场合游说其他国家（尤其是
威尼斯和法国）反对哈布斯堡联盟。[参见 R. Quazza, "La politica di Carlo Emanuele I
durante la guerra dei trent'anni", in *Carlo Emanuele I*: *miscellanea*, 2 vols. (Turin, 1930)
(= Biblioteca della Societa`Storica Subalpina, vols. cxx, cxxi), pp. 1–45, esp. pp. 6–29).]

[8] 布鲁斯威克-沃尔芬布特（Braunschweig-Wolfenbüttel）的克里斯蒂安
（1599—1626）是布鲁斯威克-沃尔芬布特公爵的兄弟。一个相当激进的巴拉丁事件的
支持者（和冬季女王［波西米亚的伊丽莎白女王（1619—1620）］的热情的崇拜者），
自1621年以来就集结自己的武装力量抵制选帝侯巴拉丁。参见 H. Wertheim, *Der tolle
Halberstädter*: *Herzog Christian von Braunschweig im pfälzischen Kriege*, *1621–1622*, 2 vols.
(Berlin, 1929).

[9] 巴登-杜尔拉赫的格奥尔格·弗里德里克伯爵（1573—1638）在1621年
集结了11 000人的军队与巴拉丁选帝侯战斗；这支军队在1622年战败，但是巴登-
杜尔拉赫随后就成为其积极的支持者。

[10] 恩斯特·冯·曼斯菲尔德伯爵（1580—1626）在白山战斗之后重组了巴
拉丁选帝侯的军队，他是在1621—1626年之间支持巴拉丁派的军事统帅。

[11] 丹麦的克里斯蒂安四世（其王国疆域包括日德兰地区）是低地的撒克逊
圈子的军事领袖，"日德兰人"在这里的翻译是相当精准的，"Cymbrorum"：这里的
Cymbri 或者 Cimbri 被经典的地理学家认为是定居在德国北部海岸半岛的人。

[12] 布雷达在1624年的夏天被弗兰德斯人所围困；所有试图解除围困的努力
都失败了，并在1625年6月4日彻底陷落。

[13] 日内瓦作为西班牙的盟友并与哈布斯堡保持密切的联系，它在1625年3
月被萨瓦公爵（在法国的帮助下）侵略了。

[14] 瓦尔特林在意大利北部地区，它在奥地利和西班牙领土之间构成了一个
重要的战略走廊。1620年，在天主教定居者对其新教统治者［格劳宾登（Grisons or
Graubünden）］进行叛乱之后被西班牙的军队占领了；在法国的压力之下，西班牙
人在1623年将其交给了教皇的军事管制；在1624年后期，法国、瑞士和格劳宾登
的军队驱逐了教皇的部队并占领了该地区。

亡，[15] 卡勒斯（Cales）的胜利，[16] 印第安的财富被劫，[17] 这些 128
都是涌进你脑海的希望和无谓之事，这些让你闭目塞听，那么这
些教导是难辞其咎的。真理虽然强大但却难以穿透盾牌与铠甲。
[18] 当其极度温和之时，对好运气的信心，对嘲弄也能感到满意，
正如建议他们[19] 温和，但是这个建议反倒毁了他。这项指令确实
激怒了你，但同时你虚妄的名声也化为乌有，你的白日梦也消失
了。你的思绪里充满着希望和被扭曲的逢迎，经历很大代价之后，
才能重新清明和顽强。对经验的顽抗乃是对上帝的伤害。如果你
已受伤还在猛闯荆棘，你会失去安全而变得可怜，而这些带来的
安宁也终究失去。因此倾听真理吧[20]，采纳新的建议重新开始。

三

我应该值得你信任，不要问，你应该感念我。当所有人都在
热衷于逢迎，只有我在告诫你危险的存在。在你所有的朝堂之上，
只有我在说真话。但是那些令人愉快的话语总是与真话为敌。最
好的运气有着最糟糕的特质就是自身的不确定性，这将使人对未
来粗心大意。现在这种虚妄的想象消失了，为真实腾下了位置。

---

〔15〕 这可能指的是 1625 年后期法国的一次（成功的）军事行动，并在 1626
年初说服瑞士的第三个州支持法国在瓦尔特林地区反哈布斯堡政策。(参见后面的第
32 节)

〔16〕 "卡勒斯"（Cales）是加第斯（Cadiz）的英语名字；关于加第斯的劫掠活
动，参见后注 17。

〔17〕 在 1625 年秋季，英国和荷兰的海上联军被组织起来对西班牙展开军事行动，
包括夺取了向美洲运送财宝的船只；但是同年 11 月针对加的斯的偷袭却彻底流产了。

〔18〕 霍布斯（或者其手稿副本）删去了两个词："adamantine texta"，"穿过钢
铁缝制的盾牌和铠甲"。

〔19〕 "Floutinge" 意思是 "嘲弄""嘲讽"："他们" 在拉丁版中并无对应物。

〔20〕 霍布斯（或者其手稿副本）删去了这一句："nimis temeritatem luisti"，"你
已经为你的过分莽撞付出了代价"。

这个事情已经回答了我的话——灾难的发生总是先于预言。[21]因此，在此之后你还是要相信我。从我这里你将拥有胆略，从别人那里只是欢颜笑语。我来给你建议，而不是取悦于你。对奥斯特里卡（Austriackes）而言你过于软弱了[22]，在战争中这将反对你，他们会杀光你的战士。[23]我提前告知你，听从别人的话，你将失去你的所有，以至于你没有立足之地，你将失去你所有的臣民，并与那些一度是你朋友的君主们断绝关系。我并不认为波西米亚是忠诚的。[24]他们会将其热情、财富和感激全都交给胜利者。这是他们请求仁慈的开始，但只不过是欺骗。[25]我希望你不要相信土耳其。[26]他否认了你的帮助，回归和平。在巴萨斯（Bassaes）[27]显见的奇迹与战争财产并不相关。[28]我告诉你盖伯会欺骗你。[29]在关键时刻，尤感疲惫。当他逃跑的时候弃你于不顾，只追求自己

130

---

〔21〕 "Ard the disaster surpassed what had been predicted."

〔22〕 参见 Weber, ed., *Secretissima instructio*, p. 40.

〔23〕 "In a war that went against you, they killed ald your soldiers."

〔24〕 参见 Weber, ed., *Secretissima instructio*, pp. 44-6.

〔25〕 这样的宣称并没有在波西米亚等级会议的 1620 年 11 月 13 日的宣言（the "Iuramentum"）中出现。[Lundorp, *Acta publica*, i (1627), p. 854]。但是这个评论可能指涉的是 1620 年 11 月 21 日由留在葡萄牙的等级会议成员发布的公开宣言，这份宣言是给那些逃跑的议会成员发布的：它指责巴拉丁选帝侯和他的统领们只是"在寻求他们自己的特殊的和私人利益"，并违背了他们的誓言（ibid., p. 855："ihre Particular Priuatsachen durchtreiben"）。然而，这与拉丁本中的表述是非常不同的，在拉丁本中 "deceptos"[霍布斯将其翻译为"滥用"（abused）] 意思是"欺骗"（deceived）或者"玩弄"（tricked）。

〔26〕 参见 Weber, ed., *Secretissima instructio*, pp. 54-6.

〔27〕 Pashas（巴夏）。

〔28〕 霍布斯（或在其手稿副本中）删去了这一句话："oleum & operam Venetus perdidit"，"威尼斯人丢掉了时间和麻烦"。（这可能指的是威尼斯人所付出的贿赂和外交努力的价值。）

〔29〕 参见 Weber, ed., *Secretissima instructio*, pp. 52, 56.

的利益。[30]我也告诫过你不要相信联盟。[31]它加速了你的毁灭，火上浇油，听之任之。你知道你自己和你朋友的劝告。我也告诫过你那些君主的帮助是靠不住的。他们最后会吞并巴拉丁。在冬天到来的时候，他们将这块土地中的最好部分送给了斯皮诺拉（Spinola）。[32]确立了友谊关系之后，[33]他们就追逐财富，他们中的有些人开始与西班牙人开战了。确实，所有人都是崇尚财富的，[34]也担心去帮助那些即将失败的人，一旦有人失败了没人会拯救他。我肯定威尼斯的救援虽然缓慢但总会到来。[35]他们说：一百次的呼救，但是一次都没有成功。[36]他说，给你太多对他们而言是负担，太少则对你没有好处，同时对他们的共和国而言也没有光彩。格里森人抱怨说你的欺骗使他们掉进圈套里。[37]我告诉过你在法国[38]和其他国家虽有圣贤，都会成为过眼烟云。这就

[30] "Wearied, at precisely the criticalmoment. He abandoned you as he fled, and consulted his own interest."

[31] （德意志新教君主的）福音派联盟（The Evangelical Union），它成立于1606年，最后在1621年5月正式解散。

[32] 安布罗焦·斯皮诺拉（Ambrogio Spinola）是弗兰德斯的军事统帅，在1620—1621年之间占领了巴拉丁低地的大部分地区。虽然此处使用了"冬季"（Winter）一词，但是它似乎指的是美因茨（Mainz）的1621年4月，其中福音派联盟的成员们同意和斯皮诺拉签订停火协议，从而使其能够最终控制他所占领的区域。

[33] 意思是"跟他们确立的友谊关系"。

[34] 意思是"所有人都崇尚财富"。

[35] 参见 Weber, ed., *Secretissima instructio*, pp. 76–8.

[36] 参见后注188。

[37] "Allobrox" 在这里应该被翻译成"Savoy"，而不是"The Grisons"（参见第二章注释10）。这里指的可能是弗里德里克与萨瓦的卡洛·埃马努埃莱一世在1619年5月签订的协议，在此协议中，后者请求给前者提供积极的支持以其能够作为反哈布斯堡的候选人，或者是波西米亚王国或者是神圣罗马皇帝；三个月后，弗里德里克成为波西米亚国王，费迪南成为神圣罗马皇帝。(Quazza, "La Politica" pp. 11–12.)

[38] 在《第一绝密谕示》中很少提及法国，只是提出了一个简短的告诫说法国国王可能被说服在争斗中去加入天主教的一边。

是我的第一个告诫。

四

我有获取信任的办法。现在如同提瑞西阿斯（Tiresias）一样我提出建议，并向你阐明。我首先告诉你什么是你不能做的。[39]其次，告诉你什么是你能够做的。你选择你高兴做的。这种思虑是非常耗人心神的，因为很多你认为你能够做的事情是你不能做的。其他的事情可能更少，因为更多事情你不能做。一个明智的人应该首先这样考虑事情，什么事情是你扛得动的，什么事情是你扛不动的。[40]傻瓜总是做无用之事，他们应该将力量花在对他们有帮助的事情上。这一点我是特别提请你注意的。不要为没有好处的事情耗费心力，而应该做有所收获的事情。让这个成为道路指引吧。

五

不要试图让你的兄长（继父的孩子）使你复位。因为你的目标不在于此。[41]他厌恶你超越他，他也尤其嫉妒你。这种厌恶的原因和结果都是秘不示人的。你要记住你说过的话，你给他父亲的信中充满了对他的轻蔑之语。[42]你的继父不会让你待在他的王

---

〔39〕 预言家提瑞西阿斯被认为是料事如神。在荷马的《奥德赛》被提到过（Homer, *Odyssey*, Ⅺ, ll. 90-138），那里奥德赛在死亡之地里拜访提瑞西阿斯，并被提供其如何返回伊萨卡（Ithaca）的建议。

〔40〕 "What the shoulders can carry, and what they are unable to carry"，摘引自 Horace, *Ars poetica*, Ⅺ, ll. 39-40："quid ferre recusent, | quid valeant humeri"。

〔41〕 查理一世、霍布斯（或其手稿的副本）删去了："Bello"，"你的堂兄不能通过战争使你复位"。

〔42〕 在这句话后面，拉丁本中霍布（或者其手稿的副本中）删去了一句话 "Ira tua improvida, dictis odia aspera movit"，"你缺乏明智的言语激起了强烈的愤怒"。

国，当他去世也不会让他的儿子准许你回来。[43]他也没有让他的妹妹回来，即便是他的婚礼的胜利宴会上也是如此。

* *

【旁注正对着星号：Consules vocari consuerunt inuitauit；ne scilicet venires】[44]他记得不愿意赋予你贵族出身，而这是你的父辈们给予你的。[45]除此之外，他还谴责你，而你的固执造就了你悲惨的命运。他后来定都于此，这就在外国人面前暴露了王国的困境。[46]恐惧至少使你明白贵族们思想的虚伪，这使你始终与耻辱相连。你鲁莽地向法国泄露了白金汉宫的秘密。查理担心你可能泄露更多的秘密。[47]贵族们并不同意。清教徒们希望你成为他们的国王，只要你可以保障教会的利益。他们讨论皇家事务，詹姆斯国王的女儿和侄子应该回到王国，同时查理也应该出现在继承

134

---

[43] 詹姆斯一世是否给过他的儿子这样的指令不得而知；不过在 1625 年 10 月，当弗里德里克和伊丽莎白想回英格兰参加从西班牙回来的查理的正式迎接仪式的时候，詹姆斯是拒绝的。参见 Pursell, *Winter King*, p. 206.

[44] 这句话的意思是："邀请顾问们来，他邀请了他们，毫无疑问就是阻止你来。"霍布斯出现在 "consules" 不太确定的词（文本上看是 "consuls"）；霍布斯可能没有留心在德国和尼德兰里 "consul" 被用作指称一个城市议会的议员。参见 A. Blaise, *Lexicon latinitatis medii aevi* (Turnhout, 1975), p. 242; J. F. Niedermeyer, *Mediae latinitatis lexicon minus* (Leiden, 1984), p. 261. 这个陈述在这里的意思是查理邀请了市政官员参加他的婚礼宴会，因为他知道巴拉丁选帝侯会认为依他高居人上的地位他是不想与他们为伍的。

[45] 霍布斯（或其手稿副本）删去了这一句 "Puritanorum in te amorem suspectat"，"他怀疑清教徒们对你的爱"。

[46] 这可能指的是查理的 1626 年 6 月 16 [/26] 日的声明，"禁止出版、散布和阅读下议院某些委员会起草的宣言或抗议书"：参见 Larkin and Hughes, eds., *Stuart Royal Proclamations*, ii, pp. 93-5. 在这份声明中，国王并没有提到极刑，但是宣称所有有损其尊荣和使其不高兴的抗议书的副本都必须烧掉。

[47] 参见后注 252。

的序列中。[48]但是现在他们很多人都改变了想法，并且与你敌对，因为他们认为你是白金汉宫的朋友。[49]他们怀疑你对他的女儿进行皇室联姻，他被刺激到了一定的程度，这被证明是不可饶恕的仇恨。因此，你旁边就有危险。如果你加入白金汉宫的行列，你就激怒了贵族，他们不会给你献金，而如果没有他们，国王将非常无力。如果你拒绝白金汉宫，你就会激怒国王，他不仅会让你品尝苦果，而且会让你利益受损。丹麦的大使告诉布列塔尼的国王小心联盟。爱背后是利益。[50]你知道这个告诫。他当然不希望你强大，至少从血统上来说是如此。从葡萄牙加冕活动开始，他就记得你六岁的儿子，期待他的离世，而你希望他早点得病，希望他死期的到来。[51]

六

虽然他想扶你上位，但他也无能为力。[52]他害怕战争，他的

---

〔48〕 霍布斯（或其手稿副本）删去了这句话 "fremunt ista apertiùs, quam ut celari queant"，"他们公开地议论这些事情以至于没什么能被藏得住"。

〔49〕 这是不可信的；虽然巴拉丁在 1623 年和西班牙断绝关系之后，白金汉宫是同情巴拉丁事件的，对于此事件的主要支持者都是白金汉宫的政治反对者，选帝侯在伦敦的代表认为白金汉宫是不怀好意的（参见前面第五章注释 18）。

〔50〕 丹麦大使是廷斯·比尔德（Jens Bilde）；但是这段评论可能指的是约翰·佐贝尔（Johann Zobel），不莱梅的市长，他被克里斯蒂安派到英国（在 1926 年 6 月初抵达）出任全权大使来讨要欠账。佐贝尔向克里斯蒂安提交的报告中着重提及了白金汉宫所引发的问题：在他的 6 月 6 [/16] 日的报告中说，很多爱国者希望克里斯蒂安让查理相信他支持白金汉宫而反对议会是置两个国家和他的王位于危险之地。J. O. Opel, *Der niedersächsisch-dänische Krieg*, 3 vols. (Halle, Magdeburg, 1872—94), ii, p. 512, 来自哥本哈根皇家档案馆的副本。《第二绝密谕令》的作者知道佐柏尔抢先了这意味着或者在伦敦他好好保存消息来源或者佐柏尔的报告被截获了。

〔51〕 在 1620 年，巴拉丁选帝侯的最大的儿子弗雷德里希·亨利希（Friedrich Heinrich）刚好六岁。

〔52〕 "虽然他想"是霍布斯增加的；一个字面上的翻译是这样的："确实，他没有能力助你复位。"

王国已经耗尽，他的财政空虚，尽力为挪威守财，而且确实有巨
大的债务。[53]贵族们厌恶战争，呼吁和平，一次一次拒绝掏钱。　136
贵族否认，[54]伦敦人说他们没有钱，也不想支付2万英镑。[55]在
国内，他们充满恐惧，反对他们的国王，拒绝服兵役。爱尔兰人
却保持常备军。[56]荷兰和丹麦都渴望获得帮助。[57]交易失败了。
王国外部被人抢夺，王国内部被人劫掠。他们的船只被截获，[58]
低地国家不再安宁。西班牙的舰队随时候命。而船只被劫掠的危

---

[53]　挪威这里指代的就是丹麦王国（它过去曾是其一部分）。根据1625年12
月9日的海牙协定，查理一世有义务向丹麦国王每月支付3万英镑。E. Weiss, *Die
Unterstützung Friedrichs V. von der Pfalz durch Jakob I. und Karl I. von England im
Dreissigjährigen Krieg* (1618–1632) (Stuttgart, 1966), p. 89. 这是针对前面的一个附加
义务，但是还是没有被实现：到1626年5月为止，他欠克里斯蒂安四世24万英镑
（参见 Pursell, *Winter King*, p. 240）.

[54]　对贵族们的强调是令人困惑的；在1626年的议会上拒绝向平民征收费用。

[55]　1626年6月，查理一世希望从伦敦借款10万英镑来保卫他的王位；伦敦
拒绝了，但是在国王的施压下市参议院（6月29日[/7月9日]）同意提供2万英镑。
(BL, MS Add. 27962D, fos. 207r, 210r; [Birch, ed.,] *Court and Times of Charles I*, i,
p. 116; S. R. Gardiner, *History of England from the Accession of James I to the Outbreak of
the Civil War*, 10 vols. (London, 1884), vi, p. 124).

[56]　由于恐惧西班牙对爱尔兰的入侵（参见后注59），他们尽力增强军队的实
力，低级的小股军队受到限制，拖欠军饷，士气低迷。1625年，一个以英国模式来
训练军队的方案通过了，但是在1626年早期，这个方案也被贵族代表和爱尔兰议会
放弃了，因为他们认为，爱尔兰天主教的军队是不可信的。士兵在远征加的斯的途
中被遣返回爱尔兰了，并且没有给他们付钱。参见 *Calendar of the State Papers relating
to Ireland...1625–1632*, ed. R. P. Mahaffy (London, 1900), pp. 77, 110, 130, 142;
A. Clarke, "The Army and Politics in Ireland, 1625–30", *Studia hibernica*, 4 (1964),
pp. 28–53, esp. pp. 29–37.

[57]　除了向丹麦还钱以外（参见前注53），查理一世同期还要向联合省每月支
付8900英镑（以维持英格兰的四支部队）。

[58]　1626年4月从纽卡斯尔（Newcastle）到伦敦的整个边境贸易受到敦刻尔
克（Dunkirk）的海盗的侵扰而不得不中止。而在西南地区船运也受到土耳其人的沉
重打击。（海盗来自北非的一些野蛮地区）（参见 *Calendar of State Papers, Domestic...
1625–1626*, ed. J. Bruce (London, 1858) [hereafter: *CSPD 1625–6*], pp. 302, 310,
319, 322, 337, 341).

险时刻存在。[59]他们所有的钱都不足以偿还丹麦人的利息[60]和王室的开销。王室的开销[61]不断被削减[62]，国王也不能强迫王后拿出她的嫁妆来支付针对丹麦的战争，除非他采取法律手段。[63]法国被冒犯了[64]；联盟也疏离了[65]。针对这些，爱尔兰

---

〔59〕 奥斯特风（Auster）指的是南风，而泽费罗斯（Zephirus）指的西风。这代指的是来自西班牙舰队的从西南方向的进攻。在征服加的斯的行动失败后（参见前注17），英格兰对西班牙（西班牙尼德兰：也即是前论的低地国家）无敌舰队有着强烈的恐惧。这样的恐惧是有根据的：从1625年11月—1626年2月菲利普四世的首相奥利瓦雷斯（Olivares）打算进攻（从西班牙）爱尔兰和（从西班牙尼德兰）英格兰。[H. Lonchay and J. Cuvelier, eds., *Correspondance de la cour d'Espagne sur les affaires des Pays-Bas au XVIIe siècle*, 6 vols. (Brussels, 1923-37), ii, pp. 232-3, 241, 250n.; J. H. Elliott, *The Count-Duke of Olivares: The Statesman in an Age of Decline* (New Haven, 1986), pp. 249-50]. 1626年4月一些关于西班牙作战准备的报告抵达伦敦，6月6 [/16]日议会讨论了一份涉及200艘舰船和4000人已经集结起来的报告。（*CSPD 1625-6*, pp. 304, 313, 323, 334, 337, 348.）

〔60〕 "利息"（Interest）是在财务的意义上被使用的（"fenus"）。

〔61〕 霍布斯（或其手稿副本）里删去了形容词"regiè"："王室的开支已入不敷出。"

〔62〕 在1626年6月16 [/26]日国王命令掌玺大臣去审查王室的日常开销（*CSPD 1625-6*, p. 360）。在7月7 [/17]日伦敦的一个不愿透露姓名的人在信中告诉约瑟夫·米德"所有的大厅的桌子应该被撤掉，侍臣的工资也应该被调整……他说国王有意要取消最大的一笔年金"；同一个人后来在一份报告中说，国王"在大厅里只保留了自己的以及4张桌子"。[Birch, ed.,] *Court and Times of Charles I*, i, pp. 125, 129.

〔63〕 汉丽埃塔·马丽亚（Henrietta Maria）的嫁妆值24万英镑，分两期支付同等的金额，第一笔在1625年到位。（Russell, *Parliaments and English Politics*, pp. 209, 262; Larkin and Hughes, *Stuart Royal Proclamations*, p. 55 n.）在1626年4月14 [/24]日托斯卡纳（Tuscan）的居民亚美利哥·萨尔维蒂（Amerigo Salvetti）报告说商人菲利普·博拉奇（Philip Burlamachi）将到法国去收回剩下的一半（会在5月份兑现），"他被要求将其中的部分支付给德意志、丹麦国王和曼斯菲尔德。" BL, MS Add. 27962D, fo. 162r: "che maturà in Maggio"; "et havrà ordine di provedere di parte d'essa in Alemagna al Re di Danimarca et al Mansfelt". 而此处诉诸诉讼程序是不太可能的；因为婚姻协议并不意味着为花多少钱附加了条件。Dumont, *Corps universel diplomatique*, v (2), pp. 476-7. 即便事情是这样，没有法庭能够执行这样的条件。霍布斯可能误解了拉丁本的意思，"nisi vexari lite Uxoriâ malit" 可能意指"除非他希望跟他老婆闹不愉快"（而不是"……打婚姻官司"）。

充满疑心，苏格兰顽固不化，英格兰渴望变革，试图寻找革新的 138
机会。国王遇到的所有的不快，虽然他保卫着苏格兰就像他是朱
庇特的侍从[66]。让他遭遇西阿努斯（Seianus）一样的命运，你
就会和他交朋友。[67]尽管如此，你是否希望他带领一支强大的军
队历尽艰辛和艰难的战争进入巴拉丁，与那些比自己强大的敌人
进行长期的战斗并最终获胜呢？亦或他被丹麦如同卡律布狄斯[68]
那样贪婪地吞噬呢？他在国内感到恐惧，也不敢在国外耍把戏。
当伦敦遭遇大火，他会把水运到海德堡吗？他离他自己最近，被
戒备的法国则次之。那么在国外赢得胜利的希望该如何渺茫，当
军队是被强制征召的，[69]他们又如何被迫去参加他们厌恶的军队
呢？他违背自己的意愿参战，就逃避他的盟约。

七

　　法国国王不会让你复位的。[70]他希望阻止西班牙的力量，但

---

　　〔64〕　在 1625—1626 年的冬天，由于两件事情的缘故英格兰和法国的关系恶化
了：一个是对英国天主教的处理，一个是对汉丽埃塔·马丽亚的处理。参见 H. Ha-
ynes, *Henrietta Maria* (London, 1912), pp. 41-6; Russell, *Parliaments and English Poli-
tics*, pp. 263-8.

　　〔65〕　丹麦和尼德兰。

　　〔66〕　原文：Defendat vetulum Scoti Iouis vt Ganimedem。用"vetulus"来表达
"favourite"仅仅是从气质上说的。

　　〔67〕　西阿努斯，原来最得提比略喜欢，后来被其君主抛弃了，在元老院前接受
指控，最后被处决。约翰·伊利亚特爵士（Sir John Eliot）在 1626 年 5 月 10 [/20]
日的一个演讲中把白金汉宫和西阿努斯加以比较的时候也导致了一个丑闻。
J. Forster, *Sir John Eliot: A Biography*, 2 vols. (London, 1864), i, pp. 549-50.

　　〔68〕　卡律布狄斯（Charybdis）女妖是墨西拿海湾（Straits of Messina）的巨兽，
她每天都要将大海吞噬三次（然后在将它吐出来）。

　　〔69〕　=强制征兵（impressment）（*OED*, "impress"注释 2）。

　　〔70〕　霍布斯（或其手稿副本）删去了单词"bello"："法国国王不想通过战争
使你复位。"

是却又不想增强你的力量。他想通过其他手段实现他的目标。他想通过协商和外交手段代表你而不是通过军事手段。如果有人与他结盟，他也会向别人承诺什么是属于他的。他对你的悲惨遭遇并不挂怀。他只为自己的地位寻求盟友，而不是为你的地位。他也有其他的理由。他谴责你的作为。但是宗教原因使他有所收敛。他认为向他的亲友发动战争是罪恶的，（他的妹妹或者其妹妹的女儿，删去）。[71]他厌恶格里森和日内瓦之间的战争，[72]他掂量着这对他的伤害，他希望获得和平。他说他不会去激怒国王及其盟友；他害怕被开除教籍。这样的后果是对他的王子的叛乱，而这是他所厌恶的。在和其邻国还未实现和平之前，他认为没有理由去喜欢与被他驱逐的人建立的友谊。在他的顾问和内阁中有你的敌人。法国的顾问们说得好，在德国的战争对法国丝毫无损，但是巴拉丁却损失惨重。因此，丹麦的外交官带着5万法郎[73]被派

140

---

〔71〕 拉丁文本中有“Affinem proritare periculosum ducit, Sorori & Sororis Filiae bellum consanguineum inferre, nefas judicat”：“他认为对其表兄发动战争是危险的，他也认为对他的妹妹和妹妹的女儿发动战争是罪恶的”。西班牙的菲利普四世是路易十三的表兄（路易斯娶了菲利普的妹妹，安妮）；菲利普娶了路易斯的妹妹伊丽莎白，并且在1626年以前有了三个女儿。霍布斯之所以决定删去这句话的一个可能的解释是他认为这里指的是查理一世和汉丽埃塔·玛利亚；既然他们没有女儿，对巴拉丁选帝侯的支持也没有涉及有战争手段反对他们，所有这个指涉看上去是令人困惑的。

〔72〕 参见前注13、14。

〔73〕 在1626年1月克里斯蒂安派他的全权外交代表洛伦兹·文森（Lorenz Wensin）先到海牙然后再到法国。黎塞留许诺诺（在1月1日）说服国会给克里斯蒂安200 000里拉（livres）；但是文森只是拿到了150 000里拉的兑换期票（要晚一点才能兑现）。（拉丁文本中只是给出了50 000这个数字，并不是一个明确的计算单位；有证据证明这个单位是éuc，等于3里拉）。在他回到克里斯蒂安的途中，他被西班牙尼德兰的特工人员截获了，并且抄没了他所有的文件。（Opel, *Der niedersächsisch-dänische Krieg*, ii, pp. 496, 502-3; Echevarria Bacigalupe, *La diplomacia secreta*, pp. 56-7.）有消息说路易十三许诺给克里斯蒂安50 000 éuc来支持其舰队是从1626年4月计算的［参见B. de Meester, ed., *Correspondance du nonce Giovanni-Francesco Guidi di* Bagno（*1621-1627*），2 vols.（Brussels, 1938），ii, p. 736; cf. Roe, *Negotiations*, p. 507].

出去了而不是嘲讽这个帮助，他们愤怒而轻蔑地说法国的分量对于丹麦来说太重了。什么东西也没给荷兰人，但是却给他们附加了新的条件，只要他们背叛，在拉罗谢尔获取胜利的这些条件就被要求修改。[74]他的王子和他的兄弟们都非常不高兴，有些是害怕被解职，有些是愤怒，他们都害怕黎塞留。[75]当全都是朋友而只有一个敌人的时候，也是没有安全的。但是那里[76]，有很多敌人，却缺少朋友。

八

信任法国的天主教徒是不安全的，如果不认识他们的盟友如何实现和平？[77]然则在这个同盟中既包括你的安全和发展也包括所有结盟国家君主的荣光。我们并不记得在海牙他的大使的努力

---

[74] 在 1625 年胡格诺叛乱期间，当叛军在德·索比斯公爵（Duc de Soubise）的领导下载法国大西洋海岸的海军势力达到巅峰状态，黎塞留启动了 1624 年法国-荷兰的协定，要求联合省派遣舰船给法国。在海军司令豪尔顿·范·佐特（Haultain van Zoete）的带领下，20 只舰船编队在 9 月参加了针对拉罗谢尔的军事行动，但是在 12 月国家总司令要求撤销，随后海军总司令在 1626 年 2 月的时候在战争结束之前撤回了他的军队。在其后一个月，黎塞留对路易斯十三发布了一份备忘录敦促其造成更多的"攻击"，用它来迫使荷兰作出更多的让步。(Richelieu, *Mémoires*, ed. J. Lair et al., 10 vols. (Paris, 1909–31), v, pp. 163–8; [Richelieu,] *Les Papiers de Richelieu: section politique intérieure, correspondance et papiers d'état*, i (1624–1626), ed. P. Grillon (Paris, 1975), pp. 295–7.) 霍布斯（或其手稿副本）也删去了这句话 "Nulla illi causa est tui juvandi, multae deserendi"，"他没有理由来帮你，却有很多理由抛弃你"。

[75] 阿尔芒·让·杜·普莱西斯（Armand Jean du Plessis），红衣大主教黎塞留（1585—1642），自 1624 年就是法国的首相。

[76] 霍布斯的"那里"（there）是用来指称 "illa in turba"，"在人群中"（in that crowd）。

[77] 法国和西班牙在 1626 年 3 月签订了孟松和平协定。这个协议导致了反哈布斯堡集团的巨大愤怒，部分是黎塞留否认在先，直到 6 月中旬才被公开承认。[参见 R. Rodenas Vilar, *La politica europea de Espān durante la guerra de treinta anōs (1624–1630)* (Madrid, 1967), p. 68; A. D. Lublinskaya, *French Absolutism: The Crucial Phase, 1620–1629*, tr. B. Pearce (Cambridge, 1968), pp. 278–81.]

142　和辛劳，他如何努力不使各个国家〔78〕与西班牙签订和平协定。过往的信件被抛给每个人，但是钱一直没有到位，〔79〕但是最终法国依然有时间实现和平，他们可以把他们的事物安置妥当而将危险抛给荷兰人，法国人夸耀说自己比最狡猾的还要狡猾。他们会采取同样的手段欺骗你，然后将你抛弃并摧毁你。他们现在摧毁了格里森，使威尼斯人精疲力竭。〔80〕他们首先谄媚巴伐利亚，然后将一切都交给他而不是你，〔81〕他们食言而肥，现在他们坚持自己的地位，看着你的毁灭。我现在所言极为确信和肯定，虽然我非常害怕说出来。这是从最亲密的朋友那里得知的，他就是君主的顾问，〔82〕如同眼睛和耳朵也能知晓，我手头就有信件来证明，

----

〔78〕　霍布斯的"各个国家"（states）在这里被翻译为"status praepotentes"；"praepotentes"〔"非常强大"（very Powerful）〕是一个拉丁语对联合省的标准表达。参见下注114。

〔79〕　在1625年上半期，法国大使查尔斯·费伊·德埃斯皮斯（Charles Faye d'Espeses or d'Espeisses）正在海牙，他努力促使这样一个计划完成，即派曼斯菲尔德的军队去解除布雷达的围困；在7月，他被授权许诺将法国会支付曼斯菲尔德的军队500 000里拉。在9月，黎塞留给他写了一封信，在信中说他应该阻止丹麦当局和西班牙签订停火协定，并且向他们支付500 000里拉。但是这个消息被截获并被送往布鲁塞尔的亲王；可能作者的消息来源在这个地方。参见A. C. Hennequin de Villermont, *Ernest de Mansfeldt*, 2 vols. (Brussels, 1865–6), ii, pp. 293–4, 310, 317, 321.

〔80〕　在签订了孟松协定（Treaty of Monzón）（前注7）之后，法国在解决瓦尔特林问题时没有通知其在这个地区的三个关键性盟友，格里森（瓦尔特林地区的名义上的主权者），威尼斯和萨瓦；它们现在都可能受到哈布斯堡潜在的报复。

〔81〕　在1621年法国曾经支持巴伐利亚作为对哈布斯堡的平衡力量，并且在雷根斯堡的法国居民一度计划把巴拉丁选帝侯交给巴伐利亚的马克西米兰；因为这个事件，在1623年马克西米兰非常积极地希望同法国恢复外交关系。（参见Albrecht, *Die auswärtige Politik*, pp. 87, 93–101）霍布斯的翻译删去了单词（"tua"）："illi omnia tradere tua conati"，"努力把所有的财富都交到他手上"。到那时法国的政策只是关心选举（比如根据神圣罗马帝国的选举权力和尊荣），而不是领土的占有。

〔82〕　在拉丁语这句话是"quia regia consilia communicant"，"因为他们是国王的顾问"；霍布斯（或其手稿副本）把"quia"当成"qui"〔"谁"（who）〕了。

法国大使不是一次两次而是经常用热情的语言[83]与奥利瓦雷斯打交道，[84]并且就克里斯蒂安国王[85]的兄弟和皇帝妹妹的婚事进行交涉，而嫁妆就是你的领土和地位。[86]皇帝现在的立场并没坚持太久，而且更可怕的情况是，法国国王用他在海上和陆上的军事力量来助其彻底打到巴拉丁。这些不过是言辞而已。这就是他们在西班牙的所作所为。并且因为他们说你的地位已经最低了，他们致力于颠覆英国和丹麦，并试图解救你，在你面前打倒他们，在欧洲没有国家有如此实力这么干。因此黑森的外交官被迷惑住了，[87]并且迪拉克（Durlack）被傲慢无礼地解除

144

---

[83] "语言"（of speech）是 "animi orationísque" 的简写，"思想与语言"。

[84] 加斯帕·德·古兹曼·皮门特尔（Gaspar de Guzmán y Pimentel）是奥利瓦雷斯的伯爵和圣·卢卡（San Lúcar）的公爵（1587—1645），是西班牙的首相。

[85] "Rex christianissimus" "le roi tres-chrétien"，一般指的法国王国的绰号；路易十三的兄弟就是格里森，安茹公爵（Duc d'Anjou，在 1626 年被升为奥尔良公爵）。

[86] 法国驻西班牙的外交官是查尔斯·安吉尼斯·杜·法吉斯公爵（Charles d'Angennes，comte du Fargis）。但是没有明确的文献证据能够表明法吉斯公爵提出了婚礼的要求，也没有向巴拉丁选帝侯说过嫁妆的事情。黎塞留的政策发布在 1626 年 4 月的时候，其目的是为了让德国的君主们（包括巴拉丁选帝侯）重新获得被他们占领的领土。（［Richelieu,］Les Papiers de Richelieu: section politique extérieure, correspondance et papiers d'état, Empire allemand, i（1616-1629），ed. A. Wild（Paris, 1982），p. 142）而关于格里森婚姻的事情，黎塞留是在 1626 年上半年发布的，其结婚对象是玛丽·德·波旁，蒙庞西埃女公爵（Marie de Bourbon, Duchesse de Montepensier）。（正式日期是 8 月 6 日）参见 G. Dethan, Gaston d'Orléans: conspirateur et prince charmant（Paris, 1959），p. 63；A. Levi, Cardinal Richelieu and the Making of France（London, 2000），pp. 96-7, 101.

[87] 在 1626 年前期，当黑森-卡塞尔的莫里茨伯爵（Landgrave Moriz）向路易十三求救的时候，他写给路易的信被他的两个顾问带过去。他在巴黎也有工作人员，约翰·霍特曼［C. von Rommel, Neuere Geschichte von Hessen, 3 vols.（Kassel, 1835-9），iii, pp. 621-2］。这两个顾问在那里等答复等了好几个月；最后的答复是否定的，并且在 6 月上旬拿了 4000 塔勒尔之后被送回去了，而这些钱却没有完全够他们在巴黎的花销。［K. Obser, "Markgraf Georg Friedrich von Baden-Durlach und das Projekt einer Diversion am Oberrhein in den Jahren 1623-1627", Zeitschrift für die Geschichte des Oberrheins, NS 5（1890），pp. 212-42, 320-99; here p. 336.］

职务了。[88]那个狡诈的长胡子说，法国学会了如何处理王国的事情。[89]莫里斯伯爵（Count Maurice）[90]常建议，应该使用法国的援助，但是法国人的信念是不值得信任的。大同盟依赖于此立场，但是他们却扭头不顾；并且当有人需要他们的时候他们就变成了敌人。看看这里恐怖的话：给我巴拉丁，我就推翻巴拉丁；不管是谁只要支持巴拉丁就必须被打倒。

九

但是到底什么东西是导致如此大变化的原因呢？他们的承诺何在？从来不问。最大的原因，原因中的原因就是国家理性。这里的危险跟随着你，财富跟随着西班牙。除此之外，还有其他一些特别的[91]原因使你遭人嫉恨。他被人劝说你是白金汉宫的客人，并且你还是他妹妹的隐秘敌人。[92]你策划了这个离婚事件。[93]你也认识这些毒粉。维勒斯（Villers）若没有你的同意什么事情也

---

〔88〕 在 1626 年 1 月，巴登-杜尔拉赫的格奥尔格·弗里德里克公爵（参见前注 9）派遣其大臣托比阿斯·冯·泼尼考（Tobias von Ponikau）去巴黎寻求经济和政治上的支持以在瑞士组建一支军队，让这支军队能够攻击莱茵低地地区，而这些地区是被帝国的军事力量占据着的。虽然黎塞留刚开始的时候确实认真考虑过巴登-杜尔拉赫的建议（参见路易十三 1626 年 2 月的备忘录，*Papiers de Richelieu*, ed. Grillon, p. 298），冯·泼尼考反复被欺骗，最后在 6 月份两手空空地离开法国朝野。See Obser, "Markgraf Georg Friedrich", pp. 332–8.

〔89〕 霍布斯（或其手稿副本）修改了拉丁文，印发的文本中在"Barbatus"〔"长胡子"（long-beard）〕后有一个完整的句号。

〔90〕 拉丁本只有"莫里斯"；"伯爵"是霍布斯加上去的。这里指的就是莫里斯，拿骚伯爵（Count of Nassau）和奥兰治王子（Prince of Orange, 1567–1625）。

〔91〕 "特别的"（Particular）（"privatim"）在这里的意思是私人的和个人的。

〔92〕 "隐秘的敌人"（A secret enemy of）这里说的是"adversarium & insidiatorem"，"一个敌人和阴谋者"。

〔93〕 白金汉宫对汉丽埃塔·马丽亚的糟糕处理是臭名昭著的，这引起了黎塞留的注意。参见 Richelieu, *Mémoires*, v, pp. 143–4, 148. "离婚"（Divorce）这里可能指的是她和查理一世的婚姻，因为他们并没有孩子，而又要保证巴拉丁的孩子能够继承王位。

做不了。[94]在你的建议下，女王受到了天主教徒的无礼伤害。[95]

你是胡格诺派的宠儿，并且你知晓他们所有的秘密。他们公开为

你祈祷。如果布列塔尼（Britanny）落在你身上，你也会成为拉罗

谢尔国王。[96]对他而言，没有人比你更为危险。你的言辞、作品和

做法自从 1619 年开始反复被人阅读，而这一切都是以恶意的方式进

入别人脑海的，[97]都是采取的这种方式。旧有的仇恨还没有被遗

忘，洛多威克（Lodowicke）、卡西米尔（Casimire）和其他人[98]的

作为一再被检查。[99]血与泪，悲催的王国被毁于一旦。[100]因为多

次的失败，国王的财富不得不搬往海德堡。[101]黄金政治家[102]后

146

---

[94]　乔治·维利尔斯（George Villiers），白金汉公爵。

[95]　参见前注 64、93。天主教的"伤害"（persecution）是两份皇室宣言构成
的，一个是（在议会的请求下）1625 年"将耶稣会士和天主教的牧师按法律处死"，
另一个是 1626 年 1 月的"限制那些天主教的异议者"（执行的是詹姆斯一世的三份
法令，要求异议者必须待在其住所的 5 英里的范围内）（Larkin and Hughes, eds.,
Stuart Royal Proclamations, ii, pp. 52-4, 75-7）。

[96]　布列塔尼在这里（正如其他地方）指的就是不列颠。被修筑了防御工事
的拉罗谢尔当时是胡格诺派在法国的西部最为重要的力量基础；在 1620—1622 年和
1625—1626 年是叛乱者的中心。

[97]　"提供"（Suggested）（"suggeruntur"）在这里的意思是进入人的脑海。

[98]　巴拉丁曾经派遣军队去支持在 1568 年（在弗里德里克三世统治期间）、
1576 年（在路德维希六世统治期间）和 1587 年［在约翰·卡西米尔（John Casimir）
统治期间］胡格诺派反对法国国王；巴拉丁在 1569 年、1589 年和 1591 年从经济方面
支持了胡格诺派的其他军队。参见 C. -P. Clasen, *The Palatinate in European History*,
1555-1618, 2nd edn. (Oxford, 1966), p. 5.

[99]　"一再重复"（Are repeated）（"recensentur"）这里的意思是"被检查"
（are reviewed）。

[100]　原文：Funeraque et Lacrymae miserique incendia regni.

[101]　"珠宝"（Jewells）这里被翻译为"宝物"（cimelia），其一般而言就是"财
富"（treasures）的意思。法国的亨利四世从巴拉丁的统治者那里借了一大笔钱；到
1603 年这笔钱已经高达 858 404 里拉。在同一年这笔钱还了 50 000 里拉。参见
L. Anquez, *Henri IV et l'Allemagne d'après les mémoires et la correspondance de Jacques Bongars*
(Paris, 1887), pp. 55-6, 58. 这段评论可能指的是以珠宝、金属或其他物品偿还的。

[102]　这里可能指的是黎塞留。

来向国王展示的他的未成年时期，当初刚继承王位的时候就一直被巴拉丁的军队所困扰。在海德堡反对他的巴松皮尔（Bassompier）的国家联盟逐渐得势。[103] 在他的恶行之后，[104] 声名狼藉的议会回到了胡格诺派，布伊隆（Bouillon）武装起来防卫。[105] 你的兄弟们的努力，并且从你的王子那里逃走都是被归结为你和英国及萨瓦人的原因。[106] 现在最为糟糕的是，他们对西班牙人充满信心。他们是叛逆的忠实告密者，[107] 他们是串通好了的。在国内有如此之多

---

〔103〕 这个意思在这里不太明确。霍布斯在这里的翻译用了拉丁语的语法，但是他或者修改了文本的标点符号（删去了在"Gentium, contemptum"之间的逗号）或者是采取了一个完全不同的翻译本。我非常感谢 J. N. 亚当斯（J. N. Adams）博士为我指出霍布斯的翻译需要对"contemptum"的属格进行重构，而在标准的拉丁语中这是不正确的。如果如前面的标点符号所提示的，"adiutum, subornatúmque Gentium"是一个分开的句子，这就像名词丢失了——可能是"motum"，"rebellion"（正确的翻译可能是"新教的反叛者得到帮助并被装备起来了；巴松皮尔在海德堡对此表示不屑……"）在弗朗西斯·德·巴松皮埃尔（Françios de Bassompierre）的年轻时期（1579—1646），军队统帅和外交官在 1595 年短暂地在海德堡访问了弗里德里克四世选帝侯。F. de Bassompierre, *Journal de ma vie*, ed. M. J. A. de La Cropte, marquis de Chantérac, 4 vols. (Paris, 1870-7), i, p. 43. 而他与海德堡之间的其他联系就不知道了。

〔104〕 "Prankes"是对"facinora"［"罪行"（crimes）〕的翻译。Cf. OED, "prank", n. 2a："早期的用法……是指一种狡诈的行为，有时候是拉丁语的 *scelus* 或 *facinus*"。

〔105〕 亨利·德·拉·图尔（Henri de la Tour），德·布伊隆公爵（Duc de Bouillon）是赛丹王子（Prince of Sedan），新教徒弗里德里克四世的叔叔。他非常积极或者秘密地参加了胡格诺在法国的叛乱活动，包括在 1620—1622 年的主要叛乱。在 1622 年夏天弗里德里克和他一起待在赛丹，并且是在曼斯菲尔德和布伦瑞克的残余部队的护送下到来的；路易十三指责弗里德里克一直在煽动胡格诺派。参见 Pursell, *Winter King*, p. 182.

〔106〕 在 1626 年 5 月 6 日，多尔纳（d'Ornano）元帅作为路易十三的兄弟格里森的老师因为策划反对路易十三和黎塞留而被捕了。在 5 月 12 日，维也纳大使报告说，这里的策动叛乱的活动也包括了格里森、德·孔德（de Condé）、德·索伊森（de Soissons）伯爵、德·吉斯（de Guise）公爵和迪佩农（d'Èpernon）以及旺多姆（Vendôme）的两个兄弟（凯撒，德·旺多姆公爵和亚历山大，德·旺多姆骑士，他亨利四世的私生子因此算是路易十三的同父异母的兄弟）。参见 N. Barozzi and G. Berchet, eds., *Relazioni degli stati europei lette al Senato dagli ambasciatori veneti nel secolo decimosetto*, ser. 2, vol. ii (Venice, 1859), p. 204. 旺多姆兄弟在 5 月 13 日全部被捕（de Bassompierre, *Journal*, iii, p. 249）.

〔107〕 "Appeacher"意思是"提供针对某人的消息"；在这里是对"Index"的准确翻译。

的诡计。有势力的人都忠于国王，竞相效法他的兄弟或其罪行，而
对他人则麻木不仁。这就是王国动乱、骚动不已的命运。经常更换
国家的大臣很难使国王变好。有些人的地位在国王之上〔108〕或者反
对国王也同样如此。这么多国家里，忠诚可靠之人屈指可数。〔109〕他
与西班牙也并不相配，如果是这样，也不平等，从而胜利也是了无
希望的。我虽然不会〔110〕用悲伤的言辞使你不快但是还是要劝告
你。即便法国参战，将所有的资源投入战斗，然而西班牙的武器更
为优良，并且更为狡诈。人们的心里依然想的是利益。〔111〕如此则要
让西班牙人去收买足够多的法国人而将王国纳入自己手中。我认为
这两个国王之间的友谊会日渐增长。当胡格诺派寻求西班牙国王帮
助的时候，他不仅拒绝了他们的请求，而且还把他们给他的秘密协
定给泄露了。〔112〕我们的敌人是罪有应得的，因为拒绝了如此收益颇
丰的背叛，这就是同母异父的兄弟的建议。从那时候起，就没有希
望了。尤其是当他们怀疑王国最初的麻烦，背叛了他的王子们，并

---

〔108〕 "Stand vp" 是对 "se efferant" 的翻译，"提高他们的地位"（raise them-
selves），"提升他们"（exalt themselves）。

〔109〕 "In so many nations, scarcely one person is faithful"（Seneca, *Hercules oetaeus*,
I, 1, 608）.

〔110〕 意思是 "我不想"。

〔111〕 原文：Bellet et immensa obluctetur Francus opum vi, Durius Hispano ferrum
est, patientior astus. Flexanimumque aurum.

〔112〕 不太清楚这个消息的来源。而同时代的想法是相反的：驻法国的威尼斯
大使在 1625 年 1 月的报告中说，西班牙挑起了胡格诺派的叛乱。Barozzi and Berchet,
eds., *Relazioni*, ser. 2, ii, p. 192. 在 1625 年早些时候胡格诺派叛乱，其中他们的一位
首领德·罗恩公爵请求西班牙人的帮助，奥利瓦雷斯的代表还拜访了他："秘密谈判开
始了；神学家们正在为他祈祷；虽然奥利瓦雷斯在 7 月向教廷的大使说马德里从没有
给胡格诺派任何资助，但是所有的证据都显示事情不是这样。" Elliott, *The Count-Duke
of Olivares*, p. 227；对于胡格诺派和西班牙之间的交易的细节，参见 *Le Mercure françois*,
12, for 1626（published in 1627），pp. 195-7；L. Anquez, *Un Nouveau Chapitre de l'histoire
politique des réformés de France（1621-1626）*（Paris, 1865），pp. 255-6.

与他的兄弟们不睦，这些事情都是从荷兰人、萨瓦人以及你那里开始的。为什么我要相信一个敬爱教皇的人呢？总是通过红衣大主教[113]来告诫他所有的事情？你会认为在你的打击之下，红衣大主教会和教皇派那么肯定地重获财富和荣光，而转手会接过你的事业而没有任何危险和屈辱？相信我，你所有谋划的败露都是因为红衣大主教在起作用，他在你的衰败中获取荣耀，他不会让你发展起来的。

十

低地国家的地位和能力[114]不会帮你复位的。他们手里掌握着流放者的名单，这是一件压力很大的事情。因此后来也就驱逐了葡萄牙。[115]他们并不喜欢你的窘迫状态，并且以乞求的方式嘲笑皇室的威严。[116]你知道你所经历的秘书[117]的尖锐言辞。你对荷

150

---

〔113〕 黎塞留。

〔114〕 拉丁语是 "Potentissimi Status"；在霍布斯的翻译里对联合省国家的标准命名是 "高而强大"（high and mighty）（"hoogmogend"）.

〔115〕 在 1597 年，奥兰治的威廉一世的女儿艾米莉亚（Emilia）嫁给了被流放的葡萄牙人唐·伊曼努尔 [Don Emanuel，安东尼奥（Antonio）的儿子，在 1580 年继承了西班牙的王位]；但是奥兰治宫廷从未善待与贫穷的天主教之间的关系。在 1626 年 4 月末，伊曼努尔搬到了西班牙-尼德兰，而艾米莉亚在 6 月早期前往日内瓦。一个维也纳的报告说，他们离开的原因是没有被荷兰议会善待。"disgusti ricevuti dagli Stati": P. J. Blok, ed., *Relazioni veneziane: veneziaansche berichten over de Vereenigde Nederlanden van 1600 – 1795* (The Hague, 1909), p. 213. 其他同时期的报告中说他们是受到了一份王位的年金的诱惑。*Le Mercure françois*, 12, for 1626 (published in 1627), p. 658; de Meester, ed., *Correspondance de Guidi di Bagno*, ii, pp. 738, 755. 事实上伊曼努尔和西班牙王室做了秘密交易，如果能得到一大笔安置金，他就放弃对葡萄牙王位的继承权。J. L. J. van de Kamp, *Emanuel van Portugal en Emilia van Nassau* (Assen, 1980), pp. 223–30.

〔116〕 这些评论是真实的。弗里德里克和荷兰议会之间的关系在 1623—1624 年之间并不好，但是后来略有好转。N. Mout, "Der Winterkönig im Exil: Friedrich V. von der Pfalz und die niederländischen Generalstaaten 1621 – 1632", *Zeitschrift für historische Forschung*, 15 (1988), pp. 257–72, esp. pp. 264–8.

〔117〕 这个可能指的是康斯坦丁·惠更斯（Constantijn Huygens, 1596 – 1687），它是弗里德里克·亨德里克（Frederik Hendrik）的秘书。

兰人而言是有尊荣的，因为在他们那里有欧洲最伟大的乞求者。[118] 现在他们开始讨厌你了。因为他们认为恨你是不需要任何代价的，而你的友谊是要花钱的。他们相信因为你的原因，皇帝会关闭河道，禁止交通；[119] 他们承受了你的放逐。现在他要让他们宣布谁是帝国的敌人。皇帝和西班牙国王从没有如此联合过，[120] 你的公共事业，是让这些君主们感到高兴。其他的国王和王子们虽然对你态度友好，但是他们并不想与你为伍。这些在他们国家的亡命之徒就如同脚下的刺一样。他们尤其希望你去英格兰。他们有对纳索尼亚人（Nassouians）和阿米尼亚人（Arminians）的强烈的怀

[118] 在拉丁语里，"te praesente"（霍布斯的翻译为"your secfe beinge by"）是作为这篇报告的最后部分出现的（以斜体的形式）。或者霍布斯（或其手稿副本）修改了拉丁语，取消了斜体并忽略了"nôsti"后面的所有符号，或者其手稿中将其颠倒了顺序。

[119] 在1625年的时候，西班牙军队关闭了莱茵河和埃姆斯河（Ems）的河道阻止运往联合省的货物［J. Israel, *The Dutch Republic and the Hispanic World, 1606-1661*（Oxford, 1982），p. 217］。但是提到皇帝一事表示作者心里知道1626年六七月的时候西班牙、帝国和巴伐利亚代表在布鲁塞尔举行的谈判，并在此期间决定在易北河和威悉河部署军队以阻止前往荷兰的河运交通。（de Meester, ed., *Correspondance de Guidi di Bagno*, ii, p. 744; Lonchay and Cuvelier, eds., *Correspondance de la cour d'Espagne*, ii, pp. 271, 275）. 这个决定被交付此地区的两个军事首领，第利和沃伦斯坦，他们在7月30日联合答复了请求，其中包括了封锁河道。［C. M. von Aretin, *Ba-yerns auswärtige Verhältnisse seit dem Anfange des sechzehnten Jahrhunderts*（Passau, 1839），appendix 2, pp. 232-4］. 在霍布斯的翻译中"yoᵣ"在"yoᵣ trafficke"中是没有依据的；拉丁语"clausa flumina, sublata commercia"，仅仅指的是"河道关闭，贸易取消"。

[120] 在1626年5—7月，西班牙和帝国代表以及德意志的天主教君主们在布鲁塞尔会面；其目标是建立一个新的更为团结的天主教联盟，虽然最终目标并未达成。Opel, *Der niedersächsisch-dänische Krieg*, ii, pp. 490-5; Albrecht, *Die auswärtige Politik*, pp. 168-72; Rodenas Vilar, *La politica europea de España*, pp. 78-83. 在会谈中西班牙政策的一个主要目标是说服帝国给联合省施加形式上的限制；德意志的君主们拒绝支持这一请求，因为他们不想和丹麦开战。Lonchay and Cuvelier, eds., *Correspondance de la cour d'Espagne*, ii, pp. 265, 271.

疑，正如你对大公国的发自本能的野心一样。[121] 除此而外，他们还

要去和他们所失去的做充分的斗争。[122] 他们的贡物减少了，最后大概剩下 1/3。他们的费用增长了。君主们的资助也减少了。年金、利息马上就比起他们的收入短了很多。手工制品卖不出价格；其他的所有必需品，木材、黄铜、铁器、衣服和亚麻还有其他的东西都极为短缺。[123] 使国内困难雪上加霜的是，战争也加剧了他们的损失，他们的舰船沉没，而贸易因为危险低迷不已。两年内的损失，发布了 600 份政令。大人物之间、城市与城市之间毫无共识。弗里斯兰省（Friesland）要求税收方面的豁免，希望从两个月大的孩子开始提供帮助，他们知道亲属之间是存在竞争的，他们反对令人厌恶和被谴责的统治者。[124] 通过这种方式，他们还

---

〔121〕 "纳索尼亚人"这里指的可能是奥兰治-拿骚皇室的支持者。在 1625 年毛里茨王子（Prince Maurits）去世后，王位就被同父异母的兄弟弗里德里克·亨德里克（1584—1647）继承了，但是他被指控说是支持阿米尼亚的，并且由此他去继承毛里茨的总督职位的时候遭到了抵制；支持阿米尼亚人的活动在 1626 年一直持续。J. J. Poelhekke, Frederik, *prins van Oranje: een biografisch drieluick* (Zutphen, 1978), pp. 188, 194; Israel, *Dutch Republic*, pp. 489–92. 巴拉丁选帝侯继承奥兰治王国的前景并不明朗，但是这一想法是有谱系上的根据的：他的母亲，路易斯·朱莉安娜（Louise Juliana）是毛里茨和亨德里克的同父异母的兄妹。"Naturall"（自然的）应该是 "unnaturall"（不自然的）的意思 ["insolitâ", "非同寻常的"（unusual）].

〔122〕 "有足够多的事去做"是霍布斯在意义上的扩展。

〔123〕 联合省因为西班牙的封锁受到重创，这导致了东部省份商业的停滞，并且一些重要的物资比如盐、石灰、铁和煤严重短缺（Israel, *Dutch Republic*, pp. 214, 217–20）；但是这里给出的极端短缺的数据是有些夸张的。在 1624 年 2 月—1626 年 8 月之间重要商品的价格在阿姆斯特丹上涨了大概 5%～20%；参见 H. W. Aeckerle, "Amsterdamer Börsenpreislisten, 1624–1626", *Economisch–historisch jaarboek*, 13 (1927), pp. 86–209, esp. pp. 103–6, 192–6.

〔124〕 反对弗里斯兰省总督拿骚-迪茨的恩斯特·卡西米尔（Ernst Casimir）的税收暴动在 1626 年 5 月中旬的吕伐登（Leeuwarden）爆发，并传播到了弗里斯兰的村庄和城镇。在 5 月 27 日，恩斯特·卡西米尔赶往海牙向荷兰议会报告；后来报告说他是 "经过吕伐登的人民同意，因为他在那里被抓住了" 才走的。*Calendar of State Papers… in the Archives…of Venice, 1625–1626*, ed. A. B. Hinds (London, 1913) [hereafter: *CSPVen.*

是服从分裂力量。这些人我是不相信的，你要是明智的话也不要相信，要盯着他们。如果丹麦人行动的慢一点或者失败了，他们会拿你的人头去和西班牙人讲和的。他们有迦太基（Carthage）和叙利亚国王安提阿古（Antyochus）那样的先例。[125] 他们攻击法国受到了欺骗，尽量避开他们。[126]光是荷兰每年就要支付280万英镑的利息。[127]他们完全没有办法对此进行防御。[128]这阵大风砸了他们的饭碗；啊，恐怖而害人的风啊。[129]鹿

1625-6〕，p. 444. 在一系列的让步之后，动乱最后在 6 月份才停息。参见 Le Mercure françois, 12, for 1626（published in 1627），pp. 661-3；L. van Aitzema, *Saken van staet en oorlogh in, ende omtrent de Vereenigde Nederlanden*, 7 vols.（The Hague, 1669-71），i, p. 538；Leeuwarder Geschiedeniscommissie, *Rondom de Oldehove: geschiedenis van Leeuwarden en Friesland*（Leeuwarden, 1938），p. 142. 具体的解释参见 H. Spanninga, "Gulden vrijheid: politiek en staatsvorming in Friesland, 1600-1640" Leeuwarden University PhD thesis（forthcoming）；我非常感谢斯潘宁加（Spanninga）先生准许我参阅这些文献。不太清楚的是这一表述的根据是什么（这里和下面的注释245），即弗里斯兰的人民宣布一个两个月大的总督；在《默丘里·弗朗索瓦》说要用一个弗里斯兰的贵族替换掉恩斯特·卡西米尔。p. 662："aliquem ex ipsis Proceribus Frisiae".

〔125〕 公元前195年汉尼拔（Hannibal）在迦太基战败后，他跑到叙利亚王国安提阿古三世那里寻求庇护；但是当安提阿古在随后的和罗马人的战争中失败后，罗马人要求他把汉尼拔交出来的时候，汉尼拔再次逃亡了。

〔126〕 参见上注77~79。

〔127〕 联合省的远征军在1621年之后就马上组建起来了，随之荷兰的公共债务迅速上涨，并且从1621—1625年又借了180万荷兰盾的债务，到1626年又涨到了530万荷兰盾。M. C.'t Hart, *The Making of a Bourgeois State: War, Politics and Finance during the Dutch Revolt*（Manchester, 1993），pp. 60-1, 164. 在1626年，荷兰盾对英镑的汇率大概是11:1.（McCusker, *Money and Exchange*, pp. 44, 52）. 拉丁文本给出的数字是 2 800 000（"vicies octies centenis millibus"），但是并未说明是何种货币；霍布斯认为这些货币就是荷兰盾，所以他大致估算是10荷兰盾兑1英镑。

〔128〕 虽然从文本上看这里的"bank"是在金融的意义上使用的，但是其原本的意思应该是"堤坝"（embankment）（"aggere"）。这个表达暗示的就是荷兰的堤坝。

〔129〕 这里的拉丁文是"O ventum horribilem atque pestilentem"，引自 Catullus, *Carmen* XXVI, l. 5. 卡图卢斯（Catullus）针对动词"opponere"采用了词语游戏，其意思是"他恳请出现一个债务担保人"："Furi, villula vestra non ad Austri | flatus opposita

154　特丹（Rotterdam）的公司欠了 200 万。[130]其他的都沉没了。其他的省份，由于他们欠得更少，[131]由此他们也没有什么需要支付的。当然，弗里斯兰人也不可能（impossibility）以极大善意原谅他们。对于他们的信任也是最后一次了。没有人再借钱给他们。在此之外，他们也小心翼翼地使英格兰的大使与我们不了解他们是如何和西班牙人打交道的。[132]如果实现了和平，那么我们所有的秘密将暴露给西班牙人。

十一

　　对于丹麦国王而言也是不能指望的。他拒绝参战，而寻找机会逃跑。他谈论着战争，但是在他颤抖的内心是充满恐惧的。[133]啊，但是他对法布里乌斯（Fabius）无甚敬意，将其称之为拖延鬼，

est…verumad milia quindecim et ducentos.｜o ventum horribilem atque pestilentem".［"狂暴的南风如不速之客，你的房子没有暴露于风暴之下……而是 15 200 赛斯特斯（罗马的一种货币名）。啊，多么恐怖而害人的风啊！"］

　　〔130〕 这里和前面一样，原初的数字是 20 000 000，开始被认为是荷兰盾，而翻译为了英镑。霍布斯用"公司"（company）翻译了"societas"，这可能是将鹿特丹这个城市当成一个公司了。虽然鹿特丹的商人参与当时绝大多数的商业活动，但是并没有叫做鹿特丹的公司，而来自英格兰的商业活动的联合会直到 1635 年才建立了起来。R. Bijlsma, Rotterdams welvaren, 1550–1650 (The Hague, 1918), pp. 143-9, 168-81.

　　〔131〕 霍布斯（或其手稿副本中）删去了"in singulis"，"每一""每一情况"。

　　〔132〕 在 1626 年 6 月 2〔/12〕日，在伦敦的托斯卡纳人萨尔维蒂在一个报告中说，丹麦人被认为和西班牙人进行了秘密谈判以寻求停战或和解（BL, MS Add. 27962D, fo. 194r）。在 6 月 19〔/29〕日，在伦敦的丹麦大使阿尔伯特·约奇米（Albert Joachimi）告知枢密院，流言是错误的，说这是由哈布斯堡给出的一个审议的错误信息。Acts of the Privy Council of England, June–December 1626, ed. J. V. Lyle (London, 1938), p. 11. 1626 年，在海牙的英格兰公使头目（虽然不具有外交大使的地位）达德利·卡尔顿（Dudley Carleton），是与其拥有同一个名字的外交官的侄子。G. M. Bell, A Handlist of British Diplomatic Representatives, 1509–1688 (London, 1990), p. 197.

　　〔133〕 "He talks of war, but there is terror in his trembling heart". 第一句话是引用了谚语"bovem habet in lingua"［"他的舌头上有一头牛"（he has an ox on his tongue）］，主要用来说某人收了贿赂从而三缄其口。

这个称呼是他赋予那些胆小鬼的，[134]而克里斯蒂安却有相反的说法。[135]后来福斯特堡部署了一小股部队，并集中了一大批马匹。[136]这些乌合之众并不是主力。从他的联盟中，他没得到什么钱，即使有也是非常少而且也没按时到位。他只能指望丹麦爆发一场风暴了。[137]现在他对他的盟友施压，使其能团结一致。对他的敌人，他无所畏惧，也毫无伤害。[138]他认为这场战斗会非常耗时，如同酣睡一般。他用他的军队对撒克逊人施压，当他将其纳入其统治的时候发现自己被削弱了。现在通过欺骗手段，他占领了不莱梅城。[139]他是更为强大的，从不需要伪装。现在他就像一个强

156

---

〔134〕 去弄脏了 = "去涂抹使其掩盖或藏匿起来"（*OED*, "slubber", v., 2c）；拉丁语是 "praeterit…inertiam"，"他忽略了他的空闲"。

〔135〕 昆塔斯·法布里乌斯·马克西姆斯（Quintus Fabius Maximus, *c.* 275–230 BC）被认为是"拖延者"（cunctaar），"延迟者"（delayer）；是因为他在第二次布匿战争中针对迦太基军队所采取的迟延战术，而不是对抗。"克里斯蒂安"这里指的是丹麦国王克里斯蒂安四世。

〔136〕 在 1626 年 7 月 29 日，埃贡（Egon）是福斯特特堡–海利根堡伯爵（Fürstenberg-Heiligenberg, 1588–1635），他在第利的领导下指挥一支军队对抗丹麦的军队，当时丹麦的军队包围着科伦贝格。丹麦国王有一支 7000 人的骑兵团和三个步兵团；福斯特堡是有 4000 人的步兵团，和包含两个骑兵团（大约 3000 人）和 300 人的火枪手部队的帝国战斗单位。因此，在数量对比上有些不平衡，但也没有这里显示的那么十分悬殊。参见 Opel, *Der niedersächsisch-dänische Krieg*, ii, pp. 544–6; Villermont, *Tilly*, pp. 200–1.

〔137〕 霍布斯（或其手稿中）从这句子中删掉了这部分："haudinscius"，"根本没意识到"。

〔138〕 原文：Nunc socijs grauis incubat exossatque. Nil hosti nocet impauido.

〔139〕 霍布斯的翻译里用"现在"（now）和"城堡"（Castle）（单数）是有点令人困惑的：原来的是 "iam Bremensium arces dolo intercepit"，"他通过欺骗手段占领了人民牢固守卫的不莱梅"。在 1625 年春天，不莱梅的大主教听说他的领土被帝国军队占领之后，他请求克里斯蒂安四世施以援手；克里斯蒂安派遣丹麦军队在 6 月份占领整个领地（但是在这一年又放弃了，只留下南部区域）。对于"欺骗"（fr-cucl）的指控是没有根据的：大主教是因为红衣主教的建议才发出请求的，而大主教也参与了低地撒克逊人的领导会议，他们邀请克里斯蒂安担任他们的军事首领。F. W. Wiedemann, *Geschichte des Herzogthums Bremen*, 2 vols. (Stade, 1864–6), ii, pp. 224–8. 作者可能是受到了这一事件的影响，即在 1621 年，克里斯蒂安使用贿赂和威胁手段使他的儿子弗里德里克被选为天主教团体的助理主教。P. D. Lockhart, *Denmark*

大的审计员，他要求对这些进行支付，而这对他而言是非常令人厌恶的。[140]一旦其威胁说要开战，也就必须为此流血。也是他迟迟[141]没有流亡。那里没什么希望，即便有希望他也要自己克服，他为自己才去克服的。他只考虑自己的实力扩展，完全不顾及你恢复实力，即便顾及也是假装的。你会知道这个事实吗？曼斯菲尔德、布鲁斯威克、黑森被推翻了，他是从内部听说的，而他的家族却在外面表现得特别愉快。[142]我们知道，夜间的谋划和无节制的饮酒。[143]在那里威悉河和易北河可以运送货物，他单独就有这个权力。[144]现在他要求凯撒的朋友仲裁和平，[145]如此秘密以至于都认识不到了。对他而言，他不是给自己而是给你惹麻烦。他

---

in the Thirty Years' War, 1618–1648 (Selinsgrove, PA, 1996), p. 94.

〔140〕 "他的账目"（His charges）这里是对"belli sumptus"的翻译，这里的意思是"战争的花费"（the costs of the war）；"令人厌恶的"（obnoxious）翻译的是"obnoxijs"，这里的意思是这些都"取决于"（dependent）他，或"服从"（subject）他。

〔141〕 "延迟"（Delayes）是对"moratur"的翻译，这里的意思是"延长"（prolorgs）。

〔142〕 在哥廷根被占领后，曼斯菲尔德在德骚桥被打败（参见前注第三章注释50），布鲁斯威克-沃尔芬特的克里斯蒂安死亡和黑森-卡塞尔的莫里茨被捕。（参见后注146、215）。似乎在这个地方关于克里斯蒂安四世的"家族"（familiars）如何做出反应并没有什么明证。在这个时期克里斯蒂安的通信中并没表达出"幸灾乐祸"。C. F. Bricka, J. A. Fridericia, and J. Skovgaard, eds., *Kong Christian den Fjerdes egenhandige breve*, 8 vols. (Copenhagen, 1887–1947), ii, pp. 12–32. 同时不列颠的外交官罗伯特·安斯特拉瑟爵士（Sir Robert Anstruther）在克里斯蒂安四世逝世的时候把他描述为"更为悲伤的"（PRO, SP 75/7/150, 15 June 1626）.

〔143〕 克里斯蒂安的宫廷因为酗酒而臭名昭著；国王"经常性的两三天连续饮酒"。Parker, ed., *The Thirty Years' War*, p. 201.

〔144〕 威悉河和易北河两条河是从德国中部到北海的重要的河道（并且充当了不莱梅和汉堡的交通枢纽）。

〔145〕 不太清楚这里指的是谁——可能是撒克逊选帝侯，路德·约翰·格奥尔格一世（Lutheran Johann Georg Ⅰ），他在波西米亚叛乱时期支持帝国，并且从那以后就开始玩模糊立场。没有证据显示克里斯蒂安是寻求和平的；但是当公主向他表达善意的时候，他相当礼貌地做了回复（在7月5日），并且在7月9日皇帝写给沃伦斯坦的信中，他有一个这样的印象，即克里斯蒂安是倾向于和平的。参见von Hurter, *Geschichte Kaiser Ferdinands II*, ix, pp. 473–4.

自己是煞费苦心的。然而事实是他不是战士，也不是战士的首领。而对于哈尔博斯塔特（Halberstat），在他活着的时候，我是不抱希望的，现在他已经死了。[146] 他总是草率行事，又经常陷入恐惧之中，许诺太多，又感到威胁，他敦促他的兄弟然后又开始后悔，脑子里没有固定的想法，他是一个行为前后不一致的人。[147] 他的狂乱致其死亡都抵不过给他带来的伤害。没有人怀疑，他最终背叛了他的联盟，而加入了皇帝的阵营。[148] 法克斯乌斯（Fuxius）[149] 一度抱怨说他对你的事业造成了伤害，并感到羞怯，[150] 缺乏智慧，并且看着曼斯菲尔德也用同样的态度。

十二

从曼斯菲尔德那里我们能指望什么呢？什么时候他不离开呢？战争的残酷，对战利品的贪婪，相对于敌人而言，这些在和平的国家更容易如此。将朋友转变为敌人或者让敌人获取胜利比什么都不

158

---

〔146〕 布鲁斯威克-沃尔芬布特的克里斯蒂安也被称之为哈尔博斯塔特的克里斯蒂安，因为他一度统治过哈尔博斯塔特。他于 1626 年 6 月 26 日死于热病。

〔147〕 "Vnlike to him selfe" 这里是对 "impar sibi" 的翻译，其意思是 "行为的不一致"（incon-sistent in his behaviour）（引自 Horace, *Saturae*, I, 3, l. 19）.

〔148〕 霍布斯（或其手稿副本中）删去了最后一句话 "Alberti veteris exemplo"，"由于老阿尔伯特的先例"。不太清楚这里指的是谁，可能作者把巴伐利亚的阿尔伯特五世（1550—1579 在位）和他的前任威廉四世（1508—1550 在位）搞混淆了；在威廉四世统治下，1546 年巴伐利亚从反哈布斯堡立场转变为哈布斯堡的支持者。

〔149〕 约翰·菲利普·法克斯·冯·宾巴赫（Johann Philipp Fuchs von Bimbach）在 1620 年一度为帝国军队服务，但是在 1622 年却转向了另一方，在 1623—1624 年之间作为布鲁斯威克-沃尔芬布特的克里斯蒂安的顾问，并且在 1625 年被丹麦的克里斯蒂安四世任命为将军；在 1626 年 8 月 27 日的吕特-拜伦堡战役中担任高级将领，并且死在了那里。参见 Opel, *Der niedersächsisch-dänische Krieg*, ii, pp. 176-7; Hennequin de Villermont, *Tilly*, pp. 180, 200, 206-10; Bricka et al., *Kong Christians breve*, i, pp. 444-6.

〔150〕 "迅捷地"（Swift）没有完全反映出 "fugacem" 的意思，其意思是 "要跑的"（apt to flee），"羞怯的"（timid）.

要轻易得多。看看鲁贝克（Lubecke）、撒克逊和布兰登堡（Brandenburgh）吧。[151]盖伯在皇帝抱怨他之前就说，我并不为他的失败感到悲痛，他自己也不在乎，他太在乎抢夺东西，而不在乎士兵们的勇气。通过这些方面，撒克逊人并不喜欢你的事业，也感受到了你的朋友们的敌意，对成功也不抱希望，他们只是渴望结束战争。[152]瑞士人也不想弥补你的损失，他们也有自己的敌人。波兰人也受到挑衅而不想停战。对白俄罗斯[153]的征服使他们感到担忧；他们愤怒了，而愤怒是勇气真正的磨刀石。[154]他通过暴政从他的臣民中获取权力，并且用他的力量来挑衅整个国家。而这些皆于事无补。受其自身压力的压迫，他还能扶起其他人吗？[155]

---

[151] 在1625—1626年冬天，曼斯菲尔德的军队停驻在德意志南部，后来离开此地，获得了物资供应（和战利品）并要求供物。它先破坏了吕内伯格公国（Duchy of Lüneburg，撒克逊低地的一个部分），然后是撒克逊–劳恩伯格公国（Duchy of Saxe-Lauenburg）。吕贝克（Lübeck）的当权者反对曼斯菲尔德对钱财的要求，并且守卫城市，在他们的突击行动中杀死了160名士兵。*Le Mercure françois*，12，for 1626（published in 1627），p. 118. 然后，他率领他的军队穿过了梅克伦堡（Mecklenburg）抵达布兰登堡；在选帝侯的坚持下，他没有进入该领地，但是后来又入侵了（在3月份早些时候），并且劫掠了几个城镇。（Hennequin de Villermont，*Ernest de Mansfeldt*，ii，pp. 329–32.）在7月份，部分由于这个原因，布兰登堡选帝侯寻求和皇帝结盟。Kočí et al.，*Documenta bohemica*，iv，p. 134.

[152] "遍地哀鸿，对饥饿和死亡的恐惧。"这句话可能摘自Vergil，*Aeneid*，II，ll. 368–9："crudelis ubique l luctus, ubique pavor, et plurima mortis imago".

[153] 在针对波兰-立陶宛的一次战略行动中，瑞士的古斯塔夫国王（king Gustavus）在1626年7月6日先驻扎在东普鲁士的港口，以一次快速行动占领了那个地方和其他的海岸城市。N. Ahnlund，"Gustaf II Adolfs första preussiska fälttåg och den europeiska krisen 1626"，*Historisk tidskrift*，38（1918），pp. 75–115，here p. 107；M. Roberts，*Gustavus Adolphus: A History of Sweden, 1611–1632*，2 vols.（London，1958），ii，pp. 321–4.

[154] 这里可能指的是被引用两次的西塞罗的谚语（*Tusculanae disputationes*，IV. 19，para. 43；*Academica priora*，para. 135）：愤怒是勇气的磨刀石。这里的拉丁语"ad cotem suam"，意思是"在磨刀石上试炼"（at its whetstone）；霍布斯在这里的翻译是说"在真正的磨刀石上"（at ye true whetstone），可能和这一谚语有关。

[155] "Oppressed by his own burden, will be pick up somebody else's?"

十三

在土耳其，权力已不同往昔。无情之门，我们无论如何敲都无济于事。巴萨斯人（Bassaes）几乎记不得巴拉丁的名字，他们也不会倾听你的悲伤。上锁时发出铁螺栓的声音；他们的头脑变得像钢铁一样僵硬。[156] 他们向皇帝报告我们的请愿。[157] 君主政体的宏大结构受到暴风雨的动摇。[158] 因为普鲁士人，[159] 它现在居于力量的中心地带。鞑靼人和哥萨克人（Cossacks）[160] 对他们造成的伤害不亚于他们身体患上瘟疫，他们的同盟被瓦解了，并且相互攻讦。[161] 一个已经受伤的人是无法再次拿起武器的。因此，盖

160

---

[156] "The lock clatters with its iron bolt, their minds become as inflexible as steel."

[157] 这一主张可能没有事实上的根据。

[158] "暴风雨"（Tempests）可能是霍布斯的一个扩展，在拉丁文里是 "malis" "ill".

[159] 在 1624 年早期，波斯的沙·阿巴斯一世（Shah Abbas I）利用了土耳其士兵在巴格达的叛乱之机占领了这个城市和伊拉克的大部分地区。奥斯曼的军队在 1625 年重新征服伊拉克并围困了巴格达，但是最终并没有成功；这个不成功的围攻计划最终在 1626 年被放弃了。J. von Hammer, *Geschichte des osmanischen Reiches*, 10 vols. (Pest, 1829–35), v, pp. 53–66.

[160] 克里米亚的鞑靼人在 1624 年夏天击败了奥斯曼的远征军，并在 1624 年 12 月和反奥斯曼的查波罗热（Zaporozhidn）的哥萨克人结成军事同盟。在 1622—1625 年之间，黑海的哥萨克海军每年都会偷袭奥斯曼的领土，并在 1625 年和奥斯曼海军进行了一次比较激烈的战役。在 1626 年早期，鞑靼人通过突袭波兰给奥斯曼人制造了麻烦，并声称他们是因为苏丹的命令才这么做的。von Hammer, *Geschichte*, v, pp. 50-2, 70-1; V. Catualdi, *Sultan Jahja, dell'imperial casa ottomana* (Trieste, 1889), pp. 133-43; A. A. Novoselskii, *Borba moskovskogo gosudarstva s tatarami v pervoi polovine XVII veka* (Moscow, 1948), pp. 113-15; M. A. Alekberli, *Borba ukrainskogo naroda protiv turetsko-tatarski aggressii vo vtoroi polovine XVI — pervoi polovine XVII vekov* (Saratov, 1961), pp. 162-4; T. Gemil, *Ţările române în contextul politic inter naţional, 1621–1672* (Bucharest, 1979), pp. 56–62.

[161] 内部意见的分歧导致了两个苏丹的出现，一个是 1622 年的奥斯曼二世，另一个是 1623 年穆斯塔法一世（Mustafa I）；在新苏丹（New Sultan）的前些年，穆拉德四世（Murad IV）时期，还有几股小规模暴动，在 1624 年的安纳托利亚（Anatolia）东部发生了大规模的叛乱。

伯也抛弃了我们。他只是谋求财富，一旦获得，他就开始展示他的力量，但是从来不出兵。他以确定的价格售卖不确定的东西。[162]他同时说服我们恢复和平，并谴责我们的顾问和暴露他们。因此，他是感激凯撒的。[163]

十四

在君士坦丁堡他们不断谋划，荷兰人向凯姆卡姆（Caim Cam）[164]

---

[162]　霍布斯（或其手稿中）删去了这句话"Frui mavult partis"，"他偏爱享受自己的果实"。

[163]　贝特朗敦促弗里德克五世实现和平，并且背叛他而归附皇帝的这个说法是非常不可信的。这里提及的和皇帝的秘密合谋似乎与帝国反对在君士坦丁堡的贝特朗的政治宣传是一致的，正如在1626年4月的维也纳所说的："皇帝试图通过向卡姆卡恩（Kaimakam）和元老们寄送信件的方式使波特（Porte）不信任盖伯，无论是否为真，他写给陛下的信是希望他和陛下联合以反对奥斯曼的。"von Hammer, *Geschichte*, v, p. 94 n.："L'Imperator va procurando di metter il Gabor in mala fede alla Porta col far capitar nelle mani del Caimacham e degli altri Vesiri lettere o vere o false scritte da lui alla Maesta sua con eccitamenti di unirsi contra li Ottomani".

[164]　霍布斯显然没有意识到"凯姆卡姆"（Caimecamus）只是一个头衔，而不是一个人的名字。那个卡姆卡恩在阿拉伯语中是"身居高位"的意思。巴夏是在大宰相因为军事行动而离开的时候所设立的代理宰相。卡姆卡恩·巴夏这里指的是穆罕穆德·迪艾克·巴夏（Mehmed Diak Pasha, *c.* 1536–1626），他是第二宰相，在1622年服务于第一宰相。von Hammer, *Geschichte*, v, pp. 54, 66–7; F. Ç. Derin, "Mehmed paşa：Muhammed paşa, gürcü, *I'slam ansiklopedisi*：*islâmâlemi tarih, cogʻafya, etnografya ve biyografya lugati*, 13 vols. (Istanbul, 1940–86), vii, fasc. 76 (1957), pp. 585–7; Ibrahim Alajbegović Pecěvija [Peçevi], *Historija, 1520–1640*, ed. and tr. F. Nametak, 2 vols. (Sarajevo, 2000), ii, pp. 328, 346. 在1626年7月他去世的时候，托马斯·罗伊爵士写道："首相已经96岁了，在位也有45年了；辅佐过五位皇帝，他是一个伟大的臣僚，在这个国家里他是一位极其有能力、极富智慧的贤者。"（*Negotiations*, pp. 524–5；其他的材料显示他是90岁）。荷兰人（荷兰大使）是科内利斯·哈加（Cornelis Haga）；他在1626年10月向议会报告他在这一年里已经给了穆罕穆德·巴夏价值大约30 000阿克切（akçes）的礼物。A. H. de Groot, *The Ottoman Empire and the Dutch Republic：A History of the Earliest Diplomatic Relations, 1610–1630* (Leiden, 1978), p. 176. 阿克切在当时是一种价值被低估的银币。在1625年1英镑大概值350阿克切：参见 Ş. Pamuk, *A Monetary History of the Ottoman Empire* (Cambridge, 2000), p. 144; McCusker, *Money and Exchange*, pp. 9, 44, 52.

送出了 30 件黄金和丝绸衣物，也即是说送给土耳其白金汉，其他人也送礼物给另一些人以说服他们和皇帝开战。但是他却没有这么做；他在观望一个好时机才去行动。在那以后不久，我们年轻的朝臣们，当他们从英格兰大使那里获得了消息之后，显示出无比的欢欣雀跃。在大使之间终于达成协议：在君士坦丁堡盖伯可以从同盟中每个月获得 50 000 000 克朗的回报[165]，因此他也要组织军队对皇帝的辖区展开武装行动。他是通过博罗弥撒（Borno-missa）来采取行动的[166]；而且确实他已经开始行动了。[167]但是

162

---

[165] 在 1625 年 5 月 28 日驻君士坦丁堡的英格兰大使托马斯·罗伊爵士报告说盖伯·贝特朗从联盟中寻求每年 500 000 克朗的钱（英格兰、丹麦和联合省）；在 1626 年 5 月 8 日他报告说（根据贝特朗在君士坦丁堡的外交事务代表）他寻求每个月 40 000 塔勒尔的钱，如果路易十三能够首先支付 100 000 塔勒尔，那么他就会将他的需要从每年 480 000 塔勒尔减少到 400 000 塔勒尔（*Negotiations*, pp. 403, 510）. （这里所给出的数目是大致的而非确数：这个时候的英格兰的克朗在 1626 年的帝国塔勒尔是 5*s*.——而在拉丁语本中——值 4*s*. 7*d*: 参见 McCusker, *Money and Exchange*, pp. 63, 69.）罗伊并未报告大使之间所达成的协议；但是，值得特别注意的是在 1626 年 7 月 1 日在威尼斯的法国大使报告说，他从威尼斯得到消息称，贝特朗和四个大使达成了协议. *Les Papiers de Richelieu*, ed. Wild, i, p. 183; 他的报告中说是 40 000 écus, 但是 "écus" 在这里可能就是指塔勒尔，因为 écus 价值 13*s*. 7*d*. （McCusker, *Money and Exchange*, p. 88）.

[166] 在 1626 年，来自克鲁日（Cluj）的博罗弥撒担任盖伯·贝特朗在君士坦丁堡的全权外交大使，他于 5 月份就到达了那里。Roe, *Negotiations*, pp. 510, 516; D. Angyal, "Erdély politikai érintkezése Angliaval", *Századok：a Magyar Történelmi Társulat közlönye*, 34（1900）, pp. 309-25, 388-420, here p. 412. 卢多维克·德梅尼（Ludovic Demény）和保罗·切尔诺沃代亚克（Paul Cernovodeann）写信说，博罗弥撒在 1625 年确实给罗伊带来了一封信. *Relaţiile politice ale Angliei cu Moldova, Ţara Romaneăsca şi Transilvania în secolele XVI-XVII*（Bucharest, 1974）, p. 84. 文采尔·毕罗（Vencel Biró）先生说他在 1626 年的任务是去会见法国大使的秘密任务，但是从罗伊那里获得的证据显示他的目的是从法国、英格兰、联合省和威尼斯那里获得经济上的支持，如果有情况提前发生，他许诺可以加快军事行动。参见前面第三章的注释 69。

[167] "开始行动"（Begins to Stirre）这里是对 "movet lacertos", "动用他的力量"（moves his forces）的翻译［字面上的意思是 "动用其军队"（moves his arms）；但是 "lacertus" 这里一般指的是动用其武装力量］。

这对我们而言没有好处，反倒是制造了麻烦，并且使我们惹人厌恶。盖伯恳求土耳其人，[168] 这是无法预估和危险的帮助。这还是建立在错误的根据之上。因为英格兰人[169] 已经说服了土耳其，丹麦国王已经推翻了第利和弗里德兰（Fridland）。[170] 现在他们知道了真相，他们认为如此滥用是非常糟糕的。但是土耳其是如此赤裸裸的，他们若是没有得到波西米亚和摩拉维亚（Moravia），他们是绝对不会帮助我们的。同时他们也认为如果不付出代价，他们是不可能得到这些的。这就是事实，联盟的外交官也做了他们所能做的；但是如果西班牙人[171] 也牵扯进来，对于凯姆卡姆来说，这就是开历史的倒车。但是对于土耳其人的援助，如果博罗弥撒[172] 不采取贿赂手段，英格兰和威尼斯的外交官是不会相信的。[173] 并且如果西班牙的这位绅士从马背上摔了下来，也没有因

---

[168]　贝特朗希望能够说服苏丹派遣布达（Buda）的巴夏和贝特朗自己在西里西亚的军事行动相协调去攻击哈布斯堡的领土。Roe, *Negotiations*, p. 522; M. Depner, *Das Fürstenthum Siebenbürgen im Kampf gegen Habsburg*: *Untersuchungen über die Politik Siebenbürgens während des Dreissigjährigen Krieges*（Stuttgart, 1938）, p. 114. 在 6 月早期他告知了克里斯蒂安四世说他已经非常确定巴夏已经调集好了 60 000 人的军队，并做好了战争准备。一年后，巴夏的军队在其继任者的带领下确实攻击了哈布斯堡。

[169]　"英格兰人"（English）这里是对 "Anglo" 的翻译，这里英格兰人的意思是英格兰的大师罗伊。

[170]　第利（1559—1632）是天主教联盟的军事统领，在 1626 年春夏的时候发动了一次针对西德意志的军事行动。华伦斯坦（1583—1634），帝国的将军建立了弗里德兰公国。他在 1626 年 4 月的德索桥战役中击败了曼斯菲尔德。

[171]　参见后注 174。

[172]　这里指的是博罗弥撒：参见前注 166。

[173]　威尼斯的外交官是乔吉奥·贾斯订安（Giorgio Giustinian）。霍布斯在这里的翻译是非常奇怪的：拉丁本是 "De subsidio tamen Turcico ni Ferenzius donis rem pervicerit, dubitat Britannus & Venetus Orator".（"然而，大不列颠和威尼斯的大使会怀疑土耳其人是否会提供帮助，除非通过贿赂手段"）

此被迫返回，通过这次他们就会感到非常绝望。[174]多数肯定会消 164
灭少数。凯姆卡姆也不愿意为这些以暴力而非光明正大的方式穿
行所有的地方而让路。但是盖伯此人是相当摇摆不定的，并且从
来不假装自己受骗。土耳其的资产并非很多，他们希望发动新的
战争。当骑兵们[175]开始散布谣言的时候，他们欢欣雀跃，巴比伦
被占领了，这些虚幻的兴高采烈已经毫无意义，最后只能被普遍的
悲伤所替代。[176]英格兰的大使在那里写到，他[177]所有的行动和远
行都是被搞错了，在极端危险的情况下，补给一再被拖延。因为
与土耳其的雇佣关系，哈菲茨·艾哈迈德·巴夏[178]在 5 月 9 日收
到了 400 000 000 克朗的一大笔钱，[179]但是由于过于炎热的原因，

---

〔174〕 西班牙大使在 1626 年中期从那不勒斯（Naples）抵达了拉古萨，并启程
开赴君士坦丁堡；他的任务是在西班牙和波特之间达成停火协议。但是经过九天的
行程，他从马背上摔了下来，受伤严重，伤了三根骨头，被迫返回拉古萨。由于担
心他会重启行程，威尼斯、英格兰、法国和联合省的外交官们给了卡姆卡思·巴夏
价值 1400 塔勒尔的礼物去阻止他；一个帝国命令发出去了，禁止西班牙人进入奥斯
曼的领土。参见 Roe, *Negotiations*, pp. 508-9, 514; *CSPVen. 1625-6*, pp. 419, 434, 470-1;
G. Hering, *Ökumenisches Patriarchat und europäische Politik, 1620-1638* (Wiesbaden,
1968), p. 104 n. ; and above, Ch. 3 n. 70. 拉丁语这里是"deperasset"明显是对"des-
perasset"的错误拼写。（正确的翻译是"had……despayred".）

〔175〕 Spahi, sipahi：骑兵们。

〔176〕 "巴比伦"（Baloylon）这里指的是巴格达；关于这个错误的报告，参见第
三章注释 66。

〔177〕 苏丹的。

〔178〕 这里指的哈菲茨·艾哈迈德·巴夏，他是围攻巴格达的军事首领；"Isaffis"
（拉丁本原来就是如此）是对"Haffis"的误读（参见前面第三章注释 71）。哈菲茨·
艾哈迈德·巴夏（1564—1632）来自保加利亚；他娶了艾哈迈德一世的女儿，从
1625 年 2 月—1626 年 12 月担任大宰相（而且 1631—1632 年也是）。O. F. Köprülü,
"Hâfiz Ahmed paşa", i̇slam ansiklopedisi: islâm âlemi tarih, coğrafya, etno̯rafya ve biyografya
lugati, 13 vols. (Istanbul, 1940-86), v (1), fasc. 39 (1948), pp. 71-7; i̇. H. Danişmend,
Osmanlı devlet erkânl (Istanbul, 1971), pp. 33-4; Peč evija, *Historija*, ii, p. 342 n.

〔179〕 这个货币的计量单位并不是按照原初情况确定的；从外交报告上看，这
个消息可能指的是塔勒尔（参见上面第三章注释 78）。

他将会延迟开战直到秋天。在 5 月 3 日的时候，战舰出海去保卫黑海[180]，雷杰普·巴夏[181]也和军队在一起。[182]鞑靼人被推翻是非常确定的。[183]穆罕穆德·巴夏（Mahomet Bassa）恐惧哥萨克波兰人[184]并通过凯姆卡姆和其他人希望进入，由此盖伯可能会安排所有的帮助。那么，他们能在其他人的事业中做什么以为他们提供帮助呢？如果波兰人帮助哥萨克人入侵土耳其[185]，他们可能遭遇挫折。基本上到现在，他们越是隐藏他们的恐惧，他们就越发恐惧。但是凯姆卡姆与法国外交官打交道[186]是有可能实现和平的，

〔180〕 在黑海上奥斯曼被哥萨克海军袭击（参见前注 160）。

〔181〕 这个名字（"Pegierius"）是从 "pegier" 派生出来的，是 "Recep" 的变形形态（参见前面的第三章注释 74）。李赛普·巴夏（Recep Pasha，1632 年去世）是波斯尼亚人（Bosnian），他在 1623 年被任命为宰相和奥斯曼的海军统帅；他在 1626 年继承了穆罕穆德·巴夏（Mehmed Pasha）的位置。S. Bašagić, *Znameniti hrvati, bošnjaci i hercegovci u turskoj carevini* (Zagreb, 1931), p. 63; Danişmend, *Osmanlıdevlet erkânı*, p. 188; Z. Danişmen, ed., *Naîmâ târihi*, 6 vols. (Istanbul, 1967–9), ii, pp. 917, 956.

〔182〕 "军队"（Army，陆军）是对 "Exercitu" 的正确翻译；但是此文本的作者误解了外交报告的意思并从中得到了他的信息，他使用的是 "Armada"，意思是海军（见第三章注释 73）。

〔183〕 参见后注 305。

〔184〕 霍布斯（或其手稿中）删去了巴夏这个名字；原来的全称是 "Tiaccus Mehemetus Bassa"。穆罕穆德·迪艾克·巴夏在 1625 年被任命为西里斯提亚省的最高行政长官；他的这个省延绵于黑海北部地区，并一直延伸到鞑靼的克里米亚西部，因此也和波兰领土临近。他一直是以与波兰为敌而著称于世的。参见 B. Baranowski, *Polska a Tatarszczyzna w latach 1624–1629* (Lodz, 1948), p. 40. 当鞑靼人在 1626 年早期入侵波兰领土的时候，波兰人纠集军队试图将他们赶走；鞑靼人违背了他们的协议，但是波兰人告诉穆罕穆德说，他们谴责土耳其的军事入侵（ibid., p. 51），并且他可能担心波兰人的报复（参见第三章注释 67）。

〔185〕 霍布斯开始是写的 "and"，但是后来又改成 "or"，最后又删掉了，后来把 "or" 写在两行之间。拉丁文本中有 "aut"。

〔186〕 法国的外交官就是菲利普·德·哈雷（Philippe de Harlay），他是德·赛齐（de Cézy）公爵（1582—1652）。不太确定的是这个协定是谁达成的——不是波兰人，当时奥斯曼帝国已经和波兰签署了和平协定，并在 1623 年正式签署了协议。V. Ciobanu, *Politică şi diplomaţie în Ţările Române în raporturile polono - otomano - habsburgice (1601–1634)* (Bucharest, 1994), pp. 212–13. 最有可能的备选项是帝国；在

从此之后希望依旧没有着落，而伤害确是相当确定。而且我也特别担忧这样的帮助可能最终证明他们是自寻死路。因为虽然有政治上的谋略，但是宗教最终将起重要作用，看上去有些王权虽然能够巩固那些执政官们的特权，但是宗教才是决定对错的审判者。英格兰的大使教导说在任何地方都可以寻求帮助，人们必须唤醒地狱之神[187]。但是如果地狱之神发怒了怎么办？

十五

威尼斯现在的状况更糟糕了，你的大小援助都被它拒绝了。[188]在日渐增长的压力之下，它的城市和臣民们的抱怨声也越来越多。维罗纳（Verona）和其他的城市都说，自打其建立以来从未感到如此悲惨地被压迫。他们抱怨说士兵们作威作福，并命令他们对其悲惨遭遇保持沉默。[189]孔塔里尼（Contarini）自己

1627年维也纳大使抱怨说德·赛齐以前就建议卡姆卡恩与帝国达成和平协定。M. P. Pedani-Fabris, ed. , *Relazioni di ambasciatori veneti al senato: Constantinopoli, relazioni inedite (1512-1789)* (Padua, 1996), p. 616.

〔187〕 引自 Vergil, *Aeneid*, VII, l. 312: "flectere si nequeo superos, Acheronta movebo"，意思是"如果我不能说服上苍改变主意，我就会唤醒地狱之神"。

〔188〕 这可能说的是1620年，威尼斯那时拒绝了两项请求，一个是派遣8000人的军队，一个是100 000杜卡特（ducats）的款项（在8月和11月）。参见 H. von Zwiedineck-Südenhorst, *Die Politik der Republik Venedig während der dreissigjährigen Krieges*, 2 vols. (Stuttgart, 1882-5), i, pp. 104-5.

〔189〕 在这一句话里面，拉丁语本中把士兵描述为"violentus"〔"狂暴的"（boisterous），"残暴的"（violent）〕，然后又加上了形容词"ferox"〔"自大的"（haughty），"凶猛的"（fierce）〕。霍布斯将第一个动词翻译成"凶猛的"，而忽略了第二个。在17世纪20年代，维罗纳的情况是非常不好的，不仅因为税收的大量增加（税收负担从1590年的47 000杜卡特增加到1625年的174 000杜卡特）而且还有过分的军事统治。V. Cavallari et al. , *Verona e il suo territorio*, 7 vols. (Verona, 1950-2003), v (1), pp. 394-5. 在1626年3月，当元老院决定对威尼斯城和整个地区征收什一税之后，税收负担变得更为沉重了。Girolamo Priuli, "Cronache", for 1626: Österreichische Nationalbibliothek, Vienna, MS 6230, fo. 226. 在1626年更令人关注的

感到绝望，[190]托尔尼奥（Tornio）也绝望了，[191]公爵自己也感觉大祸临头。[192]他们非常担心会失败，政府里的改革比以前更为艰难。[193]他们后来一直反对法国，再也不和他们结盟了，不久之后他们开始和教皇及教皇派的人结为盟友[194]以实现和平。[195]

是费迪南二世谋划了一个旨在占领整个维罗纳地区的计划［Cavallari et al., *Verona*, v（1），p. 33）］；作者给出的这个评论可能是基于这份报告。

〔190〕 在这个时期，孔塔里尼家族的各个分支为当时的国家输送大量的政府官员；在 1626 年，他们包括驻尼德兰、英格兰、教皇区和法国的大使。但是这里指的是在威尼斯定居的人：最有可能的是尼古拉·孔塔里尼（Nicolò Contarini, 1553-1631），《历史的威尼斯》（*Historie venetiane*）的作者在 1630 年成为总督。他是 17 世纪 20 年代反对哈布斯堡的著名鹰派人物。G. Cozzi, *Il doge Nicolò Contarini: ricerche sul patriziato veneziano agli inizi del seicento*（Venice, 1958），esp. pp. 169-95.

〔191〕 拉丁文本这里写作"Turnius"；霍恩斯显然没有理解这个意思，而将其转化为意大利语。亨利希·马蒂亚斯·冯·图恩伯爵（Count Heinrich Matthias von Thurn, 1553-1631）是 1618 年波西米亚叛乱的领导者之一，后来他还支持了弗里德里克五世和盖伯·贝特朗的事业。1625 年 1 月威尼斯任命他为该地的军事统帅，希望借助其经验对抗来自哈布斯堡可能的入侵；直到 1627 年，他就一直待在威尼斯。H. von Zwiedineck-Südenhorst, "Graf Heinrich Matthias Thurn in Diensten der Republik Venedig: eine Studie nach venetianischen Acten", *Archiv für österreichische Geschichte*, 66（1885），pp. 257-76, esp. pp. 265-70.

〔192〕 威尼斯的总督是乔万尼·科尔纳罗或科勒（Giovanni Cornaro or Corner, 1629 年去世）。

〔193〕 "Colledge"（Collegio）是指当时维也纳的主要政府机构，其由总督、他的顾问、大法官和"萨维"（Savii）（由议会选举产生的高级别的政治家）组成。"改革"（Roformed）可能指的是这些要素，正如富尔吉法·米加佐和德梅尼科·莫利诺（Domenico Molino），他们支持加尔文主义和新教的外交政策。E. O. G. Haitsma Mulier, *The Myth of Venice and Dutch Republican Thought in the Seventeenth Century*（Assen, 1980），pp. 10, 89-92.

〔194〕 拉丁语是"pacem, amicitiam, foedus"，"和平，友谊和联盟"。

〔195〕 1626 年前三个月在威尼斯议会中希望和教皇结盟。但是议会多数在 3 月 28 日因为听取了驻法国大使的报告后反对这一想法，他希望能够解决法国的军事行动；但是支持教皇的势力在得知法国西班牙的和平协定后彻底摧毁了大使的信任之后再次蓄积力量。L. von Pastor, *Geschichte der Päpste seit dem Ausgang des Mittelalters*, 16 vols.（Freiburg im Breisgau, 1901-33），xiii（1），pp. 295-7.

虽然他们对奥地利势力又嫉妒又憎恶，但是他们宁愿要凯撒也不　　168
要他们自己灭亡。那些国务外交官〔196〕所写的政府是多么的满意，
显然是难以置信的，亚得里亚海（Adria）既没有在南风也没有在
北风的吹拂之下掀起那么大的海浪。〔197〕

十六

你能知道你不能做什么，也知道和谁你不能；也没有其他人
可以和你一起。你的渴望仰赖于他人的帮助，这样的话有两件事
情就是不确定的〔198〕，他们的意志和他们的权力。〔199〕当你有一个
意志的时候，这个意志不可能持续太久。〔200〕一开始面对你的衰落，
你发现是非常不愿意的，现在你发现你是无能为力〔201〕的。躺在别
人的沙发上是悲催的。〔202〕我们的衰落在于总是将命运交付于他人
的指导。但是凯撒虽然受到了伤害，他却扩大其领地并使其繁
荣，汇聚了财富，这样就增强了力量，赢得了士兵。他的帝国
的命令帮助了他，因为他们所赋予的，乃是"结果可能不会太

---

〔196〕　约翰·贝克（Johan Berck，1565-1627）作为联合省的大使从1622—1627年
一直在威尼斯从事外交活动。O. Schutte, *Repertorium der nederlandse vertegenwoordigers*,
residerende in het buitenland, *1584-1810* (The Hague, 1976), pp. 87-9.

〔197〕　原文：Nec tantos Austro ciet adria fluctus nec coro superum mare.

〔198〕　拉丁语这里是"incertissimae"，"极度怀疑的"（extremely doubtful）。

〔199〕　"权力"（Power）这个单词是从正常拼写修改成大写的。

〔200〕　"几乎不"（Hardly）这里是在"很困难"（with difficulty）的意义上使用
的。[见 *OED*，"几乎不"（hardly），6-7]。拉丁语的"difficillima est persverantia"
的意思是他们只能以"极大的困难"（with extreme difficulty）继续下去。

〔201〕　"Vnable"是估计大写的。

〔202〕　原文：Miserum est alieno incumbere fulcro，引自 Juvenal, *Saturae*, VIII, l. 76:
"miserum est aliorum incumbere famae".

好"[203]。他的军队对我们而言是坚不可摧的。西班牙的财富和权力，虽然遭人嫉妒，但是却会一直持续下去。[204]这种嫉妒之心使你的同盟没法做朋友。如果有其他的激情，则是由于他们的嫉妒之心和竞争之心，正如其开始一样[205]，你就会被抛弃。他不是真正的战士，也不会掏一个杜卡特[206]；国王从山脚之下得到了大量可以被熔铸的黄金，白银的富矿变成银币。[207]他用战争让人们忧惧，如果他是一个好的一家之主[208]终会使他们厌倦。因此，他有能力经历一个长期的战争。他的权力、领地和真金白银每一年都有新的增长。

十七

他的联盟并不虚弱。教皇是支持他的[209]，更多的人也来支持他，或许威尼斯也是为他而来。虽然他们感觉这个战争的机智，但是他们还是厌恶以狡诈的方式获取和平，就如同寻找时机有意破坏。他们与我们一起强化军事力量，他们预见到我们的人可能无

---

[203] 原文："vt nec bene vertat"，引自 Vergil, *Eclogae*, IX, l. 6: "quod nec bene vertat"。

[204] "被他的邻国所嫉妒"。（Ovid, *Heroides*, VII, 1, 120.）

[205] 参见前注 120。

[206] "杜卡特"（Ducat）这里是对 "aurei" 的翻译，"金币"（gold coin）。

[207] 原文："Ditiaq argenti deducunt aequora lamnas."

[208] "丈夫"（Husband）这里是对 "oeconomus" 的翻译，"一家之主"（manager of a house hold）的意思。

[209] 教皇厄本八世（Pope Urban Ⅷ）在支持帝国事业上显然没有他的前任格里高利十五世（Gregory ⅩⅤ）有热情（Bireley, *Jesuits and the Thirty Years War*, pp. 64-5, 84）。在 1625 年，厄本敦促德国大主教和西班牙国王出钱支持巴伐利亚和皇帝；但是他却不希望自己做出大贡献，比如让他花钱组织一支教皇军队去把法国人从瓦尔泰利赶走。但是在法国西班牙达成孟松协议之后他更加积极地支持德国的天主教势力，并在 1626 年 6 月写信给皇帝、巴伐利亚公爵和美因茨大主教以示鼓励。von Pastor, *Geschichte der Päpste*, xii（1）, pp. 299-300.

法持续。[210] 你自己也读到了来自沃尔芬布特[211]的充满悲伤和绝望的信件。总体而言对于很多很重要的事件，丹麦国王没有办法解除被第利围困的城市，结果[212]军队相对而言没有太大的损失，而你的驻军[213]被克里斯蒂安国王和其恐怖[214]驻军所屠戮。[215]战争依赖于名声，但是他们却抛之不顾。他们不仅没有忏悔如此的胆小怕事之心，而且还一再否认他们能够在未来解放他们。他们到底做了哪些悲催之事？以此观之，他们是否可能会灭亡？

十八

因此，战争在所有的方面都是极端艰难的。如果你急于战斗，你与英勇的老兵战斗而希望获得胜利，这是不可能没有危险的，也不可能即刻胜利。如果你延长战争时间，凭借他们的财富和我们的财富，敌人不可能支撑太久。对于两个巴拉丁而言，之于他们的用处都是一样的，而战争的地点也发生在我们的地界。他们花费巨大，但是他们能坚持住，[216]并增强他们的力量。他们没有

172

---

〔210〕 这个标点符号是没有的；但是在某些意义上这个地方确实是需要的。

〔211〕 指沃尔芬布特市；霍布斯给人的印象是他认为这是一个人的名字。

〔212〕 由于装订的原因，字母"d"看不清楚。

〔213〕 这个读法不太肯定；矛盾的是有东西比"yᵉ"更多一些，但是最后一部分被装订弄得不清楚了。拉丁语有"praesidia nostra"，"我们的驻军"（our garrisons）。

〔214〕 "ll"被装订线弄得不清楚了。

〔215〕 1626年第利（参见前面注释170）从6月5—9日围困了小城汉缪登（Münder，临近卡塞尔），以及从6月17日到8月8日围困了哥廷根；前者的驻军被屠戮了；而后者被允许在8月11日离开。这两块地方都没有出现在克里斯蒂安国王或他军队的（驻扎在沃尔芬布特）"视野之中"（in the sight），但是他们在几天内行军就可以看到了。

〔216〕 "坚持的住"（Go through）是对"evadunt"的翻译，其一般的意思是"继续下去"（go forth），"运作"（proceed）和"继续"（carry on）。

诉诸最后一搏，[217]也没有涉足宗教事务，更没有把教士武装起来。如果我们把他们置于极端情形，他们可能会采取所有这些措施。他们有意要造成威胁。后来来自丹麦、英格兰、瑞士的威胁也来了，随后更大的风暴从洛林、孚日山脉（Lorrayne and ye Mountayne Voige）来了[218]，我们开始抵抗他们的军事力量。[219]德菲克斯波特（Deuxponts）和萨拉（Sara）[220]二者与你临近，你只能呜呼哀哉前一个[221]，你的臣民没办法应付这个威胁。这是一个论证，他们无意走向衰落。这片领地的每个事物都不想被关闭，如果没有那么长时间的战争，没有如此艰难的行程，巴拉丁是不可能恢复如初的。不要指望你的朋友的军队。只有恢复和平对于战败者来说才是安全的。[222]

---

[217] 拉丁语中有"Necdum sacram anchoram levarunt"，"他们还没有收起神圣之锚"。一般来说，一艘船只有一个最大的锚，这个就是"sacra ancora"，只有在危机时刻才会被使用；抛出"神圣之锚"（holy anchor）因此就是对于最后一搏的形象化的说法。霍布斯用"抛出"（cast forth）来翻译"levarunt"（事实上是相反的程序），其意思是他对这个说法比较熟悉。在这句话之后，还有一句霍布斯并没有翻译"ecdum Ecclesias oppignorârunt [a misprint for 'oppignerârunt']"，"他们没有给教会借贷"。

[218] 黎塞留在1626年2月建议路易十三组织两股力量反对德意志，一个是从北部（主要是丹麦组织的），一个是从西部（主要是法国、英格兰和联合省）。同一个月在西班牙尼德兰的一份报告中说，路易十三计划要攻击低地巴拉丁地区。在3月3日巴伐利亚的马克西米利安写信给利奥波德大公（Archduke Leopold）攻击说法国的军队正在集结（参见 de Meester, ed., *Correspondance de Guidi di Bagno*, ii, p. 713）；由于得到警示，利奥波德在3月30日写信给布鲁塞尔公主请求军事支援（Obser, "Markgraf Georg Friedrich", p. 340）。法国的这一战略计划可以从来自文松（Wensin）的一份文件得到确认（von Aretin, *Bayerns auswärtige Verhältnisse*, appendix 2, p. 192; cf. above, n. 73）。如果他的目标是低地巴拉丁，法国军队可能会穿过洛林（Lorraine）、萨尔（Saar）和孚日山脉（Vosges mountains）。

[219] "当下"（Presently）这里的意思是"很快"（soon），或者"马上"（immediately）（"mox"）。

[220] 参见前注218；这两块领地现在被帝国的军队保护着。

[221] "Alas, former!"

[222] "Only the return of peace can bring safety to the defeated."

十九

在军事压力之下，此路不通。以此法你什么也做不了，你的钱花了却无益，你的国家哀鸿一片，士兵也抛洒了热血。放弃吧，你没有希望获得成功。[223]不要走这条路。只有两条路还可以走，一者祈祷，一者欺骗。君主的祈祷是强有力的，被驱逐的人是非常悲惨的。因为欺骗无处不在，甚至对欺骗的反对亦是如此。当狮子的兽皮不敷使用，就套上狐狸的吧。[224]如果你能恳请皇帝，或许你可以得到他的支持，而你的国家的部分领土可以刻画出你领土的全部。阿基米德曾经说过，如果给他一个支点，他可以撬起整个地球。如果你能让你的国家拥有一个支点，你就能一点点的积累财富，然后秘密地征集军队，在他们获知消息之前就能压服你的邻国。这么做的理由和方法，荷兰的代理人最近教导过。[225]如果可以在恩斯河（Anassus）这么做，[226]难道弗里德里克就不能

174

[223] "in spight of successe" 是对 "invito successu" 的翻译（字面上看，"成功并不可欲"）；意思是 "成功事与愿违"（when suuess goes against you）。

[224] "case" 这里的意思是 "兽皮"［*OED*, "case", n., 2 (4. a)］；拉丁语是 "lacerae"，霍布斯在其手稿中将其修改为 "lacernae"。这可能是利普修斯的一个说法，*Politicorum libri sex*，IV. 13，p. 205："Et ex Spartani regis monito: ...Vbi Leonina pellis non pertingit, oportet Vulpinam assuëre"，（"正如斯巴达国王所建议的：'当狮子的兽皮不敷使用，就套上狐狸的吧'。"）利普修斯这里是引用了普鲁塔克的《莱桑德的生活》（*Life of Lysander*，VII, 4）；但是这个狮子-狐狸的讨论背后是这个时代的政治理论在马基雅维里的著作中最为知名的段落，《君主论》第十八章里面说一个君主应该有狮子和狐狸的两种品质。

[225] 这里可能指的是荷兰侵吞其邻国东弗里斯兰领土的事件。曼斯菲尔德在1623年将他的军队驻扎在那里，占领了埃姆登（Emden）并在荷兰边境地区建筑了防御工事；当他在1624年离开的时候，荷兰反过来占领了这些地区。

[226] "Anassus" 指的就是奥地利的恩斯河；这段评论可能指的是1626年奥地利高地爆发的农民战争。这片区域一度在1620年被巴伐利亚控制，巴伐利亚人让此地的人民强行其信仰天主教。在处死了一大批新教领袖之后，大批农民在1626年的春天和夏天伊始的时候开始暴动，叛军占领了林茨的好几个城镇。在1626年11月的时候，叛军最终被镇压下来。参见 G. Heilingsetzer, *Der oberösterreichische Bauernkrieg 1626* (Vienna, 1976).

吗？求和平不可耻，图鲁斯（Turnus）就向特洛伊的勇士埃涅阿斯（Aeneas）求和，丢盔弃甲向人恳请对于失败者而言并没什么可耻辱的。[227]不是你而是你的运气不佳导致求和。命运女神有很大的自由来处置你的事情[228]，当她足够强大杀死皇帝时，她也会那么做。你知道鳄鱼的眼泪；你应该可以通过这些朋友为你保留希望和许诺，重新获得凯撒的帮助。他们到处都特别绅士地谈论到你。不恢复原状是没有和平的。[229]仁慈成为天主教式的；君王从先辈那里获得的权力不应该被取消。[230]大卫宽恕了扫罗。战争是耗费甚巨的。[231]给这些人以希望，并许以承诺，你了解所有地方，你知道谁能提供帮助，也知道在何处祈祷。主要的事情是在推翻他们的建议之后力量却跟不上。什么也不要害怕。没有君主是没有弱点的，他们既能给出糟糕的建议，也能掩盖起来寻求好处。[232]其他君主的大臣也有类似的看法。君主思考过很多建议；但是没有可用的吗，一个或两个。[233]

---

〔227〕 原文：Victos non dedecent vittaeque et verba precantum，引自 Vergil，*Aeneid*，VII，l. 237："Praeferimus manibus vittas ac verba precantum". 图鲁斯是鲁蒂利的国王（King of the Rutilli），他一度和埃涅阿斯开战并战败。

〔228〕 在拉丁语中这句话是有问题的："erubescet illa in te tantum sibi licuisse?"（她是否会自由地处置你的事情？）；霍布斯的抄本可能删掉了问号（参见第四章注释34）。

〔229〕 拉丁语是 "nisi te restitutio"［"没有使你恢复"（without your restitution）］.

〔230〕 拉丁语是 "Non privandum avitis opibus Principem"，"一个君主不应该被取消其继承先辈财产资格"。

〔231〕 "Chargeable" 是对 "nimis...sumptuous" 的翻译［"极其昂贵的"（extremely expensive），"耗资巨大的"（excessively expensive）］。

〔232〕 参见 2 Samuel，chs. 15-17.

〔233〕 拉丁语 "nemo, vel duo, vel nemo" 在这里是出自 Persius，*Saturae*，I，II. 2-3. "nemo? ｜ vel duo, vel nemo"，通常被翻译为："没有人吗？一个还是两个，还是没人。"

二十

　　但是，你要采取什么样的步骤呢？你会在帝国议会之前做吗？[234] 你自己的顾问会让你在帝国议会上哭泣和悲伤。[235] 他将这个建议看成是徒有其表的；他认为根本没有什么价值。虽然你的灾难让你遭致同情，但是毕竟你没有带来什么伤害，由此你也没有激起别人的侵犯。每一人都觉得自己有所损失。他们把责任算在你的头上。他们都振振有词，都不想受到损失。但是这些伤害都是他们自己引起的，而他们却希望得到补救。即便十个巴拉丁也不能封堵众人的悠悠之口。虽然西班牙和巴伐利亚占领了巴拉丁的两块地区[236]，但是其他部分都防卫得很好，而你继承的地方都在这些区域之内，这些地方是不能送出去的。[237] 巴伐利亚是目标明确的；但是西班牙并不清楚如何处理他们所占领的地区。[238] 这对于我方来说还是一个不小的阻碍。[239] 如果你承认你的错误，

176

---

　　[234]　自从 1613 年，帝国会议（国会）未举行过。而在 1624 年计划召开的会议也没有举行；在 1625 年 8 月召集的部长会议也被顺延了两次，最后也没有按时召开。但是，这里指的显然是帝国会议，在这个会议上帝国的君主们以个人的身份与会；而这样的会议直到 1640 年都没有再召开过。

　　[235]　这里可能指的是弗里德里克的高级顾问和首席大臣福尔拉德·冯·普勒森，他建议弗里德里克在 1626 年 2 月向皇帝正式投降并答应满足其要求（这样归还巴拉丁的所有领土），并在同年 11 月再次建议。参见 A. Gindely, *Friedrich V von der Pfalz, der ehemalige Winterkönig von Böhmen seit dem Regensburger Deputationstag vom Jahre 1622 bis zu seinem Tode*（Prague, 1885）, p. 22.

　　[236]　高地巴拉丁被巴伐利亚占领了；而低地巴拉丁先前被西班牙荷兰的军队占领了。

　　[237]　霍布斯（或其手稿副本中）删去了"spont"（"按照他自己的意思"）。

　　[238]　原文：Boius propositi est tenax Iberque parto cedere nescius, 这个表达"tenax propositi"和"cedere nescius"都是引自贺拉斯的 *Odes* III. 3, 1, 1, 和 I. 6, 1, 6.

　　[239]　"对我方来说的阻碍"（An impediment on our partes）这里的意思是"对我方的反对"（an objection raised on our side）。

请求宽恕并请求服从[240]，这样能获得安全，他们是不能公开处置你的。凯撒是不会掩盖他的损失的，他要求明确的补偿。如果你这么做，你就要守住你的尊荣，并且正是这样使你这么做。因为他能做什么呢，去忏悔自己犯下了如此多的罪孽？他是不能原谅这么多的伤害的。他反对你长期的顽固不化并且寻求通过土耳其人和鞑靼人来达到推翻帝国的目的。法国的支持者们如此冷漠，他们宁愿去讨好教皇派的人。而英国的支持者们被谴责说没有力量。丹麦的支持者们也被当做敌人而被人所憎恨。

二十一

如果没有恳求的空间，那么只能继续被欺骗。如果你把自己的
178　孩子送去西班牙、皇帝或者巴伐利亚那里让其抚养成人，去欺骗他们是很容易的。[241]宗教是对他们有好处的，而你的儿子中很多人也将得到好处和职位。这将对权力的增加有不小的影响。而对你的孩子中的某些人来说这些也能使你的领土得以恢复。英国人也不会因为这样和教会的交易而感到受到了侵犯，也不会觉得你的做法不当，但是同时你却恢复了你那些教皇派的祖先的领土。只有弗里德里克三世和你的父亲是宗教改革派；而其中没有路德宗

---

〔240〕　意思是"没有对你的错误的承认和请求宽恕"。

〔241〕　1623 年一个计划被严肃的考虑过（并由詹姆斯一世提出来）用来实现冲突的解决，即让弗里德里克的大儿子和皇帝的女儿结婚，（这个孩子会被皇帝抚养，等其长大之后就可以获得巴拉丁的领土和选帝侯的爵位），或者与巴伐利亚公爵的侄女结婚。参见 Pursell, *Winter King*, pp. 200, 203-5, 208-9. 这一建议在 1626 年 8 月又被布鲁塞尔的西班牙外交官贡多马提出来，他提出恢复巴拉丁的领地和爵位的前提条件是：①某些领地依然被巴伐利亚管控以作为付清战争赔款的担保；②弗里德里克的孩子应该在一段时间内被皇帝宫廷而另一段时间被巴伐利亚所抚养，并且应该使其成为一个天主教徒（von Aretin, *Bayerns auswärtige Verhältnisse*, appendix 2, p. 204, 这是对贡多马和巴伐利亚大使在 1626 年 8 月 10 日举行的会议的解释；第 208 页所记载的是巴伐利亚是反对这一提议的）。参见前面第三章注释 55、62。

的信徒。[242]我想他们不仅会在英格兰而且在德意志谴责你，说你不去做新教教徒；因为这会驱逐一些人。但这是该被谴责的吗？有的是因为爱的需要？或者人们只是最爱他们自己？[243]

二十二

如果你有办法守住你的位置，你就不会让你的孩子被任何宗教所影响，我们就会寻求其他起作用的办法。看看你在荷兰得到的东西吧。拿骚的恩斯特已经垮台了。这可能是亨利设计的。[244]一个两月大的孩子就被要求担任弗里斯兰的总督[245]，你能坐视不理吗？阿米尼亚人喜欢亨利，但是哥马李斯特派（Gomaristes）尤其是其行政官特别讨厌他。[246]他确实显得比较粗野，很难受到谴责的影响。[247]你也遭他们的厌恶，但是你应该努力使那些大人物

---

[242] 这段关于巴拉丁选帝侯的陈述是正确的，因为约翰·卡西米尔（另一个加尔文教徒）只是作为摄政王。弗里德里克三世（1559—1576在位）是第一个加尔文宗的巴拉丁选帝侯，路德维希四世（1576—1583在位）是路德宗信徒；并且路德维希的小弟弗里德里克四世（弗里德里克五世的父亲，1592—1610在位）也是一个加尔文宗信徒，他在其叔叔约翰·卡西米尔的监护下长大，卡西米尔在其年幼的时候执掌巴拉丁的政权。

[243] 这是对"an sibi quisque bene esse, quàm alijs mavult?"的翻译，"是不是每一个人总是看中自己的利益而超过其他人？"

[244] 恩斯特这里就是恩斯特·卡西米尔，弗里斯兰的总督（参见前注124）。"亨利"这是指弗里德里克·亨德里克，奥兰治王子（参见前注121），荷兰、泽兰、乌特勒支（Utrecht）、上艾瑟尔（Overijssel）和海尔德兰（Gelderland）的总督。

[245] 关于宣布一个婴儿为弗里斯兰的总督的主张，参见前注124。

[246] 哥马李斯特派［神学家弗朗西斯·哥马李斯（Franciscus Gomarus）的追随者］是严格的加尔文主义者，他们是阿米尼亚人的反对者。在有些城镇里，议会的成员也是阿米尼亚人的反对者，即便后者构成了人口的重要的一部分。在这个事情上，乌特勒支，弗里德里克·亨德里克在1626年2月命令说不要动用军队镇压阿米莉亚人的聚会。参见Israel, *Dutch Republic*, p. 492.

[247] "Obnoxious"这里（"obnoxious"原文如此）意思是"可承受"（liable）或"服从"（subject）。

喜欢你。挪开那些巨石，财富就在下面。[248]他不会让事情缓和，而是制造了更多的麻烦[249]，这没有什么意义。问一下你自己或者你孩子的建议吧，也许会有其他的机会。一旦有利可图就不会出什么错。

二十三

180　　如果不能成功，或者在荷兰进展缓慢，那就试一下英格兰吧。在那个王国事情容易得多，你可以轻而易举地就赶走他们的年轻君主[250]，因为贵族都厌恶他。这将是一个关于复仇的正义事业，而对白金汉的保护使得你的继父被杀。[251]你作为继子应该去为你继父的死复仇，这些是他的儿子所忽略的。对于王国而言其他的事情或可接受，但没有什么比白金汉更为可恶的了。为了让你获得他们的爱戴，没有什么事情比这件事更值得做，而国王自己也解除了与他们的关系。所有的延迟都将是阻碍，和你的朋友及盟友们开始吧。他们还活着并且势力继续增长，他们制作了白色的

---

　　[248]　关于这个谚语可以参见 D. Erasmus, *Adagiorum opus*（Basel, 1533）, p. 141, I. 4. xxx, "Omnem mouere lapidem".

　　[249]　"惹麻烦"（Troublinge the water）是对"Rebus turbatis"的翻译["掀起事端"（by stirring things up）]。

　　[250]　在此文写作的时候，查理一世是 25 岁；"年轻"（young）是对"adolescentem"的翻译，这在经典的拉丁文中可以用来指称那些 30 岁或 20 岁以下的人。

　　[251]　这个关于白金汉囚禁了詹姆斯一世的陈述是苏格拉物理学家乔治·英格里西曼（George Eglisham）所作的。参见他的 *Prodromus vindictae in Ducem Buckinghamiae, pro virulenta caede potissimi Magnae Britanniae Regis Iacobi*（Frankfurt am Main, 1626）, esp. pp. 43–8, 这也是被广泛关注的；白金汉在 1625 年 5 月 15 [/25]日在其王官里对其作出了回复。S. R. Gardiner, ed., *Notes of the Debates in the House of Lords…1624 and 1626*, Camden Society, NS xxiv（London, 1879）, p. 193.

毒粉，给了汉密尔顿（Hamilton）[252]和你的继父。为了从事这项事业，王国应该把你当做心腹。赶走你同父异母的兄弟吧，当他孤身一人时，你就可以打倒他。向主教和牧师们展现你的慷慨和财富。清教徒受到这些诱惑的影响，他们就会用双肩把你扛上王位。苏格兰的贵族是无趣而贪婪的，对他们要许以重利。他们对主教们的非清教态度[253]非常不满意并决定以你的继父替换之[254]，并且争吵着表达着他们的不高兴。英格兰的贵族们大部分都是贪婪、野心勃勃、傲慢、奢靡的，并且相互拆台。你的美德可以充分利用这些人的卑劣来凸显你的荣光。[255]所有这些都是对当下的担忧，对未来的不确定的期待[256]，很容易通过许诺的方式来获胜，通过这些你凭借你自己就可以推翻查理。

二十四

法国对其妹妹的帮助也不会对你造成障碍。他们并没有走海

---

[252] 詹姆斯·汉密尔顿（James Hamilton）就是汉密尔顿侯爵（Margness of Hamilton，1589-1626）在 1625 年 3 月 2 [/12] 日在白宫中死于发热，在詹姆斯一世去世之前的三周半，乔治·英格里西曼和汉密尔顿是一起出现的，而他们一直得到其支持；在他的一个小册子里说，汉密尔顿是被白金汉毒死的（*Prodromus vindictae*，pp. 22-43）。尤其是，他说白金汉给了詹姆斯一世一种"白色的有毒粉末"（p. 46："pulverem album virulentum"），而国王喝了一杯酒。

[253] "impur-itanity" 这个单词（用来翻译"impuritate"）看上去是霍布斯的用法，*OED* 有一个专门的词"impuritan"（"一个对非清教徒充满敌意的词或者反清教派"：对它的引用是在 1617 年和 1627 年），但是没有"impuritanity"。

[254] 詹姆斯四世和一世恢复了垂死挣扎的苏格拉教区，他们增加了主教的数量和强化了他们的权力。长老会与其说反对这些大主教的反清教态度不如说是反对他们在实践上的法杖——尤其是在《珀斯五条》（*Five Articles of Perth*）中的规定，它规定在圣餐仪式和宗教聚会的时候下跪。D. G. Mullan, *Episcopacy in Scotland: the History of an Idea, 1560-1638* (Edinburgh, 1986), pp. 95-113, 151-65.

[255] "To yor hono^r" 是对"ad summum decus consequendum"的翻译 ["获得最高的荣誉"（to attain the highest honour）]。

[256] 霍布斯（或其手稿副本中）删减了"regnantibus infidi"（"对其君主不敬"）。

182 路。他们是骑马而进，而非扬帆而行。而荷兰人后来就赶超了他。[257]不要恐惧别人说什么。成功可以让任何守卫变得正当。被征服者才会被认为有罪。胜利不去寻求支持者，而是产生支持者。如果法国准许波西米亚行动，它就不会去谴责英格兰，他们的正义就像不义。除此而外，你的儿子有机会和这片领地联姻。你同父异母的兄弟应该被驱逐，因为他对你的援助过于缓慢了。并且不列颠的贵族们应该消亡，因为他们慢待国王，宁愿白金汉死也不要你活。但是，你必须伪装起来。当你手中握有权力，你就要斩下罂粟花的花枝。[258]

二十五

这些事情是否看上去艰难而危险？如果没有辛劳的工作，生命不会赋予有朽者任何东西。[259]为了获得伟大的东西，你必须通过你自己的行动。但是如果你想要其他更好的东西，这也容易，不要有任何不安。将你的全部领地卖给法国或者其他有权势的君主，你依然可以平静享有吃香喝辣的特权。购买者会用其武力来保有对领地的占有权利；你就可以逃脱朱庇特的武力和惩处。每一个人都极其严肃地建议并热切地追求他自己的东西。罗马人民会操起他们的武器来支持保护他们的人。只要价格适当，很多人都会去购买其他的头衔。只要开出的条件合适，撒克逊人就可以将他

---

[257] 荷兰军队是在 1625—1626 年开赴法国的，参见前注 74。

[258] 这里的拉丁语 "metes eminentia papaverum" 暗示的是罗马塔尔坎国王的一个故事，当他被问及如何处置加贝伊（Gabii）的时候，他一言不发直接斩断了罂粟花的花枝。Florus, *Epitome*, I. 1, "eminentia forte papaverum capita virgula excutiens"; Frontinus, *Stratagemata*, I. 1, "virga eminentia papaverum capita…decussit".

[259] 原文: "Nil sine magno vita labore dedit mortalibus", Horace, *Saturae*, I. 9, II. 59-60.

们自己卖给丹麦[260]，虽然现在他们受到严酷的法律管制，但是听一下这句话吧，"烧了它；斩断它"（Vri. Secari.）。[261]他们发现法国人赋予他们的沉重的资助义务远超他们的敌人，所以他们想回到凯撒那里。

二十六

在一个更为正义的事业中，你为什么不去仿效黑森呢？他将 184 其城堡、城市、子民，还有其财富以及自己的子孙后代都交付给法国了，[262]至少看上去不是特别急切，他也放弃了他以其退伍老兵兵团所守卫的长达两年的博伊斯地区，这样的牺牲换取了和法

---

[260] 这可能指的是低地撒克逊联盟（Lower Saxon Circle）在 1625 年 4 月任命克里斯蒂安四世为联盟军事领袖的决定。

[261] 这个句子 [是拉丁语对亚里士多德《范畴篇》（Categories）第四节（2a4）的翻译]"烧了它；斩断它"是对一种行为的一个说法，其出处是一个医学用法，在希腊和罗马都有使用。西塞罗赋予它一种政治上的意涵，说一个国家就如同人体，我们受伤的肢体被"斩断和烧掉"（uri secarique）就是为了让整个身体得以拯救（In M. Antonium, VIII, para. 15）；当利普修斯将其应用于终结宗教异议并加以类比的时候，这一说法吸引了公共纷争。参见 Lipsius, Politicorum libri sex, IV. 3, p. 109；G. Güldner, Das Toleranz-Problem in den Niederlanden im Ausgang des 16. Jahrhunderts（Lübeck, 1968），pp. 97, 100-2.

[262] 黑森-卡塞尔的莫里茨伯爵和亨利四世有良好的亲密关系，并在 1602 年一直待在法国，他被认为是法国的支持者。Recueil de quelques discours politiques, escrits sur diverses occurrences（n. p., 1632），pp. 62, 226；Anquez, Henri IV et l'Allemagne, p. 58. 他在 1626 年 2 月 20 日写信给路易十三恳求施以援手和"保护"（von Rommel, Neuere Geschichte von Hessen, iii, p. 621 n.）. 在 1626 年 4 月 14 日，巴伐利亚的马克西米利安写信给美因茨、特里尔（Trier）和科隆的选帝侯，警告说美因茨伯爵的大使到了法国，将"其土地、人民，财产，并且他所占领的莱茵河附近地区"奉送给法国国王（von Aretin, Bayerns auswärtige Verhältnisse, appendix 2, p. 169："seine Landt vnd Leüth, hab vnd guett, vornemblich aber sein vesstes an den Rheinstrom gelegenes Paashauss Rheinfelss"）. 不太清楚这个说法的根据何在。

国牢固的友谊和帮助。[263]这个事情也不应该困扰你，就如同被谴责的卑微的逃亡者，他可怜的外交官被迫在巴黎无谓地等着红衣主教和其他大人物。[264]想进入莱茵河是艰难而遥远的。[265]这条河穿过他们的领地。而且这个区域也是非常崎岖的。"这是不结果实的葡萄和玉米；法国人需要肥沃的土地。"[266]对于那些律师的意见有些部分可能是不太明智的，因为交出那些被帝国掌控的地方，你就会失去地位；以此为基础考虑一下黑森没有统治者的情况，它会被侵蚀掉[267]。随后就消失了并成为无主之地，所以急需将其转送他人：这对你来说并没有什么害处。你的运气是肯定的；你给出了你没有的东西，然后得到了你所不希望得到的东西。

二十七

你放弃自己的权利是否显得过于胆小？但是你已经丢弃了你的所有。对象消失了；法律的拟制就是没有意义的。然而，我有一个与众不同和更为大胆的提议。我们再策动一次叛乱和煽动起

186

---

〔263〕 这个关于军队的"牺牲"（sacrifice）（他们之间在拉丁文本中没有对应物）的说法可能指的是对汉缪登（可能说的是哥廷根，参见前注215）的守备军的屠杀事件；将这个观点和莫里茨驻法国大使联系起来是没有根据的。

〔264〕 参见前注87。

〔265〕 这里指的是莱茵菲尔茨（"rock of the Rhine"），在莱茵河畔的城堡，它是属于黑森-卡塞尔伯爵的，虽然它与他的领土不相衔接。西班牙军队在1624年控制了它，它对西班牙交通是至关重要的；在1626年7月9日，伯爵签署了一份文件批准将其置于帝国的保护之下，在同年的9月3日它就被西班牙军队占领了（围困仅过了一个月）。参见 Dumont, *Corps universel diplomatique*, v（2）, pp. 497-8; von Aretin, *Bayerns auswärtige Verhältnisse*, appendix 2, p. 201; J. Kessel, *Spanien und die geistlichen Kurfürsten am Rhein während der Regierungszeit der Infantin Isabella（1621–1633）*（Frankfurt am Main, 1979）, pp. 204-6; and cf. above, n. 262.

〔266〕 这一句话是来自塞涅卡的，*Hercules furens*, l. 697: "Estne aliqua tellus cereris aut bacchi ferax?"

〔267〕 霍布斯的翻译（其所遗留的手稿）在这里就结束了。

义，利用宗教首领和狡猾的政客。这个事情在意大利、法国和德意志都产生了非常坏的后果；煽动叛乱通常是不会有好结果的，在很多情况下他们制造的麻烦通常伤害了他们自己。但是你是害怕什么呢？你有一笔财富，你的朋友们的失败使你臭名昭著；当世界崩溃时，死亡也很好。[268]

你走了，但依然是一个伟大的人物，作为战争中的流亡者。

当你离开时，你带上你的随从。

叛乱会造就更多的敌人，这是对的；但是，你却被认为是强大有力的。

二十八

我并没有否决你收到的那个大胆的建议，即便它可能来自自身难保的人。[269]他建议你从你的同父异母的兄弟或者从丹麦或者从瑞典那里找个港口，用它作为统治海洋的基地去获得财富，为你的儿子们增加福利，并用它来偷袭西班牙、意大利和东印度群岛的口岸。一个国王去当海盗也并非新鲜事。当耶弗他（Jephthah）从他的国家被赶出来的时候[270]，他就从事过劫掠行为，并且成为了以色列的领袖。你的同父异母的兄弟可能会因为担心阴谋事变而拒绝。丹麦人会准许的；但是这些区域离你的敌人却有相当远

---

〔268〕 拉丁语是这样的，"iuvat mundo ruente mori"，似乎引自 Claudian, *In Rufinum*, II, l. 19："everso iuvat mundo mori"，"当世界都消亡了，死亡是很好的"，这句话是来自叛乱的军队长官鲁菲纳斯（Rufinus）说的虚无主义的言论，当时他想把罗马拖入战争之中。

〔269〕 拉丁语在这里是"anormis"，显然是一个来自希腊的形容词，意思是"没有庇护的"，并且"Pilotj"是从"pilotus"来的，这个词在中世纪的拉丁语中出现，当然并非经典用法。不太清楚的是这到底是指的谁——可能是路德维希·卡梅拉留斯，他建议弗里德里克转移到瑞典，这个细节将在第 34 节被详细讨论。

〔270〕 参见 Judges 11：3.

的距离。我本应把你送到非洲去，如果非洲伊斯兰区域的人不是完全不能被信任且极端贪婪的话。

二十九

确实那个戴金手套的人[271]敦促你去苏丹；他说你在爱琴海将拥有一处庇护之所。他指出即便大卫也得到了洗革拉（Ziklag）[272]；由此你就可以仿效一个经历了涂油礼的君王，虽然他是一个逃亡者。但是威尼斯考虑到其对商业利益的保护而拒绝了这一计划。我也不希望你去玩弄宫廷游戏，或者去亲吻巴夏的紫色长袍。因此，我也不会去理会面目可憎的鹿特丹的船主们。[273]任何自由的人只要进入了暴君的领地就意味着他放弃了自己的自由。然则，去做这件事总比什么事情都不做强。

188

---

[271] "Manicaureus"并没有在经典的拉丁语中出现；可能是来自"manica"（手套）和"aureus"（黄金的）的组合的一个用法。这里所说的黄金"手套"应该是来自西琉斯·伊塔力卡斯（Silius Italicus），*Punica*，Ⅳ，Ⅱ. 155-6："auro virgatae vestes, manicaeque rigebant | ex auro"，"他身着黄金条纹的衣服，带着纯金打造的手套"。这里描述的可能是克雷斯（Crixus），他就是博伊人［Boii，凯尔特（Celtic）部落］的军事指挥官。博伊人被有些作家认为是波西米亚人的祖先（波西米亚人的祖先可以参见看前注238）。这里可能指的是弗里德里克的支持者波西米亚的军事统领亨利希·马蒂亚斯·图恩（参见前注191）——虽然这一暗指的方式看上去非常隐晦。但是这一暗示得到两个方面的支持：一个事实是图恩在白山之役战败之后在君士坦丁堡待了一段时期（他来游说贝特朗），随后他就去了威尼斯，并定居在那里。

[272] 1 Samuel 27：5-6："大卫对亚吉（Achish）说，如果我能得到你的恩典，那就让他们在这个国家给我一片安息之所……然后亚吉就在那天把洗革拉（Ziklag）给他了。"

[273] 这里的所指是比较模糊的，虽在一般意义上来说，丹麦的商人是希望巴拉丁选帝侯和奥斯曼保持亲密关系的，这就可能会使后者采取一个较为积极的反哈布斯堡政策，这对于联省的商业利益而言是有好处的。

三十

我强烈希望你去拉罗谢尔；因为拉罗谢尔人自己也希望你这么做；他们认为可以由于为国王提供庇护而拥有荣耀，并且他们也希望你能够带来一些援助。在那里每一件事情都是对你有利的。那里有相同的而且是唯一的宗教信仰（除了一些在战争中被忽略掉的细节）。在那里你可以得到行动中的伙伴，正是通过这种同伴才能攻击法国国王。[274]这里确实有机会去袭击法国国王，他一度抛弃了你；并且也有机会增强加尔文派的势力。从这个地方你可以向你的朋友不列颠的清教徒提供建议，他们就是国王的敌人，而你这么做是不会遭致任何怀疑的；以谈判为伪装，你就可以接待这些人的来访。如果你从那里积蓄力量，并且开赴爱尔兰或者苏格兰的海岸线，你一定不会失败；这比闷闷不乐、张着口、坐看王室的头衔逐渐无效，看着别人行动，听着你的盟友的失败和抱怨要好得多。但是他们也在追求他们自己的利益。不管是谁在为自己松土、播种和耕种，谁最终去收割果实也说不准。那么对你而言，你到底要怎么做呢？

你不想为你自己赢得名声而采取行动吗？[275]

可怜可怜你的儿子们吧。[276]

---

[274] 这个拉丁语"Societas eorundem facinorum"是来自Cicero, *Philippicae*, XXXVII, 17, 36："omnium facinorum…societas"["在其所有行动中的伙伴"（a partnership in all his actions）]."Facinus"的意思是"犯罪"（crime）；但是西塞罗的用法是中性的。

[275] 这引自Vergil, *Aeneid*, IV, l. 273："nec super ipse tua moliris laude laborem."

[276] 拉丁语"Arcanios"显然是对"Ascanios"的错误拼写。这句话也是引自《埃涅阿斯纪》（*Aeneid*）（参见注释275），它是用来谴责埃涅阿斯的，他是在玩弄迪多女王（Queen Dido）而非寻求罗马的最后结局的；在同一个演讲中埃涅阿斯被敦促去考虑其子阿斯卡尼斯（Asanius）的未来。

三十一

190　　你应该在你的敌人之间挑动争端；为此目的，你需要运用暴力和阴谋，而且也要不惜违背神法和犯罪来达此目的。我曾一而再再而三地给出这个建议。确实，我承认直到现在，我们什么事情都敢做，什么事情都尝试了，但是目前一无所获。你应该再试一次：或许这次能有所获。你的敌人的实力（现在教皇也加入了）现在强大而锐不可当。仅凭我们自己的力量是不可能砸碎和移除捆绑我们的牢固锁链的；但是如果让他们饮下不和的毒药，他们的联盟就可能松懈、分裂和自我瓦解。我们的同盟由于各自图谋自己的利益而最终瓦解[277]；国王的伟大同盟最终也走向毁灭[278]；但是虽然教皇派之间内部纷争不断，他们的同盟和共同政策还是得以持续。我们必须采取一些欺骗手段使他们之间相互疏远，只要我们挪开拱顶的几块石头，整个拱顶就会坍塌。我们在遭遇失败之后如挑起新的战端，耗资巨大并且要冒很大的风险；但是只要我们在我们的敌人之间制造不和，这几乎不用耗费任何东西。我们的演说家[279]建议说新的希望应该来自斯特拉斯堡（Strasbourg）[280]；

---

[277]　参见前注 31。

[278]　这里可能指的是查理一世和克里斯蒂安四世之间的联盟（正如 1625 年 12 月在海牙签署的协定），可能暗示的是与路易十三的合作。

[279]　"Fronto" 在拉丁语里可能指的马库斯·科尼利乌斯·弗朗托（Marcus Cornelius Fronto，公元 90—168），他是一个著名的演说家。在这里可能暗示的是弗里德里克的顾问路德维希·卡梅拉留斯（参见后注 301），他是一个人文主义学者，以其优雅的拉丁文闻名于世。

[280]　斯特拉斯堡的主要人口是路德宗的，这一地区一直被帝国所控制。1624 年斯特拉斯堡议会热情款待了法国的外交大使，大使告诉他们路易十三会保卫他们的自由；这次会面遭致了皇帝的愤怒。在 1626 年斯特拉斯堡的人民被任命皇帝十三岁的儿子为斯特拉斯堡的教区行政长官一事所激怒；但是这一表述的明确依据并不特别清楚。参见 R. Reuss, *L'Alsace au dix-septième siècle*, 2 vols. (Paris, 1897-8), i, pp. 67-8.

多瑙河地区的局势现在异常紧张[281]；令我们感到诧异的是盖伯现在无动于衷不去抓住这个成熟的机会。[282]熊[283]是借助自己的力量行动的；但是鸡[284]却靠着自己的欺骗手段，不过它的打鸣声暴露了它。没有什么事情能使我分心，一想到我们会失去这个机会我就痛苦不已：如果这个机会从我们的身边溜走，我就要上吊自杀。

法国国王[285]和盖伯会拿起武器，土耳其和威尼斯不也是如此吗？[286]

哎，我们生活在一个堕落的时代！[287]

三十二

你最后和勇敢的瑞士人拿起你的武器。如果你愿意，斯瓦比

---

〔281〕 这里可能指的是奥地利高地的叛乱：在恩斯小镇恩斯河与多瑙河交汇（参见前注 226）。

〔282〕 拉丁语"occasionem capillatam"["不好把握的机会"（hairy opportunity）]，这里暗指的是启蒙肖像画欧卡西欧（Occasio），描绘的是一个头发扎在面庞之前的女性角色，但其后面却是什么也不扎起来——它的意思是一旦她走近我们就很容易被抓住，但是我们如果一直等到她走过还不动手，我们就什么也抓不住。参见C. Ripa, *Iconologia*, ed. P. Buscaroli（Milan, 1992），p. 322.

〔283〕 不太清楚这里指的是谁，也不清楚为什么使用这种形容词的形式["ursinus"的意思是"与熊有关的"（pertaining to a bear），"像熊一样"（bear-like）]。这一时期奥尔西尼（Orsini）家族并没有提供合适的候选人。可能这里玩了一个文字游戏，德语的巴伐利亚与熊相似。

〔284〕 拉丁语有"Alectryon"，其所指的是一个被战神马斯变成了公鸡的人；这里大概指的是路易十三，使用了隐含的双关语的"公鸡"（gallus）（"cock"）。

〔285〕 这里是拉丁语的"Gallus".

〔286〕 在拉丁语里"arma"显然是宾格形式，和动词（比如"movent"）是隐含而非明确使用的。（参见第32节："…rapite arma"）"威尼斯"（Venice）这里是对"Adria"的翻译。

〔287〕 这里的拉丁语是用的惊叹的形式，西塞罗反复这么使用。参见 *In Catalinam*, I. 2. 1.

亚（Swabia）就是你的。[288]你和你的盟友有着同样的宗教信仰，你与乌里（Uri）、斯维茨（Schwyz）和下瓦尔登（Unterwalden）签订了新的联盟条约。[289]法国和威尼斯的政府官员跑去弗里堡（Fribourg）、卢塞恩（Lucerne）、索洛图恩（Solothurn）做工作是没有目的的吗？[290]他们吹嘘说这些人已经落入了少数狡猾之辈的圈套了。但是如果你不赶紧采取行动，乌里的人民和他们的盟友的热情就会冷却[291]，并且其他城市的人民提供给我们的财富也会有危险，既然他们是不自觉地迫使他们的公民和议会加入联盟的。即使有其他事项在议会里被决定了，但是那些为了记录目的而出席的人，主席和秘书会把所有的事情都变得符合我们的利益，并将议员的决定变得符合他们的期待。所有人都赞美你呀，安·吕恩（Am Rhyn）![292]

---

[288]　斯瓦比亚是瑞士东北部的一个归属于神圣罗马帝国的地方，其人口主要是新教徒和天主教徒；对于符腾堡公国（Duchy of Württemberg）而言是一个极为重要的组成部分。

[289]　乌里、斯维茨和下瓦尔登组成原来的联盟（在 13 世纪），从那里瑞士联盟的力量见长。这里可能专门指的是天主教"黄金"联盟，这个联盟在 1586 年由这些地区和其他四个部分组成（Lucerne, Zug, Frisbourg, Solothurn）。

[290]　在 1625 年 11 月—1626 年 2 月之间，德·巴松皮埃尔（参见前注 103）作为特别外交大使在瑞士工作，并且和法国外交大使罗伯特·米松（Roberot Miron）一起去说服这些地区支持法国在瓦尔特林反西班牙和反教皇派的政策（参见前注 14）。这些地区在索洛图恩于 1626 年 1 月 13—20 日之间召开了一次特别会议，在这次会议上法国的立场得到了支持。法国大使采取威压和贿赂方法去争取了天主教地区的支持；索洛图恩在 1 月 12 日之前同意了，卢塞恩是在 1 月 27 日同意的，而弗里堡直到 2 月 12 日才同意。威尼斯的政策得到了法国的支持，但是其在瑞士的外交行动并没有和法国的努力相协调。E. Rott, *Histoire de la représentation diplomatique de la France auprès des Cantons Suisses, de leurs alliés et de leurs confédérés*, 10 vols. (Bern, Bumpliz, 1900–23), iii, pp. 945–56.

[291]　天主教地区加强了法国在瓦尔特林地区的行动（参见前注 290），但是受到了来自教皇的压力要求他们撤离；驻法国大使不得不努力工作来确保他们的支持 Rott, *Histoire de la représentation diplomatique*, iv, pp. 89–97.

[292]　沃尔特·安·吕恩（Walter Am Rhun, 1569-1635），他是卢塞恩的一个政治家族的成员，并且是卢塞恩的资深行政官，在 1625 年他被任命为在瑞士的路易十

塞纳河先于莱茵河的深流！〔293〕

因此，如果我们迫使瑞士教皇派的人加入我们这边是违背他们意愿的，但如果只有一部分加入则是可欲的，那么我们为什么不去争取那些人呢？

三十三

但是，我是担心威尼斯和瑞士的。法国国王正在成为西班牙的支持者，他会背叛我们而和西班牙国王保持一致，这是非常确定的——就像他以前背叛别人一样。为什么威尼斯人、米松和教皇使节会在卢塞恩晚上聚会呢？〔294〕而且，威尼斯人是正在前往巴

194

三军队的上校。他与驻瑞士的法国大使保持通信联系，他发挥支持法国的影响力，在 1626 年 2 月阻止天主教地区重回支持西班牙立场上扮演了一个关键性的角色。参见 E. Rott, *Inventaire sommaire des documents relatifs à l'histoire de Suisse conservés dans les archives et bibliothèques de Paris*, 5 vols. (Paris, Bern, 1882-94), ii, pp. 58, 74, 76, 84; Rott, *Histoire de la représentation diplomatique*, iii, pp. 913, 959; iv, pp. 96, 101（n.）; M. Godet et al., *Dictionnaire historique & biographique de la Suisse*, 8 vols. (Neuchatel, 1921-34), i, p. 308.

　　〔293〕 这是对安·吕恩的名字玩了一个文字游戏，其意思是他对法国利益的关心甚于自己所在的地区［虽然他的名字事实上并不是从莱茵（Rhine）河派生出来的而是从 Rin，这是条 Wyna 的小河，在瑞士中部地区］。

　　〔294〕 威尼斯人指的是马可安东尼奥·科雷尔（Mac'Antonio Correr）和安吉洛·孔塔里尼（Angelo Contarini），他们作为特别外交大使在前往英格兰的途中。米松是驻瑞士的法国大使（参见前注 290）。从 1621—1628 年，在瑞士的教皇使节是阿里桑德罗·斯卡皮（Alessandro Scappi，去世于 1650 年），他是坎帕尼亚地区的大主教［Bishop of Campagna，后来又任皮亚琴察（Piacenza）地区主教］。Rott, *Histoire de la repr èsentation diplomatique*, iv, p. 89; p. B. Gams, *Series episcoporum ecclesiae catholicae* (Regensburg, 1873), pp. 747, 865. 5 月 25 日在一个从巴塞尔（Basel）送交威尼斯议会的报告中，科雷尔和孔塔里尼说当他们到达卢塞恩的时候，米松在其住所为他们举行了宴会，并且补充到"教皇使节很晚才见到我们"。他们也对与斯卡皮的会面作了解释（但是与米松的聚会并未混在一起），并说使节批评了法国的政策，而他们却为此进行了辩护。参见 *CSPVen. 1625-6*, pp. 423-4. 这就意味着这三者之间的秘密会议可能是一个错误，或者可能是有意的欺骗。

塞尔的路上，他们接着会去荷兰和英格兰。[295]那么，是什么理由让他们在晚上开会呢，如果这不过是关于签订协议的会议？这些事情应该被认真调查。法国的军队现在正在威胁阿尔卑斯山，并且佯装准备开始行动了。而且，杜尔拉赫已经开始向皇帝兜售其服务了；我认为他是在寻求反对农民的军事指令[296]，但是这一要求被萨瓦公爵否决了。[297]虽然我担心宗教信仰方面[298]的考虑可能会阻止他的努力，但是他确实对这些渠道抱有极大的期望。教皇派确实发现和另一个人分享秘密是非常容易的；但是新的弥撒的秘密却不能随便相信任何人。只有我们欺骗瑞士人，我们才有可能从他们身上榨取利益。我谈到了教皇派；伯恩（Bern）是非常忠诚的。[299]如果他们选择你为他们的领袖，就接受吧。但是应该知道：一旦他们时运不济，他们就会开溜，他们过于狡猾而不想承受枷锁的束缚。[300]

---

〔295〕 科雷尔和孔塔里尼（参见前注294）是5月25日到达巴塞尔的，6月15日抵达海牙，并且在6月25日到达英格兰。*CSPVen.1625-6*, pp. 423, 443, 454.

〔296〕 参见前注226、281。

〔297〕 这个认为巴登-杜尔拉赫向教皇提供服务的说法是完全错误的。虽然在1625—1626年期间他不停地向巴黎和伦敦游说，希望他的组织一支军队来袭击莱茵高地地区的计划获得支持。参见前注88；关于他游说查理一世的事情参见 Rusdorf, *Mémoires*, i, pp. 764-5; ii, pp. 143-4. 他确实在1626年4—5月间要萨瓦公爵卡洛·埃马努莱将他的儿子克里斯托夫（Christoph）送往图灵，另一个代表是在6—7月。在后一个场合卡洛·埃马努埃莱确实显示出对组织一支瑞士军队的兴趣（希望能够自己来指挥他们，去代替在法国-西班牙和平协定签订后撤离的法国军队）；但是没有达成任何一致。Obser, "Markgraf Georg Friedrich", pp. 342-50.

〔298〕 拉丁语 "fida silentia" ["信仰沉默"（faithful silences）] 是从维吉尔的对宗教信仰的说法而来的，见 Vergil, *Aeneid*, III, I, 112.

〔299〕 伯恩是反对哈布斯堡的：当法国和西班牙签订的和平协定到达瑞士的时候，伯恩地区发布了一项声明以示反对。M. Stettler, *Annales oder gründliche Beschreibung der fürnembsten Geschichten unnd Thaten welche sich in gantzer Helvetia…verlauffen*, 2 vols. (Bern, 1626-7), ii, p. 571.

〔300〕 来自贺拉斯对其错误的朋友的描述，*Odes*, I. 35, l. 28.

用笔画出来的光线不会穿透黑夜；只有白天才会阳光普照。和这些人为伍将一无所获，除了对他们进行贿赂；当金钱的光芒照射到他们脸上，他们才会兴奋地熠熠生辉。

悲伤的疑云遮挡了他们的脸庞。

三十四

我敦促你和你的内斯特（Nestor）[301]一起启程去瑞典，但是也有很多理由不这么做：糟糕的气候和粗野的生活方式；年轻国王的傲慢性格[302]；波兰战争[303]；被不同利益扰动的内部动乱[304]；波兰人的胜利；鞑靼人的失败；皮里科普（Perekop）的熊熊大火；其他被劫掠的城镇[305]；以及暴君占领之地都被士兵严密把守。[306]

196

---

[301]　内斯特是在特洛伊战争中的希腊人，他以其智慧和审慎（和他的长寿）而闻名。这可能指的是弗里德里克五世的年长的顾问路德维希·卡梅拉留斯，1623年他停留在海牙并且成为瑞士大使的顾问。他在 1622 年和 1623 年访问瑞士，随后在 1626 年 3—4 月再一次造访，他当时被任命瑞士驻尼德兰大使（Schubert, *Ludwig Camerarius*, pp. 248, 308-13）。他相信瑞士的干涉会让弗里德里克否极泰来。

[302]　在写作这个文本的时候，古斯塔夫·阿道弗斯已经 31 岁了；"年轻"（young）这里是对"青年"（adolescens）的翻译。

[303]　从 1621—1623 年以及从 1625—1626 年，古斯塔夫·阿道弗斯组织了两次针对波兰的战争；与此处给出的情况相反，这两次军事行动都取得了巨大的成功。

[304]　瑞士总体上是比较太平的，但是还是有些地区在 1623—1624 年之间局势不稳（有天主教的阴谋分子以及斯莫兰地区的小股叛乱）——有些地区就是由波兰人造成的（Roberts, *Gustavus Adolphus*, i, pp. 109-11）。

[305]　这里的四句话显然说的是鞑靼人在 1626 年早期征讨波兰时撤退的情况（参见注释 160）。事实上，鞑靼人并未遭遇任何失败，而且皮里科普（他们在克里米亚的一个守卫坚固的据点）以及其他任何他们的驻扎之地都没有被烧毁或被劫掠。但是波兰的外交官散布了一个他们对鞑靼人获得大胜的报告 [教皇厄本三世给国王西吉斯蒙德（King Sigismund）去信以示祝贺：Baranowski, *Polska a Tatarszczyzna*, p. 50]，作者这么做可能是为了渲染情绪。

[306]　在 1626 年 7 月末以及整个 8 月，古斯塔夫·阿道弗斯的指挥部都在特切夫（Dirschau），也就是在但泽（Danzig）的南部的维斯瓦（Vistula）河岸附近。他和其军队的主力在一起，并没有被敌对势力所包围；波兰军队被派去与之战斗，但直

因此，你能从瑞典国王那里获得的帮助将是微不足道、毫无益处的。

　　　　一叶扁舟对于泱泱大海而言是无用的。

对于那些需要更大帮助的人来说，施以小惠是没有意义的，只会让其承受更久的痛苦；对于那些饥饿的人来说，给他们一点面包屑只会加剧他们的饥饿。

三十五

这些说法都来自忠诚而有阅历的人。好好利用它们吧。战争是漫长的，而生命是短暂的[307]；而其付出却是确定无疑的，结果又是未知的，你的敌人是顽固的，你的盟友又是不稳定的，对你的敌意是难以统一的，你的联盟是争执不休的，你即将走上逃亡之路，希望遥遥无期，并且如果对其没有好处，没有人会为你的利益拿起武器。你的敌人的情绪正被胜利所鼓舞；你的朋友们已被失败彻底击溃；虽然你的很多朋友还保有自由，但是他们的意图却游移不定。在众多罪恶中你选一个吧；在如此恶劣的罪恶中，选一个最不坏的吧。这就是我的建议。并且我还担心不列颠可能会做出格的事情，

198

至9月份还未到达该地区，也就是在此文本写完才到达的（Roberts, *Gustavus Adolphus*, i, pp. 324, 328-30）。因此根据前面的句子，似乎这里指的是克里米亚可汗穆罕穆德·吉雷（Mehmed Giray）三世——虽然他的位置也被作者所误解了。

　　〔307〕　这句话引自谚语"ars longa, vita brevis"［"技艺加身漫长无比，而生命却短暂易逝"（the art is long, life is short）］，它是西班牙从塞涅卡那里引用而来的，*De brevitate vitae*, I. 1, l. 8.

　　这样的事情既不会被卡帕留斯（Capaneus）和勇敢的安菲阿拉俄斯（Amphiaraus）所指责，也不会被端起起伏不停的常青藤浆果酒杯的女祭祀所苛责。[308]

【完结】

_____

〔308〕　卡帕留斯去底比斯作战，却被朱庇特（Jupiter）以亵渎神明为由打死了（在但丁的 *Inferno*，XIV，ll. 43-72 他是作为亵渎神明而被提及的）；安菲阿拉俄斯也参与底比斯的战斗，他指使他的儿子去杀死他儿子的母亲；女祭司参与肢解了底比斯国王（King of Thebes）的行动，而这个行动是其母领导的。除了底比斯这个主题外，这三个形象的联系是由无耻和违背人性的事情构成的（其建议查理对其妹妹和同父异母的兄弟采取非人性的手段）。这里的拉丁文也与佩尔西乌斯的酒神有关系，在 *Saturae*，I，ll. 99-102，也出现了 "torva"，"Maena" 和 "corymbis"；但是，被佩尔西乌斯所引用的大段文字是对粗俗放荡的诗作的一个示例。虽然不正确，但是一般认为是对尼禄的诗作的一个引用：见 Aules Persius Flaccus，*Satiren*，ed. W. Kissel（Hleidelberg，1990），pp. 241-4. 在佩尔西乌斯的诗句里常春藤的花束（corymbi）是女祭司用来引导山猫的；这里将常春藤花束起伏不定的意义并不是非常明显，但是我非常感谢帕特里克·芬格拉斯（Patrick Finglass）的建议。这个有问题的女祭司是阿格芬（Agave），她是底比斯王的母亲，她回到底比斯的时候，他的儿子的脑袋一直撞着她的手杖。这个手杖的一端被常春藤花束所装饰的；通常，尾部一端都是最重要的，但在这种情况下，头（贴在另一端）被高高举起，常春藤就在其终端起伏不定。

手稿列表
～≈✽⁓✲⁓✽≈～

BAKEWELL, DERBYSHIRE

Chatsworth House

Hardwick 27：2nd Earl of Devonshire and widow, receipts.

Hardwick 29：1st Earl of Devonshire, accounts.

Hardwick 49：Mabbe, translation of de Santa María.

Hardwick 51：Bacon, treatises.

Hardwick 64：2nd Earl of Devonshire, translation of Castiglione.

Hardwick 143/12：Baron Cavendish, promise of gift to son.

Hobbes D 3：2nd Earl of Devonshire, essays.

Hobbes D 6："A Narration of Proceedings".

Hobbes E. 1. A. ：Hardwick library catalogue.

Hobbes, unnumbered："Translations of Italian Letters".

Indenture H/301/16：grant of Cleisby manor, 1639.

BRNO

Moravský Zemský Archiv

Collalto archive (G 169), I-1765：Questenberg, letter to Collalto.

Collalto archive (G 169), I-1774：Lustrier, letter to Collalto.

Collalto archive (G 169), I-1882：Collalto papers.

CAMBRIDGE

Cambridge University Library

Ee. 4. 13: *Secretissima instructio*, *Altera secretissima instructio*.

LONDON

British Library

Add. 8296: *Secretissima instructio*.

Add. 11309: Micanzio, letters.

Add. 27962D: Salvetti, reports.

Add. 33572: Harrison, letter.

Add. 64892: Butter, letter to Coke.

Add. 64893: Devonshire, Mansfield, et al. , letter to Coke.

Add. 69911: Butter, petitions; *Altera secretissima instructio* (incomplete).

Add. 70499: "A second most secret instruction"; 2nd Earl of Devonshire, letter to Bates; Hobbes, letters to Mansfield.

Add. 72439: Conway, letter to Stationers' Company.

Add. 72441: Trumbull, letter to his son.

Egerton 1910: Hobbes, *Leviathan*.

Harl. 252: *Secretissima instructio*; *Altera secretissima instructio*.

Harl. 390: Mead, letter to Stuteville.

Harl. 646: D'Ewes, autobiography.

Harl. 3360: Hobbes, optical treatise.

Harl. 4955: Andrews, poems.

Sloane 3938: translation of *Secretissima instructio*.

National Archives (Public Record Office) , Kew

C115/108/8578: Starkey, letter to Scudamore.

microfilm Prob. 11/154: 2nd Earl of Devonshire, will.

SP 14/117/75: Cavendish, letter to Lords of Privy Council.

SP 14/118/102: Anonymous letter.

SP 16/33/126: Mansfield, letter to Conway.

SP 16/523/77: Bagg, letter to Buckingham.

SP 75/7/64: "Christian IV", forged letter.

NOTTINGHAM

Hallward Library, University of Nottingham

Pw 1 54: Christian Cavendish, letter.

Pw 1 59: Christian Cavendish, letter.

Pw 1 60: Christian Cavendish, letter.

Pw 1 61: Christian Cavendish, letter.

Pw 1 63: Christian Cavendish, letter.

Pw 25/19: Mansfield papers.

Pw 25/44: Mansfield papers.

Pw 25/48: Mansfield papers.

Pw 25/49: Mansfield papers.

Pw 25/57: Mansfield papers.

Pw 25/139: Mansfield papers.

Pw 26/196: Mansfield papers.

Pw V 522: Mansfield papers.

Pw V 872: Mansfield papers.

Pw V 944: Mansfield papers.

Pw2 V 213: Mansfield papers.

NOTTINGHAM

Nottinghamshire Record Office

DD P 114/69: Cavendish indenture.

OXFORD

Bodleian Library

Rawl. D 624: *Secretissima instructio*; *Altera secretissima instructio.*

PRAGUE

Knihovna Národního Muzea

I C 1, tom. XIV: *Secretissima instructio.*

ROME

Biblioteca delL'Academia nazionale dei Lincei

Corsiniana 677: *Secretissima instructio.*

SHEFFIELD

Sheffield University Library

Hartlib Papers (CD-Rom, 2nd edn.; Ann Arbor, Mich., 2002)

2/6/8B: Dury, letter to Hartlib.

6/4/49A: Dury, letter to St Amand.

9/1/83B: Dury, letter to Hartlib.

30/4/5B: Hartlib, "Ephemerides", 1639.

45/6/14A-19B: St Amand, letter to Dury, with Grosseteste extract.

45/6/1A-12A: St Amand, letter to Hartlib.

STAFFORD

Staffordshire Record Office

D 4038/I/33: 2nd Earl of Devonshire, legal document.

VENICE

Museo Correr

1093: "Secretissima Instruzione".

VIENNA

Haus-, Hof-und Staatsarchiv

Belgien, PC 63: English agent, reports.

Türkei I, no. 110: Lustrier cipher; Lustrier dispatches.

Österreichische Nationalbibliothek

6230: Girolamo Priuli, "Cronache".

参考文献 *

Acts of the Privy Council of England, *June–December 1626*, ed. J. V. Lyle (London, 1938).

Adams, S. L., "The Protestant Cause: Religious Alliance with the West European Calvinist Communities as a Political Issue in England, 1585–1630", Oxford University D. Phil. thesis (1973).

———"Foreign Policy in the Parliaments of 1621 and 1624", in K. Sharpe, ed., *Faction and Parliament: Essays in Early Stuart History* (Oxford, 1978), pp. 139–71.

Aeckerle, H. W., "Amsterdamer Börsenpreislisten, 1624–1626", *Economischhistorisch jaarboek*, 13 (1927), pp. 86–209.

Ahnlund, N., "Gustaf II Adolfs första preussiska fälttåg och den europeiska krisen 1626", *Historisk tidskrift*, 38 (1918), pp. 75–115.

van Aitzema, L., *Saken van staet en oorlogh in, ende omtrent de Vereenigde Nederlanden*, 7 vols. (The Hague, 1669–71).

von Albertini, R., *Das politische Denken in Frankreich zur Zeit Richelieus* (Marburg, 1951).

Albrecht, D., *Die auswärtige Politik Maximilians von Bayern, 1618–1635*

---

* 正文阐释与引证解说中涉及的经典文献在此合并列出；所使用的文献版本是洛布版（Loeb）、托伊布纳版（Teubner）和牛津经典丛书。

(Göttingen, 1962).

Alekberli, M. A. , *Borba ukrainskogo naroda protiv turetsko-tatarski aggressii vo vtoroi polovine XVI—pervoi polovine XVII vekov* (Saratov, 1961).

Altera secretissima instructio Gallo-Britanno-Batava Friderico V data, ex belgica in latinam linguam versa, et optimo publico evulgata ("The Hague", 1626).

[Alvinczi, P. ,] *Querela Hungariae* (n. p. [Košice], 1619).

_____*Machiavellizatio qua unitorum animos iesuaster quidam dissociare nititur* (n. p. [Košice], 1620).

_____*Resultatio plagarum castigatoris autorem Machiavellizationis reverberata in Thomam Balasfia* (Košice, 1620).

Angyal, D. , "Erdély politikai érintkezése Angliával", *Századok: a Magyar Történelmi Társulat közlönye*, 34 (1900), pp. 309–25, 388–420.

Anquez, L. , *Un Nouveau Chapitre de l'histoire politique des réformés de France (1621-1626)* (Paris, 1865).

_____*Henri IV et l'Allemagne d'après les mémoires et la correspondance de Jacques Bongars* (Paris, 1887).

Apponyi, A. , *Hungarica: Ungarn betreffende im Auslande gedruckte Bücher und Flugschriften*, 2nd edn. , 4 vols. (Munich, 1925–8).

Arber, E. , ed. , *A Transcript of the Registers of the Company of Stationers of London, 1554-1640 AD*, 5 vols. (London, 1875–94).

Arblaster, P. , "Current-affairs Publishing in the Habsburg Netherlands, 1620–1660, in Comparative European Perspective", Oxford University D. Phil. thesis (1999).

von Aretin, C. M. , *Bayerns auswärtige Verhältnisse seit dem Anfange des sechzehnten Jahrhunderts* (Passau, 1839).

Atherton, I. , *Ambition and Failure in Stuart England: The Career of John, first Viscount Scudamore* (Manchester, 1999).

_____ "The Itch Grown a Disease: Manuscript Transmission of News in the

Seventeenth Century", in J. Raymond, ed., *News*, *Newspapers*, *and Society in Early Modern Britain* (London, 1999), pp. 39–65.

Aubrey, J., *"Brief Lives"*, *chiefly of Contemporaries*, ed. A. Clark, 2 vols. (Oxford, 1898).

Ayton, Sir Robert, *The English and Latin Poems*, ed. C. B. Gullans (Edinburgh, 1963).

Bacon, F., *The Works*, ed. J. Spedding, R. L. Ellis, and D. D. Heath, 14 vols. (London, 1857–74).

_____ *Essays and Colours of Good and Evil*, ed. W. Aldis Wright (London, 1875).

_____ *The Essayes and Councels*, *Civill and Morall*, ed. M. Kiernan (Oxford, 1985).

_____ *Philosophical Studies*, *c. 1611–c. 1619*, The Oxford Francis Bacon, vi, ed. G. Rees (Oxford, 1996).

Balásfi, T., *Castigatio libelli calvinistici*, *cui titulus est: Machiavellizatio*, *quem calvinista quidem praedicans*, *responsi nomine ad Secretissimam instructionem… vulgavit* (Augsburg, 1620).

_____ *Repetitio castigationis*, *et destructio destructionum*, *Petri P. Alvinci*, *calvinistae cassoviensis praedicantis* (Vienna, 1620).

Baldini, A. E., *"Botero et Lucinge: les racines de la Raison d'État"*, in Y. C. Zarka, ed., *Raison et déraison d'état: théoriciens et théories de la raison d'État aux XVIᵉ et XVIIᵉ siècles* (Paris, 1994), pp. 67–99.

Balfour Paul, Sir James, ed., *The Scots Peerage*, 9 vols. (Edinburgh, 1904–14).

Baranowski, B., *Polska a Tatarszczyzna w latach 1624–1629* (Lodz, 1948).

Baron, S. A., *"The Guises of Dissemination in Early Seventeenth-Century England: News in Manuscript and Print"*, in B. Dooley and S. A. Baron, eds., *The Politics of Information in Early Modern Europe* (London, 2001), pp. 41–56.

Barozzi, N. , and G. Berchet, eds. , *Relazioni degli stati europei lette al Senato dagli ambasciatori veneti nel secolo decimosetto*, ser. 2, vol. ii (Venice, 1859).

Bašagić, S. , *Znameniti hrvati, bošnjaci i hercegovci u turskoj carevini* (Zagreb, 1931).

de Bassompierre, F. , *Journal de ma vie*, ed. M. J. A. de La Cropte, marquis de Chantérac, 4 vols. (Paris, 1870–7).

Becker, H. , *Die Secretissima Instructio Gallo–britanno–batava, ein Beitrag zur Kritik der Flugschriften des dreissigjährigen Krieges* (Göttingen, 1874).

Behnen, M. , " 'Arcana—haec sunt ratio status. ' Ragion di stato und Staatsräson: Probleme und Perspektiven (1589–1651) ", *Zeitschrift für historische Forschung*, 14 (1987), pp. 129–95.

Bell, G. M. , *A Handlist of British Diplomatic Representatives, 1509–1688* (London, 1990).

Beller, E. A. , *Propaganda in Germany during the Thirty Years' War* (Princeton, 1940).

Benzing, J. , *Die Buchdrucker des 16. und 17. Jahrhunderts im deutschen Sprachgebiet*, 2nd edn. (Wiesbaden, 1982).

Besold, C. , *Spicilegia politico–juridica* (Strasbourg, 1624).

[Bethlen, G. ,] *Copia eines Schreibens, so Bethlen Gabor den ersten Aprilis Anno 1621. ausz Tirnaw, an einen Fürsten der Tartarn...abgehn lassen...allen gutherzigen teutscher Nation zu Nachrichtung, und Erinnerung, was hinder desz Bethlen Gabor calvinischen Geist stecke* (Augsburg, 1621).

Bidwell, W. B. , and M. Jansson, eds. , *Proceedings in Parliament*, 1626, 4 vols. (New Haven, 1991–6).

Bijlsma, R. , *Rotterdams welvaren, 1550–1650* (The Hague, 1918).

[Birch, T. , ed. ,] *The Court and Times of Charles the First* [revd. by R. F. Williams], 2 vols. (London, 1848).

_____ *The Court and Times of James the First* [revd. by R. F. Williams], 2 vols. (London, 1848).

Bireley, R. , *Religion and Politics in the Age of the Counterreformation: Emperor Ferdinand II, William Lamormaini, S. J. , and the Formation of Imperial Policy* (Chapel Hill, NC, 1981).

————*The Counter-Reformation Prince: Anti-Machiavellianism and Catholic Statecraft in Early Modern Europe* (Chapel Hill, NC, 1990).

————*The Jesuits and the Thirty Years War: Kings, Courts, and Confessors* (Cambridge, 2003).

Biró, V. , *Erdély követei a Portán* (Cluj, 1921).

Blaise, A. , *Lexicon latinitatis medii aevi* (Turnhout, 1975).

Blok, P. J. , ed. , *Relazioni veneziane: veneziaansche berichten over de Vereenigde Nederlanden van 1600-1795* (The Hague, 1909).

Boccalini, T. , *Newes from Pernassus: The Politicall Touchstone, taken from Mount Pernassus*, tr. T. Scott (n. p., 1622).

Bodin, J. , *Method for the Easy Comprehension of History*, tr. B. Reynolds (New York, 1945).

Borelli, G. , *Ragion di stato e Leviatano: conservazione e scambio alle origini della modernità politica* (Bologna, 1993).

Borsa, G. , et al. , *Régi Magyarországi nyomtatványok* (Budapest, 1971-).

Botero, G. , *Aggiunte di Gio. Botero Benese alla sua ragion di stato* (Pavia, 1598).

————*Relatione della repubblica venetiana* (Venice, 1605).

————*Della ragion di stato*, ed. C. Morandi (Bologna, 1930).

————*The Reason of State*, tr. P. J. Waley and D. P. Waley (London, 1956).

Böttcher, D. ,"Propaganda und öffentliche Meinung im protestantischen Deutschland, 1628-1636", *Archiv für Reformationsgeschichte*, 44 (1953), pp. 181-203, and 45 (1954), pp. 83-99.

Bouwsma, W. J. , *Venice and the Defense of Republican Liberty: Renaissance Val-*

ues in the Age of the Counter Reformation (Berkeley, 1968).

Bricka, C. F. , J. A. Fridericia, and J. Skovgaard, eds. , *Kong Christian den Fjerdes egenhandige breve*, 8 vols. (Copenhagen, 1887–1947).

Brito Vieira, M. , "Elements of Representation in Hobbes: Aesthetics, Theatre, Law, and Theology in the Construction of Hobbes's Theory of the State", Cambridge University PhD thesis (2005).

Burke, P. , "Tacitism", in T. A. Dorey, ed. , *Tacitus* (London, 1969), pp. 149–71.

————— "Tacitism, Scepticism, and Reason of State", in J. H. Burns and M. Goldie, eds. , *The Cambridge History of Political Thought*, 1450–1700 (Cambridge, 1991), pp. 479–98.

Calendar of State Papers, Domestic...1625–1626, ed. J. Bruce (London, 1858).

Calendar of State Papers...in the Archives...of Venice, 1625–1626, ed. A. B. Hinds (London, 1913).

Calendar of the State Papers relating to Ireland...1625–1632, ed. R. P. Mahaffy (London, 1900).

[Camerarius, L. ,] *Ludovici Camerarii I. C. aliorumque epistolae nuper post pugnam maritimam in Suedica naui capta captae a victore polono* (n. p. , 1627).

Castiglione, B. , *De curiali sive aulico libri quatuor*, tr. B. Clerke (London, 1571).

Catualdi, V. , *Sultan Jahja, dell'imperial casa ottomana* (Trieste, 1889).

Cavallari, V. , et al. , *Verona e il suo territorio*, 7 vols. (Verona, 1950–2003).

Cavendish, M. , *The Life of the Thrice Noble, High and Puissant Prince William Cavendishe* (London 1667).

[Cavendish, W. ,] *A Discourse against Flatterie* (London, 1611),

————— *Horae subsecivae: Observations and Discourses* (London, 1620).

Church, W. F. , *Richelieu and Reason of State* (Princeton, 1972).

Ciobanu, V. , *Politică și diplomaţie în Ţările Române în raporturile polonootomano-*

habsburgice (*1601-1634*) (Bucharest, 1994).

Clarke, A. , "The Army and Politics in Ireland, 1625–30", *Studia hibernica*, 4 (1964), pp. 28–53.

Clasen, C. -P. , *The Palatinate in European History, 1555 – 1618*, 2nd edn. (Oxford, 1966).

Clegg, C. , *Press Censorship in Jacobean England* (Cambridge, 2001).

Cogswell, T. , "The Politics of Propaganda: Charles I and the People in the 1620s", *Journal of British Studies*, 29 (1990), pp. 187–215.

_____ "Phaeton's Chariot: The Parliament–men and the Continental Crisis in 1621", in J. F. Merritt, ed. , *The Political World of Thomas Wentworth, Earl of Strafford, 1621–1641* (Cambridge, 1996), pp. 24–46.

Cozzi, G. , *Il doge Nicolò Contarini: ricerche sul patriziato veneziano agli inizi del seicento* (Venice, 1958).

Cuhn, E. W. ["E. G. "] ed. , *Mémoires et negociations secretes de Mr. de Rusdorf*, 2vols. (Leipzig, 1789).

Cust, R. , "News and Politics in early Seventeenth–Century England", *Past and Present*, 112 (1986), pp. 60–90.

_____*The Forced Loan and English Politics, 1626–1628* (Oxford, 1987).

Dahl, F. , "Gustav II Adolf i samtida engelska ettbladstryck", *Nordisk tidskrift för bok–och biblioteksväsen*, 25 (1938), pp. 173–89.

Dallington, R. , *Aphorismes Civill and Militarie* (London, 1613).

Danişmen, Z. , ed. , *Naîmâ târihi*, 6 vols. (Istanbul, 1967–9).

Danişmend, İ. H. , *Osmanlı devlet erkânı* (Istanbul, 1971).

Demény, L. , and P. Cernovodeanu, *Relaţiile politice ale Angliei cu Moldova, Ţara Româneasca şi Transilvania în secolele XVI–XVII* (Bucharest, 1974).

Depner, M. , *Das Fürstenthum Siebenbürgen im Kampf gegen Habsburg: Untersuchungen über die Politik Siebenbürgens während des Dreissigjährigen Krieges* (Stuttgart, 1938).

Derin, F. Ç. , "Mehmed paşa: Muhammed paşa, gürcü", *Islam ansiklopedisi*: *islâm âlemi tarih, coğrafya, etnografya ve biyografya lugati*, 13 vols. (Istanbul, 1940–86), vii, fasc. 76 (1957), pp. 585–7.

Dethan, G. , *Gaston d'Orléans: conspirateur et prince charmant* (Paris, 1959).

Dias, J. R. , "Politics and Administration in Nottinghamshire and Derbyshire, 1590–1640", Oxford University D. Phil. thesis (1973).

Donaldson, P. S. , *Machiavelli and Mystery of State* (Cambridge, 1988).

Dumont, J. , *Corps universel diplomatique du droit des gens*, 8 vols. (Amsterdam, 1726–31).

Echevarria Bacigalupe, M. A. , *La diplomacia secreta en Flandres, 1598 – 1643* (Vizcaya, 1984).

Eglisham, G. , *Prodromus vindictae in Ducem Buckinghamiae, pro virulenta caede potissimi Magnae Britanniae Regis Iacobi* (Frankfurt am Main, 1626).

Elenchus libelli famosi, qui inscribitur: Secretissima instructio gallo–britannobatava, Friderico V. comiti Palatino electori data (n. p. , 1621).

Elliott, J. H. , *The Count–Duke of Olivares: The Statesman in an Age of Decline* (New Haven, 1986).

Erasmus, D. , *Adagiorum opus* (Basel, 1533).

Etter, E.-L., *Tacitus in der Geistesgeschichte des 16. und 17. Jahrhunderts* (Basel, 1966).

Exhortation aux roys et princes sur le subject des guerres de ce temps...envoyée au comte palatin par le comte de Fridembourg (Paris, 1620).

Exhortation aux roys et princes sur le subject des guerres de ce temps...envoyée au prince palatin (Paris, 1620).

Feingold, M. , "The Humanities", in N. Tyacke, ed. , *The History of the University of Oxford*, iv: *Seventeenth–Century Oxford* (Oxford, 1997), pp. 211–357.

[Ferdinand II,] *Der Röm. Kay. ...Edictal Cassation der widerrechtlichen...Wahl Gabrieln Betlen im Königreich Hungern* (Augsburg, 1620).

Fitzherbert, T. , *The First Part of a Treatise concerning Policy, and Religion* (n. p. [Douai], 1615).

Forster, J. , *Sir John Eliot: A Biography*, 2 vols. (London, 1864).

Forster, L. W. , *Georg Rudolf Weckherlin: zur Kenntnis seines Lebens in England*, Basler Studien zur deutsche Sprache und Literatur, 2 (Basel, 1944).

Fowler, A. , *The Country House Poem: A Cabinet of Seventeenth–Century Estate Poems and Related Items* (Edinburgh, 1994).

Frachetta, G. , *Seminario de' governi di stato et di guerra* (Venice, 1613).

Fraknói, V. , "Bethlen Gábor és IV. Keresztély Dán Király (1625–1628)", *Történelmi tár* (1881), pp. 98–113.

Franco, J. E. , and C. Vogel, *Monita secreta: instruções secretas dos Jesuítas: história de um manual conspiracionista* (Lisbon, 2002).

Frankl, V. , *Pázmány Péter és kora*, 3 vols. (Pest, 1868–72).

Fraser, Sir William, *The Sutherland Book*, 3 vols. (Edinburgh, 1892).

Frearson, M. , "The Distribution and Readership of London Corantos in the 1620s", in R. Myers and M. Harris, eds. , *Serials and their Readers, 1620–1914* (Winchester, 1993), pp. 1–25.

Freund, J. , "La Situation exceptionelle comme justification de la raison d'État chez Gabriel Naudé", in R. Schnur, ed. , *Staatsräson: Studien zur Geschichteeines politischen Begriffs* (Berlin, 1975), pp. 141–64.

von Friedenberg, H. C. , *Deux discours tres–beaux et fort remarquables. Le premier: Sur les causes des mouuemens de l'Europe, seruant d'aduis aux roys & princes, pour la conseruation de leurs estats, composé par le baron de Fridembourg, & par le comte de Furstenberg en son ambassade presenté au Roy de France. Le deuxiesme: Secrete instruction au Conte Palatin sur l'estat & affaires de l'Allemagne, Boheme & Hongrie* (Paris, 1621).

Gabrieli, V. , "Bacone, la riforma e Roma nella versione Hobbesiana d'un carteggio di Fulgenzio Micanzio", *The English Miscellany*, 8 (1957), pp. 195–250.

Gams, P. B. , *Series episcoporum ecclesiae catholicae* (Regensburg, 1873).

Gardiner, S. , *The Devotions of the Dying Man* (London, 1627).

Gardiner, S. R. , ed. , *Notes of the Debates in the House of Lords...1624 and 1626*, Camden Society, NS 24 (London, 1879).

_____*History of England from the Accession of James I to the Outbreak of the Civil War*, 10 vols. (London, 1884).

Gauchet, M. , "L'État au miroir de la raison d'État: la France et la chrétienté", in Y. C. Zarka, ed. , *Raison et déraison d'état: théoriciens et théories de la raison d' État aux XVIᵉ et XVIIᵉ siècles* (Paris, 1994), pp. 193-244.

Gebauer, G. , *Die Publicistik über den böhmischen Aufstand von 1618* (Halle, 1892).

Gemil, T. , *Ţările române în contextul politic internaţional, 1621–1672* (Bucharest, 1979).

Gindely, A. , *Friedrich V von der Pfalz, der ehemalige Winterkönig von Böhmen seit dem Regensburger Deputationstag vom Jahre 1622 bis zu seinem Tode* (Prague, 1885).

Godet, M. , et al. , *Dictionnaire historique & biographique de la Suisse*, 8 vols. (Neuchâtel, 1921–34).

Greg, W. W. , *A Companion to Arber* (Oxford, 1967).

de Groot, A. H. , *The Ottoman Empire and the Dutch Republic: A History of the Earliest Diplomatic Relations, 1610–1630* (Leiden, 1978).

Grünbaum, M. , *Über die Publicistik des dreissigjährigen Krieges von 1626–1629* (Halle, 1880).

Guaragnella, P. , *Gli occhi della mente: stili nel Seicento italiano* (Bari, 1997).

Güldner, G. , *Das Toleranz – Problem in den Niederlanden im Ausgang des 16. Jahrhunderts* (Lübeck, 1968).

Gunn, J. A. W. " 'Interest will not lie': A Seventeenth–Century Political Maxim", *Journal of the History of Ideas*, 29 (1968).

_____ *Politics and the Public Interest in the Seventeenth Century* (London, 1969).

Haitsma Mulier, E. O. G. , *The Myth of Venice and Dutch Republican Thought in the Seventeenth Century* (Assen, 1980).

Hakewill, G. , *An Apologie of the Power and Providence of God in the Government of the World* (Oxford, 1627).

Halliwell, J. O. , ed. , *The Autobiography and Correspondence of Sir Simonds d'Ewes, Bart, during the Reigns of James I and Charles I*, 2 vols. (London, 1845).

von Hammer, J. , *Geschichte des osmanischen Reiches*, 10 vols. (Pest, 1829–35).

't Hart, M. C. , *The Making of a Bourgeois State: War, Politics and Finance during the Dutch Revolt* (Manchester, 1993).

Haynes, H. , *Henrietta Maria* (London, 1912).

Heawood, E. , *Watermarks Mainly of the 17th and 18th Centuries* (Hilversum, 1950).

Heilingsetzer, G. , *Der oberösterreichische Bauernkrieg 1626* (Vienna, 1976).

Heltai, J. , *Alvinczi Péter és a heidelbergi peregrinusok* (Budapest, 1994).

Hendrix, H. , *Traiano Boccalini fra erudizione e polemica: ricerche sulla fortuna e bibliografia critica* (Florence, 1995).

Hennequin de Villermont, A. C. , *Ernest de Mansfeldt*, 2 vols. (Brussels, 1865–6).

Hering, G. , *Ökumenisches Patriarchat und europäische Politik, 1620–1638* (Wiesbaden, 1968).

Hiller, I. , *Palatin Nikolaus Esterhazy: die ungarische Rolle in der Habsburgerdiplomatie, 1625 bis 1645* (Vienna, 1992).

Hirschman, A. O. , *The Passions and the Interests: Political Arguments for Capitalism before its Triumph* (Princeton, 1977).

Historical Manuscripts Commission, *Thirteenth Report*, "MSS of his Grace the Duke of Portland", ii (London, 1893).

History of Parliament Trust, 1602 – 29 section, draft article on Lord Cavendish (by V. C. D. Moseley).

_____1602–29 section, draft article on Sir James Fullerton (by V. C. D. Moseley).

_____1602–29 section, draft article on John St Amand (by P. Watson).

Hobbes, T. , *Leviathan* (London, 1651).

_____*Opera philosophica quae latine scripsit omnia*, ed. W. Molesworth, 5 vols. (London, 1839–45).

_____*Behemoth: Or, The Long Parliament*, ed. F. Tönnies (London, 1889).

_____*The Elements of Law*, ed. F. Tönnies (London, 1889).

_____*De cive: The Latin Version*, ed. H. Warrender (Oxford, 1983).

_____*The Correspondence*, ed. N. Malcolm, 2 vols. (Oxford, 1994).

_____(attrib.), *Three Discourses*, ed. N. B. Reynolds and A. W. Saxonhouse (Chicago, 1995).

_____*On the Citizen*, ed. and tr. R. Tuck and M. Silverthorne (Cambridge, 1998).

Hoekstra, K. , "The End of Philosophy (The Case of Hobbes) ", *Proceedings of the Aristotelian Society*, 106 (2006), pp. 23–60.

Höpfl, H. , *Jesuit Political Thought: The Society of Jesus and the State, c. 1540–1630* (Cambridge, 2004).

Hubay, I. , *Magyar és magyar vonatkozásu röplapok, ujságlapok, röpiratok az Országos Széchényi Könyvtárban, 1480–1718* (Budapest, 1948).

Hulse, L. , "William Cavendish, first duke of Newcastle upon Tyne", *Oxford Dictionary of National Biography* (www. oxforddnb. com).

Hume Brown, P. , ed. , *The Register of the Privy Council of Scotland*, ser. 2, vol. iii, for 1629–30 (Edinburgh, 1901).

von Hurter, F. , *Geschichte Kaiser Ferdinands II und seiner Eltern*, 11 vols. (Schaffhausen, 1850–67).

Huxley, A. , "The *Aphorismi* and *A Discourse of Laws*: Bacon, Cavendish, and

Hobbes, 1615–1620", *Historical Journal*, 47 (2004), pp. 399–412.

Is rael, J. , *The Dutch Republic and the Hispanic World*, *1606–1661* (Oxford, 1982).

Jack, S. M. , "Sir Thomas Fanshawe", *Oxford Dictionary of National Biography* (www. oxforddnb. com).

Johnston, D. , *The Rhetoric of Leviathan: Thomas Hobbes and the Politics of Cultural Transformation* (Princeton, 1986).

Jonson, B. , *Works*, ed. C. H. Herford, P. Simpson, and E. Simpson, 11 vols. (Oxford, 1925–52).

van de Kamp, J. L. J. , *Emanuel van Portugal en Emilia van Nassau* (Assen, 1980).

Katona, S. , *Historia critica regum Hungariae stirpis austriacae*, 42 vols. (Pest, 1779–1817).

Kelliher, H. ,"Donne, Jonson, Richard Andrews and the Newcastle Manuscript", in P. Beal and J. Griffiths, eds. , *English Manuscript Studies*, *1100–1700*, iv (1994), pp. 134–73.

Kelsey, S. , "Thomas Scott", *Oxford Dictionary of National Biography* (www. oxforddnb. com).

Kessel, J. , *Spanien und die geistlichen Kurfürsten am Rhein während der Regierungszeit der Infantin Isabella (1621–1633)* (Frankfurt am Main, 1979).

Knolles, R. , *The Generall Historie of the Turkes*, 3rd edn. revised by E. Grimeston (London, 1621).

Knuttel, W. P. C. , *Catalogus van de pamfletten–verzameling berustende in de Koninklijke Bibliotheek*, 9 vols. (The Hague, 1889–1920).

Koěí, J. , J. Polišenský, and G. Čehaá, eds. , *Documenta bohemica bellum tricennale illustrantia*, 7 vols. (Prague, 1971–81).

Kogel, R. , *Pierre Charron* (Geneva, 1972).

Köprülü, O. F. , "Hâfiz Ahmed paşa", *Īslam ansiklopedisi: islâm âlemi tarih*, coǧrafya, etnografya ve biyografya lugati, 13 vols. (Istanbul, 1940-86), v (1), fasc. 39 (1948), pp. 71-7.

Koser, R. , *Die Kanzleienstreit: ein Beitrag zur Quellenkunde der Geschichte des dreissigjährigen Krieges* (Halle, 1874).

Kostić, V. , *Kulturne veze izmedju Jugoslovenskih zemalja i Engleske do 1700. godine* (Belgrade, 1972).

Kraynak, R. P. , *History and Modernity in the Thought of Thomas Hobbes* (Ithaca, NY, 1990).

Krebs, R. , *Die politische Publizistik der Jesuiten und ihrer Gegner in den letzten Jahrzehnten vor Ausbruch des dreissigjährigen Krieges* (Halle, 1890).

Krüner, F. , *Johann von Rusdorf, kurpfälzischer Gesandter und Staatsmann während des dreissigjährigen Krieges* (Halle, 1876).

Lacaita, J. , *Catalogue of the Library at Chatsworth*, 4 vols. (London, 1879).

Lake, P. G. , "Constitutional Consensus and Puritan Opposition in the 1620s: Thomas Scott and the Spanish Match", *Historical Journal*, 25 (1982), pp. 805-25.

Lambert, S. , "Coranto Printing in England: The First Newsbooks", *Journal of Newspaper and Periodical History*, 8 (1992), pp. 1-33.

Larkin, J. F. , and P. L. Hughes, eds. , *Stuart Royal Proclamations*, 2 vols. (Oxford, 1973-83).

Lee, S. , "William Cavendish, second earl of Devonshire", revised by V. Stater, *Oxford Dictionary of National Biography* (www. oxforddnb. com).

Leeuwarder Geschiedeniscommissie, *Rondom de Oldehove: geschiedenis van Leeuwarden en Friesland* (Leeuwarden, 1938).

Levi, A. , *Cardinal Richelieu and the Making of France* (London, 2000).

Levy, F. J. , "How Information Spread among the Gentry, 1550-1640", *Journal of British Studies*, 21/2 (1982), pp. 11-34.

Lipsius, J. , *Politicorum sive civilis doctrinae libri sex* (Leiden, 1589).

Lockhart, P. D. , *Denmark in the Thirty Years' War*, *1618–1648* (Selinsgrove, PA, 1996).

Lonchay, H. , and J. Cuvelier, eds. , *Correspondance de la cour d'Espagne sur les affaires des Pays-Bas au XVIIᵉ siècle*, 6 vols. (Brussels, 1923–37).

Love, H. , *Scribal Publication in Seventeenth-Century England* (Oxford, 1993).

Lublinskaya, A. D. , *French Absolutism: The Crucial Phase*, *1620 – 1629*, tr. B. Pearce (Cambridge, 1968).

de Lucinge, R. , *De la Naissance, durée et chute des estats*, ed. M. J. Heath (Geneva, 1984).

Lundorp ["Londorpius"], M. C. , *Der römischen keyserlichen und königlichen Mayestät...acta publica*, 2 vols. (Frankfurt am Main, 1627–30).

Lutz, H. , *Ragione di stato und christliche Staatsethik im 16. Jahrhundert* (Münster, 1961).

McCrea, A. , *Constant Minds: Political Virtue and the Lipsian Paradigm in England*, *1584–1650* (Toronto, 1997).

McCusker, J. J. , *Money and Exchange in Europe and America*, *1600–1775: A Handbook* (Chapel Hill, NC, 1978).

Machiavelli, N. , *Opere letterarie*, ed. A. Borlenghi (Naples, 1969).

Malcolm, N. , *De Dominis* (*1560–1624*)*: Venetian, Anglican, Ecumenist and Relapsed Heretic* (London, 1984).

_____*Aspects of Hobbes* (Oxford, 2002).

_____*"Behemoth Latinus: Adam Ebert, Tacitism, and Hobbes"*, *Filozofski vestnik*, 24 (2003), pp. 85–120.

_____and J. A. Stedall, *John Pell* (*1611–1685*) *and his Correspondence with Sir Charles Cavendish: The Mental World of an Early Modern Mathematician* (Oxford, 2005).

de Mariana, J. , *De rege et regis institutione* (Toledo, 1599).

_____*The King and the Education of the King*, tr. G. A. Moore (Chevy Chase,

MD, 1948).

de Mattei, R. , *Il pensiero politico di Scipione Ammirato*, *con discorsi inediti* (Milan, 1963).

_____*Il problema della "ragion di stato" nell'età della Controriforma* (Milan, 1979).

de Meester, B. , ed. , *Correspondance du nonce Giovanni – Francesco Guidi di Bagno* (*1621–1627*), 2 vols. (Brussels, 1938).

Meinecke, F. , *Die Idee der Staatsräson* (Munich, 1924).

Le Mercure françois, 6, for 1619 and 1620 (published in 1621).

_____12, for 1626 (published in 1627).

Micanzio, F. , *Lettere a William Cavendish*, ed. R. Ferrini and E. De Mas (Rome, 1987).

[Mieg, L. C. , ed. ,] *Monumenta pietatis & literaria virorum in re publica & literaria illustrium selecta*, 2 vols. (Frankfurt am Main, 1701).

Miller, J. , *Falcký mýtus*: *Fridrich V. a obraz české války v raně stuartovské Anglii* (Prague, 2003).

[de Morgues, M. ,] *Advis d'un theologien sans passion*: *sur plusieurs libelles imprimez depuis peu en Allemagne* (n. p [Paris], 1626).

Mout, N. , "Der Winterkönig im Exil: Friedrich V. von der Pfalz und die niederländischen Generalstaaten 1621–1632", *Zeitschrift für historische Forschung*, 15 (1988), pp. 257–72.

Muggli, M. S. , "Ben Jonson and the Business of News", *Studies in English Literature*, 32 (1992), pp. 323–40.

Mullan, D. G. , *Episcopacy in Scotland*: *The History of an Idea*, *1560 – 1638* (Edinburgh, 1986).

"Musaeus": *see* "Philotimus".

Nágy, L. , *Bethlen Gábor a független Magyarországért* (Budapest, 1969).

Niedermeyer, J. F. , *Mediae latinitatis lexicon minus* (Leiden, 1984).

Notestein, W. , and F. H. Relf, eds. , *Commons Debates for 1629* (Minneapolis, 1921).

_____and H. Simpson, eds. , *Commons Debates 1621*, 7 vols. (New Haven, 1935).

Novoselskii, A. A. , *Borba moskovskogo gosudarstva s tatarami v pervoi polovine XVII veka* (Moscow, 1948).

Obser, K. , "Markgraf Georg Friedrich von Baden–Durlach und das Projekt einer Diversion am Oberrhein in den Jahren 1623 - 1627", *Zeitschrift für die Geschichte des Oberrheins*, NS 5 (1890), pp. 212-42, 320-99.

Oestreich, G. , *Neostoicism and the Early Modern State* (Cambridge, 1982).

Opel, J. O. , *Der niedersächsisch – dänische Krieg*, 3 vols. (Halle, Magdeburg, 1872-94).

Osborne, T. , " 'Chimeres, Monopoles and Stratagems' : French Exiles in the Spanish Netherlands during the Thirty Years' War", *Seventeenth Century*, 15 (2000), pp. 149-74.

Pamuk, Ş. , *A Monetary History of the Ottoman Empire* (Cambridge, 2000).

Parker, G. , ed. , *The Thirty Years' War*, 2nd edn. (London, 1997).

Pars secunda secretissimae instructionis (n. p. , 1622).

von Pastor, L. , *Geschichte der Päpste seit dem Ausgang des Mittelalters*, 16 vols. (Freiburg im Breisgau, 1901-33).

Pázmány, P. , *Falsae originis motuum hungaricorum, succincta refutatio* (Bratislava, 1619; 2nd edn. Augsburg, 1620).

_____*Falsae originis motuum hungaricorum, succincta refutatio, cui accessit Secretissima instructio gallo – britanno – batava, Friderico V. comiti Palatino Electori data, ex gallico conversa* (Augsburg, 1620).

_____*Vngerischer Rebellions Brunn* (Augsburg, 1620).

Pearl, S. , "Sounding to Present Occasions: Jonson's Masques of 1620-5", in D. Lindley, ed. , *The Court Masque* (Manchester, 1984), pp. 60-77.

Pečevija [Peçevi], Ibrahim Alajbegović, *Historija*, *1520–1640*, ed. and tr. F. Nametak,

2 vols. (Sarajevo, 2000).

Pedani–Fabris, M. P. , ed. , *Relazioni di ambasciatori veneti al senato: Constantinopoli, relazioni inedite (1512–1789)* (Padua, 1996).

Pélissier, L. G. , "Inventaire sommaire de soixante–deux manuscrits de la Bibliothèque Corsini (Rome) ", *Centralblatt für Bibliothekswesen*, 8 (1891), pp. 176–202, 297–324.

"Philotimus Musaeus", *Ad aphorismos tres priores Alterae secretissimae instructionis gallo–britanno–batavae Friderico V datae commentarius* (Cologne, 1626; 2nd edn. Cologne, 1627).

A Plain Demonstration of the Unlawful Succession of the Now Emperor Ferdinand the Second, because of the Incestuous Marriage of his Parents ("The Hague", 1620).

Plomer, H. R. , *A Dictionary of the Booksellers and Printers who were at work in England, Scotland and Ireland from 1641 to 1667* (London, 1907).

Poelhekke, J. J. , *Frederik Hendrik, prins van Oranje: een biografisch drieluick* (Zutphen, 1978).

Polišenský, J. , *Anglie a Bílá Horá* (Prague, 1949).

Powell, W. S. , *John Pory, 1572–1636: The Life and Letters of a Man of Many Parts* (Chapel Hill, NC, 1977).

Pray, G. , *Gabrielis Bethlenii principatus Transsilvaniae coaevis documentis illustratus*, ed. J. F. Miller, 2 vols. (Pest, 1816).

Procacci, G. , *Studi sulla fortuna del Machiavelli* (Rome, 1965).

Proctor Williams, W. , "Paper as Evidence: The Utility of the Study of Paper for Seventeenth–Century English Literary Scholarship", in S. Spector, ed. , *Essays in Paper Analysis* (Washington, 1987), pp. 191–9.

Pursell, B. C. , *The Winter King: Frederick V of the Palatinate and the Coming of the Thirty Years' War* (Aldershot, 2003).

Quazza, R., "La politica di Carlo Emanuele I durante la guerra dei trent' anni", in *Carlo Emanuele I: miscellanea*, 2 vols. (Turin, 1930) (= Biblioteca della Società Storica Subalpina, vols. cxx, cxxi), pp. 1–45.

Rabb, T. K., "English Readers and the Revolt in Bohemia, 1619–1622", in M. Aberbach, ed., *Aharon M. K. Rabinowicz Jubilee Volume* (Jerusalem, 1996), pp. 152–75.

———*Jacobean Gentleman: Sir Edwin Sandys, 1561–1629* (Princeton, 1998).

Randall, D., "Joseph Mead, Novellante: News, Sociability, and Credibility in Early Stuart England", *Journal of British Studies*, 45 (2006), pp. 293–312.

Rawley, W., "The Life of the Honourable Author", in F. Bacon, *Resuscitatio*, ed. W. Rawley (London, 1657), sigs. b2–c4.

Raymond, J., *The Invention of the Newspaper: English Newsbooks, 1641–1649* (Oxford, 1996).

———*Pamphlets and Pamphleteering in Early Modern Britain* (Cambridge, 2003).

Recueil de quelques discours politiques, escrits sur diverses occurrences (n. p., 1632).

Reuss, R., *L'Alsace au dix-septième siècle*, 2 vols. (Paris, 1897–8).

de Ribadeneyra, P., *Tratado de la religion y virtudes que deve tener el Principe Christiano, para governar y conservar sus estados* (Madrid, 1595).

Richelieu, A. J. du Plessis, Cardinal, *Mémoires*, ed. J. Lair et al., 10 vols. (Paris, 1909–31).

———*Les Papiers de Richelieu: section politique intérieure, correspondance et papiers d'état*, i (1624–1626), ed. P. Grillon (Paris, 1975).

Richelieu, A. J. du Plessis, Cardinal, *Les Papiers de Richelieu: section politique extérieure, correspondance et papiers d'état, Empire allemand*, i (1616–1629), ed. A. Wild (Paris, 1982).

Ripa, C. , *Iconologia*, ed. P. Buscaroli (Milan, 1992).

Roberts, M. , *Gustavus Adolphus: A History of Sweden, 1611 - 1632*, 2 vols. (London, 1958).

Roberts, R. S. , "The London Apothecaries and Medical Practice in Tudor and Stuart England", London University PhD thesis (1964).

Robertson, G. C. , *Hobbes* (Edinburgh, 1886).

Rodenas Vilar, R. , *La politica europea de España durante la guerra de treinta años (1624-1630)* (Madrid, 1967).

Roe, Sir Thomas (attrib.), *Bohemiae regnum electivum: That is, A Plaine and True Relation of the Proceedings of the States of Bohemia* (n. p. [London], 1620).

_____*The Negotiations of Sir Thomas Roe, in his Embassy to the Ottoman Porte, from the year 1621 to 1628 inclusive* (London, 1740).

Roeck, B. , "Geschichte, Finsternis und Unkultur: zu Leben und Werk des Marcus Welser", *Archiv für Kulturgeschichte*, 72 (1990), pp. 115-52.

de Rohan, H. , "L'Interest des princes", in his *Le Parfait Capitaine* (n. p. , 1639), pp. 261-364.

von Rommel, C. , *Neuere Geschichte von Hessen*, 3 vols. (Kassel, 1835-9).

Rott, E. , *Inventaire sommaire des documents relatifs à L'histoire de Suisse conservés dans les archives et bibliothèques de Paris*, 5 vols. (Paris, Bern, 1882-94).

_____*Histoire de la représentation diplomatique de la France auprès des Cantons Suisses, de leurs alliés et de leurs confédérés*, 10 vols. (Bern, Bumpliz, 1900-23).

Rowe, V. A. , "The Influence of the Earls of Pembroke on Parliamentary Elections, 1625-41", *English Historical Review*, 50 (1935), pp. 242-56.

Ruigh, R. E. , *The Parliament of 1624: Politics and Foreign Policy* (Cambridge, MA, 1971).

Russell, C. , *Parliaments and English Politics*, *1621–1629* (Oxford, 1979).

Rystad, G. , *Kriegsnachrichten und Propaganda während des dreissigjährigen Krieges: die Schlacht bei Nördlingen in den gleichzeitigen, gedruckten Kriegsberichten* (Lund, 1960).

de Santa María, J. , *Tratado de república y policía cristiana para reyes y príncipes* (Madrid, 1615).

————*Christian Policie: Or, The Christian Common–wealth: Published for the good of Kings, and Princes*, tr. J. Mabbe (London, 1632).

Sarpi, P. , *Opere*, ed. G. and L. Cozzi (Milan, 1969).

Schellhase, K. C. , *Tacitus in Renaissance Political Thought* (Chicago, 1976).

————"Botero, Reason of State, and Tacitus", in A. E. Baldini, ed. , *Botero e la "ragion di stato": atti del convegno in memoria di Luigi Firpo* (Florence, 1992), pp. 243–58.

Schmid von Schmiedebach, A. , *Informatio fundamentalis super hodierno Bohemiae statu* (Frankfurt, 1620).

Schmidt, P. , *Spanische Universalmonarchie oder "teutsche Libertet": das spanische Imperium in der Propaganda des Dreissigjährigen Krieges* (Stuttgart, 2001).

Schubert, F. H. , *Ludwig Camerarius, 1573–1651: eine Biographie* (Munich, 1955).

Schumacher, W. , "Vox Populi: The Thirty Years' War in English Pamphlets and Newspapers", Princeton University PhD thesis (1975).

Schutte, O. , *Repertorium der nederlandse vertegenwoordigers, residerende in het buitenland, 1584–1810* (The Hague, 1976).

Scioppius, C. [Schoppe, K.], *Anatomia Societatis Jesu, seu probatio spiritus jesuitarum. Item arcana imperii jesuitici, cum instructione secretissima pro superioribus ejusdem & deliciarum jesuiticarum specimina* (n. p. , 1633).

Secretissima instructio gallo–britanno–batava Friderico I. electo regi Bohemiae et comiti Palatino electori data, ex gallico conversa, ac bono publico in lucem evul-

gata (n. p. , 1620).

Secretissima instructio gallo-britanno-batava Friderico V. comiti Palatino electori data, ex gallico conversa, ac bono publico in lucem evulgata (n. p. , 1620).

Secretissima instructio...pars secunda (n. p. , 1622).

Secretissimae instructionis...pars secunda (n. p. , 1622).

Shillinglaw, A. , "New Light on Ben Jonson's *Discoveries*", *Englische Studien*, 71 (1937), pp. 356-9.

Simoni, A. E. C. , "Poems, Pictures and the Press: Observations on some Abraham Verhoeven Newsletters (1620-1621)", in F. de Nave, ed. , *Liber amicorum Leon Voet* (Antwerp, 1985), pp. 353-73.

Simpson, P. , *Proof-Reading in the Sixteenth, Seventeenth and Eighteenth Centuries* (Oxford, 1935).

Skinner, Q. , *Reason and Rhetoric in the Philosophy of Hobbes* (Cambridge, 1997).

Slangen, N. , *Geschichte Christian des Vierten Königs in Dännemark*, ed. J. H. Schlegel, 2 vols. (Copenhagen, 1757-71).

Sommerville, J. P. , "The ' New Art of Lying' : Equivocation, Mental Reservation, and Casuistry", in E. Leites, ed. , *Conscience and Casuistry in Early Modern Europe* (Cambridge, 1988), pp. 159-84.

_____ *Thomas Hobbes: Political Ideas in Historical Context* (Basingstoke, 1992).

Sorbière, S. , *Relation d'un voyage en Angleterre* (Paris, 1664).

Soverus, B. , *Curvi ac recti proportio* (Padua, 1630).

Spanninga, H. , "Gulden vrijheid: politiek en staatsvorming in Friesland, 1600-1640", Leeuwarden University PhD thesis (forthcoming).

Spini, G. , "The Art of History in the Italian Counter Reformation", in E. Cochrane, ed. , *The Late Italian Renaissance* (London, 1970), pp. 91-133.

Spuler, B. , "Die europäische Diplomatie in Konstantinopel bis zum Frieden von Belgrad (1739)", *Jahrbücher für Kultur und Geschichte der Slaven*, 11

(1935), pp. 53-169, 171-222, 313-66.

von Stackelberg, J. , *Tacitus in der Romania*: *Studien zur literarischen Rezeption des Tacitus in Italien und Frankreich* (Tübingen, 1960).

Stettler, M. , *Annales oder gründtliche Beschreibung der fürnembsten Geschichten unnd Thaten welche sich in gantzer Helvetia…verlauffen*, 2 vols. (Bern, 1626-7).

Strong, S. A. , ed. , *A Catalogue of Letters and Other Historical Documents exhibited in the Library at Welbeck* (London, 1903).

Szábo, K. , and Á. Hellebrant, *Régi magyar könyvtár*, 3 vols. (Budapest, 1879-98).

Szilágyi, S. , *Bethlen Gábor fejedelem kiadatlan politikai levelei* (Budapest, 1879).

Tapié, V.-L. , *La Politique étrangère et le début de la guerre de trente ans (1616-1621)* (Paris, 1934).

Tertia secretissima instructio Gallo-Britanno-Batava Friderico V data, ex Belgica in latinam linguam versa, et optimo publico evulgata (n. p. , 1626).

Thuau, E. , *Raison d'État et pensée politique à l'époque de Richelieu* (Paris, 1966).

Thucydides, *Eight Bookes of the Peloponnesian Warre*, tr. T. Hobbes (London, 1629).

Toffanin, G. , *Machiavelli e il "tacitismo"* (Padua, 1921).

Trease, G. , *Portrait of a Cavalier*: *William Cavendish, First Duke of Newcastle* (London, 1979).

Tuck, R. , *Philosophy and Government, 1572-1651* (Cambridge, 1993).

———— "Hobbes and Tacitus", in G. A. J. Rogers and T. Sorell, eds. , *Hobbes and History* (London, 2000), pp. 99-111.

Dess Türkischen Kaysers Hülff dem Fürsten inn Sieben-bürgen Bethlehem Gabor…versprochen (Bratislava, 1620).

Turnbull, G. H. , *Hartlib, Dury and Comenius*: *Gleanings from Hartlib's Papers* (London, 1947).

Verre-kijcker. Ofte, secrete fransch-engelsch-hollandtsche instructie ghegheven aen Fredericus de vyfde Paltz-grave aen den Rhijn, ende keurvorst (n. p. , 1620).

Vickers, B. , *Shakespeare, Co-Author: A Historical Study of Five Collaborative Plays* (Oxford, 2002).

Viroli, M. , *From Politics to Reason of State: The Acquisition and Transformation of the Language of Politics, 1250-1600* (Cambridge, 1992).

de Vivo, F. , "Paolo Sarpi and the Uses of Information in Seventeenth-Century Venice", in J. Raymond, ed. , *News Networks in Seventeenth-Century Britain and Europe* (London, 2006), pp. 35-49.

Waldron, J. , "Hobbes and the Principle of Publicity", *Pacific Philosophical Quarterly*, 82 (2001), pp. 447-74.

Waser, C. (attrib.), *Veltlinische Tyranney, das ist: ausführliche...Beschreibung dess grausamen ... Mordts so in dem Landt Veltlin gemeinen dreyen Pündten gehörig, Anno 1620* (n. p. , 1621).

_____*Vera narratione del massacro degli evangelici fatto da' papisti e rebelli nella maggior parte della Valtellina, nell'anno 1620*, tr. V. Paravicino (n. p. , 1621).

Watson, A. G. , *The Library of Sir Simonds D'Ewes* (London, 1966).

Weber, W. E. J. , "Ein Bankrotteur berät den Winterkönig. Paul Welser (1555-1620) und die Secretissima Instructio Gallo-Britanno-Batava Frederico I. Electo regi Bohemiae data (1620) ", in M. Häberlein and J. Burkhardt, eds. , *Die Welser: neue Forschungen zur Geschichte und Kultur des oberdeutschen Handelshauses* (Berlin, 2002), pp. 618-32.

_____ed. , *Secretissima instructio; Allergeheimste Instruction; Friderico V. Comiti Palatino electo regi Bohemiae, data; an Friederichen, Pfaltzgrafen, erwehlten König in Böhmen* (Augsburg, 2002).

Weiss, E. , *Die Unterstützung Friedrichs V. von der Pfalz durch Jakob I. und Karl I. von England im Dreissigjährigen Krieg (1618-1632)* (Stuttgart, 1966).

Wertheim, H. , *Der tolle Halberstädter : Herzog Christian von Braunschweig im pfälzischen Kriege, 1621-1622*, 2 vols. (Berlin, 1929).

Wiedemann, F. W. , *Geschichte des Herzogthums Bremen*, 2 vols. (Stade, 1864-6).

Wolf, F. O. , *Die neue Wissenschaft des Thomas Hobbes : zu den Grundlagen der politischen Philosophie der Neuzeit* (Stuttgart, 1969).

Worsley, L. , "The Architectural Patronage of William Cavendish, Duke of Newcastle, 1593-1676", University of Sussex D. Phil. thesis (2001).

Ximenes, P. (attrib.) , *Jus haereditarium et legitima successio in regno Bohemiae* (n. p. , 1620).

Zagorin, P. , *Ways of Lying : Dissimulation, Persecution, and Conformity in Early Modern Europe* (Cambridge, MA, 1990).

Zaller, R. , *The Parliament of 1621 : A Study in Constitutional Conflict* (Berkeley, 1971).

Zaret, D. , *Origins of Democratic Culture : Printing, Petitions, and the Public Sphere in Early-Modern England* (Princeton, 2000).

Zíbrt, Č. , *Bibliografie české historie*, 5 vols. (Prague, 1900-12).

Zuccolo, L. , "Della ragione di stato", in B. Croce and S. Caramella, eds. , *Politici e moralisti del Seicento* (Bari, 1930), pp. 23-41.

von Zwiedineck-Südenhorst, H. , *Die Politik der Republik Venedig während der dreissigjährigen Krieges*, 2 vols. (Stuttgart, 1882-5).

――――― "Graf Heinrich Matthias Thurn in Diensten der Republik Venedig : eine Studie nach venetianischen Acten", *Archiv für österreichische Geschichte*, 66 (1885), pp. 257-76.

索 引 *

---

* 本索引页码为原书页码，即本书边码。——译者注

248

译校后记

诺埃尔·马尔科姆的《国家理性、宣传与三十年战争》是一本很难译的书，原因有二：其一，作者是研究霍布斯的权威，对霍布斯文献脉络与细节有着精准把握，而且学术风格极为精细，全书相当篇幅属于文本比较与考证，这对于不大熟悉霍布斯系统文献及 17 世纪英国政治与学术风格的译者而言，需要克服许多困难；其二，霍布斯对《第二绝密谕示》拉丁文原本的英译本翻译尽管较为流畅清晰，但由于对这个文本考证的历史细节（人名、地名、事件）相当细致，拉丁语表达也保留了不少，其总体上属于情报汇编与内参密议的性质，与一般的学术文献有别。尽管如此，作者前面的六章导读和对霍布斯译本最后数页的补译本身都是非常精彩的，同时是十分严谨的学术工作，对于增进国内学界关于霍布斯早期学术、17 世纪英国政治与历史、三十年战争以及国家理性诸主题的认知与理解有着明显的贡献和助益。

国家理性是一种古老而悠久的政治文化传统，属于密室政治与决断政治的范畴，在人类早期的政治治理中普遍存在，与现代性政治中的民主法治范式构成形成显著的历史与规范对照。然而，作为一种政治理论传统，国家理性则在中世纪后期的欧洲大陆尤其是意大利启蒙学术范围中日渐崛起和成熟，代表作家为马基雅维里。因此，国家理性本身就是"君主论"的传统，属于高级政治范畴，是专家和政治家的密室合谋。然而，国家理性即便在其大行其道之际亦遭到主张客观性、确定性与理性政治的思想家与政治家的严厉批判。霍布斯本人对于国家理性的态度就十分复杂，本书作者借助霍布斯对《第二绝密谕示》的翻译实践以及霍布斯早期学术中的政治伦理立场，试图揭示霍布斯本人对国家理性的真实认知。作者认为，霍布斯对国家理性的必要性是承认的，但认为这种政治技艺不足以支持公民政治科学，不足以达到理性政治应当具备的客观性、确定性与科学性。霍布斯毕生致力于建立一种糅合国家理性与代议政治的系统化政治科学，推动欧洲政治思想与制度的现代化。

当然，人类在启蒙心智下普遍向往"光明正大"的政治，反对"密室勾兑"的政治。可是，人类理性的有限性以及人类政治事务的复杂性，使得国家理性尽管在理论上和实践上未能持久，却隐秘地进入了现代政治体系。即便在政治现代性充分发达的美国，三权分立的规范政治亦不可能穷尽国家政治的全部过程，而总统制下的安全与战略决策亦常常依赖于对总统私人负责的国家安全事务特别助理及其工作小组，帝国野心、大国竞争、风险社会与全球化博弈更使得密室政治与决断政治在民主法治的常规框架之外得以复活呈现。而转型发展国家，其政治现代化进程一方面指向了建立民主法治的标准化框架，另一方面又普遍陷入"国家能力危机"与"失败国家陷阱"，故而在某个节点或机缘下重新寻求一定程度的国家理性。可以说，始于人类政治蒙昧时期而中兴于中世纪晚期及启蒙早期的国家理性传统，并未成为绝对的历史陈迹，反而因民主的退化、法治的僵化及国家竞争加剧与恐怖主义威胁而有所复兴。这是两种政治思想与实践传统的长期战争，本书呈现的正好是欧洲三十年战争初期（1626年）诞生的一部政治宣传册，其构思与写作形式是典型的国家理性范式，而霍布斯当时正服务于卡文迪什家族，其翻译实践表现了当时英国王权与议会政治的议题焦点与分化立场。

严格而言，国家理性要求的是基于国家利益的切实分析与秘密建议，是不应该作为宣传文本而公开的，亦即"内参文"与"公知文"是两种不同的写作风格与功能指向。但作为国家理性文本的《第二绝密谕示》本身被公开，同时构成政治宣传的典范文本，则是一件颇值玩味的事情。从秘密到公开，可以有两种解释：一是作者良知、保存者良知抑或敌人的揭露操作，也就是文本开头所言的"为了最高公益而披露"；二是公开本身即作为国家理性的一个实践环节，从而影响舆论和塑造民意。如此，秘密取向的国家理性与公开取向的政治宣传之间就可能不是相互矛盾的，而是内在一致的。这也提示我们，在真正的宪法性表达自由实现之前，公开资讯可能是选择性的，是国家理性的一部分。而现代宪制中的言论自由之所以重要，就是要以多元化的信息与观点的博弈交锋给公众提供一个"意见自由市场"，从而使得真相与假相有一个相互冲撞、检验与抵消的过程，使真相及更加合乎公共利益的信息得以分享并成为必要的公众知识，而这才是现代民主商谈与公共理性形成的前提和关键。决断政治依赖于信息垄断，这是传统国家理性的奥秘。而信息垄断下的选择性公开则是现代政治宣传的隐秘逻辑。如此，政治现代性以公开性为核心要素，就正是对国家理性及政治宣传传统的一种批判与超越。

在如何接受国家理性传统的问题上，包括霍布斯在内的17世纪政治思想家群体存在较大争议与分歧，但这个关键性的历史与政治抉择正是西方政治现代性入口处的要害，西方思想家与政治家做出了正确的选择，从而支持西方文明享受了数百年的自由繁荣及其全球化成果。然而，西方的力量依赖的却不完全是民主法治的"光明"教诲，也以特殊的机制与方式吸收和转化着国家理性的决断收益和精英红利。本书提供了这个伟大转型过程的一个精彩片段，以深入解读霍布斯之《第二绝密谕示》英译本的方式呈现了三十年战争背景下国家理性、政治宣传与政治现代性之间的繁复关联。霍布斯是一个承前启后的思想人物，对国家理性的思想史与政治实践深有体验和洞察，因而也更加知悉其力量与局限。霍布斯主要的政治法律著作《法律要义》《论公民》《利维坦》等有着一个连贯一致的思想性抱负：寻求公共政治的秩序理性与科学基础。与此相关，霍布斯本人早期的这一次翻译实践就是其与国家理性传统的一种深层次对话，其效果见诸于霍布斯后期卓越而富有开创性的思想丰碑。国家理性是霍布斯政治思想的阐释背景，同样也是任何现代学者或公民更深刻与更完整地理解现代性政治所必要的知识背景。有鉴于此，本书之翻译出版或可在知识心智与公共文化上增进转型期国人思考政法问题的凭据与厚度。

本书初稿由西南政法大学行政法学院讲师邬蕾博士完成，

我校对了全稿并订正了若干错误。邬蕾博士毕业于北京大学哲学系，有着扎实的政治哲学功底和流畅的中文表达能力，初稿翻译显示出其功夫和耐性。另外，特别感谢丛书主编对译稿提出的细节性修订意见。尽管我们尽力完整准确地表达作者之行文与旨趣的原意，以及认真对待和处理霍布斯的英译本，但限于拉丁文基础及对 17 世纪上半叶英国与欧洲政治史的知识基础，书中错谬恐难避免。译责自负，我们诚挚期望读者提出真诚批评与意见：田飞龙（tianfl2008@163.com）；邬蕾（wule-iphilo@126.com）。

田飞龙

2017 年 11 月 10 日改定

于北航高研院教师办公室

图书在版编目（ＣＩＰ）数据

国家理性、政治宣传与三十年战争/(英)诺埃尔·马尔科姆著；邬蕾译
北京：中国政法大学出版社，2018.1
ISBN 978-7-5620-7804-3

Ⅰ.①国…　Ⅱ.①诺…　②邬…　Ⅲ.①政治体制－研究－西方国家
Ⅳ.①D502

中国版本图书馆CIP数据核字(2017)第267456号

出　版　者　中国政法大学出版社
地　　　址　北京市海淀区西土城路25号
邮寄地址　北京 100088 信箱 8034 分箱　邮编 100088
网　　　址　http://www.cuplpress.com（网络实名：中国政法大学出版社)
电　　　话　010-58908289(编辑部) 58908334(邮购部)
承　　　印　北京中科印刷有限公司
开　　　本　880mm×1230mm　1/32
印　　　张　8.75
字　　　数　210千字
版　　　次　2018 年 1 月第 1 版
印　　　次　2018 年 1 月第 1 次印刷
定　　　价　42.00元